KB182390

내가 겪은 현대사 이야기

내가 겪은 현대사 이야기

김재영 지음

이담
Books

프롤로그 *prologue*

꿈처럼 흘러가 버린 세월을 뒤돌아본다.

이 세상 모든 것은 끊임없이 변화하고 생멸(生滅)한다.

영광과 교만, 좌절과 슬픔, 오욕(汚辱)의 설움과 분노의 감정도 구름처럼 떠오르다가 한순간에 흩어져 버린다.

아무리 세상이 무상해도, 인간들은 어떤 형태든 자신들이 살다 간 흔적을 남기고 싶어 하며 그것은 인간의 특권이다. 사람에 따라 '나의 자서전' '삶의 백서' 등 그 제목도 다양하다. 나는 지난 2001년에 썼던 책의 제2판으로 '내가 겪은 현대사 이야기'란 이름을 붙였다.

사람이 평생 자신의 부모형제와 이웃을 사랑하고 존경하며, 더불어 살아가는 것이 가장 행복하고 또한 가장 어려운 일이라는 평범한 진리를 나는 별로 실감하지 못하고 살아왔다. 이런 생각들을 하면서 나는 그동안 부질없는 영욕(榮辱)의 고비들을 의연하게 대처하지 못하고 스스로 다망했던 나 자신이 너무도 역겹고 맞갖잖을 때가 있다.

어느덧 황혼 길에 들어선 내 삶을 반추(反芻)해 보니 후회스러운 일이 너무 많다. 내 인생의 고비마다 조우(遭遇)한 중요한 결정과 선택에 신중하지 못했던 일, 젊음의 호연지기(浩然之氣)와 활력이 가장 필요했던 시기에 크고 작은 갈등을 극복하지 못하고 방황을 거듭한 일, 부모님 생전에 효도하지 못한 일, 그리고 나를 믿어주고, 도와주고, 옆에서 보살펴 주신 모든 분들에게 보답하지 못한 일 등이 한(恨)스럽다. 그것은 나의 불우한 가정환경이나 내가 시대를 잘못 타고난 것이 아니다. 나는 내 지혜와 노력, 기국(器局)이 모자란 탓으로 그토록 힘겹고 먼 길을 우회(迂廻)하였다.

운명이었을까. 아니면 교원이란 직업이 나의 적성에 가장 알맞은 일이었을까. 하여튼 나는 학자가 된 것을 큰 보람으로 생각하며 나의 자손들에게도 이 길을 권하고 싶다.

나는 평생을 책과 더불어 살아왔다. 그동안 내가 터득한 우리 사회의 가장 필요한 실천방식은 대개 다음 세 가지라고 생각한다.

첫째, 긍정의 힘은 바로 우리의 살길이요, 국력이다.

우리의 정치사를 살펴보면 나라의 방위와 발전, 민주화와 인권향상을 위하여 희생한 분들이 많다. 우리는 이들의 숭고한 정신을 항상 본받아야 한다고 생각한다. 독재와 부패로 얼룩졌던 권위주의 시대에는 부정의 세력이 변화의 동력이 되어 국민 생활에 활력을 불어넣었다. 다만 그 힘은 긍정적 지지층의 동의와 협력을 바탕으로 실효를 발휘할 수 있다. 나는 대학에서 정치사상과 정치사를 가르치면서 인민의 동의와 협력이 사회 유지와 변화의 중요 동력임을 실감하였다. 대다수 국민들은 평화와 안전을 추구하며, 정치가 될수록 갈등, 대립을 극복하고 화합과 상생(相生)의 방향으로 매진하기를 원하고 있다. 긍정의 힘은 우리가 지향해야 할 가장 큰 길이요 실천방식이라고 생각한다.

둘째, 현실의 객관적 상황이나 시대의 흐름에 순행(順行)해야 한다.

현대 사회의 분위기를 보면 학문, 혹은 전문가의 권위가 너무 무시되고 있다. 정치적 이념 대립이나 정책적 고려, 상업성 혹은 전문성의 부족 등으로 아직도 세계의 어느 곳에서는 편견이나 독선이 판을 치고 있다.

요즘 우리나라 국민들도 아는 것이 많아졌다. 인터넷, 신문, 잡지, TV 등 대중매체가 발달하여 이들을 자주 이용하고 있는 사람이면 누구나 자신이 전문가가 된 기분이다. 하지만 우리는 아무리 유식해도 모든 일에 정통(精通)할 수는 없다. 자신의 부실(不實)한 지식만을 믿고, '내 생각은 옳고 다른 사람의 입장은 인정하지 않으려는 경망(輕妄)한 행동'은 지금 이 시대에 걸맞지 않다. 특히 이른바 지식인을 자처하면서 사회적 책임감이 전혀 없고 언행이 일치하지 않거나 말을 자주 바꾸는 사람은 오히려 아는 것이 화(禍)를 부를 수 있다. 민주사회의 구성원이라면 항상 언사(言辭)를 신중히 하고, 구성원 상호의 의견을 존중해야 한다. 또한 크고 작은 갈등, 대립은 열린 마음, 대화와 토론으로 타협, 조정해야 하며 그것은 모두가 지켜야 할 시민의 의무이며 더불어 사는 지혜라고 생각한다. 나는 가난과 독재, 전쟁과 혁명을 겪고, 근대화와 변화, 개혁, 민주화 시대를 살아왔다. 현대의 역사에서 시대의 흐름에 역행한 민족들이 얼마나 불행하게 살고 있는가를 우리 모두 실감하고 있다. 그동안의 이러한 사례들로 보아 현실의 객관적 상황이나 시대 흐름을 외면한 편집(偏執)된 행태는 우리가 하루속히 극복해야 할 가장 무서운 사회 병폐라고 생각한다.

셋째, 천만 마디 구호나 주장보다 한 가지의 실천이 중요하다.

나는 이제 자연인으로 돌아가 매일 산에 오른다. 봄이 오면 모든 생물이 나름대로 차례와 모양을 갖추고 세상에 자태를 보이며 나를 반겨 준다. 개발현장에 가면, '맑고 깨끗한 환경을 우리 후손들에게 물려주자'는 구호를 외치며 공사 중단을 요구하는 환경지킴이들의 주장을 쉽게 볼 수 있다. 반면 정작 맑고 깨끗해야 할 산곡에 들어가면 도저에 쓰레기가 널려 있다. 눈을 가진 사람이면 누구나 볼 수 있는 이 불결한 쓰레기 더미에, 사람들이 왜 관심을 두지 않는지 알 수 없다. 실천이 없는 주장이나 구호는 오히려 민심을 혼란시키고 사회를 병들게 할 뿐이라고 생각한다.

　나는 건강이 허락하는 한 동서고금(東西古今)의 여러 사람들을 만나 그들이 남긴 이야기를 읽고, 나도 계속하여 글을 쓰고 싶다. 이 책은 내 일생을 진솔하게 기록한 글이다. 나의 자손들은 무덤이나 비석 대신 이 책을 자녀들에게 전하여 주기 바란다. 이 책을 출판해 주신 한국학술정보(주) 채종준 대표이사님과 출판사업부 문진현 선생님에게 깊은 감사를 드린다.

　참고로 내가 실명으로 괄호 안에 기입한 직업은 거의 모두 전직임을 미리 밝힌다.

2010년 10월

전주시 인후동 김재영 씀

1. 할머니의 회갑
1939년 6월 14일 할머니 회갑 사진
2번째 줄 오른쪽부터 효리 할머니,옥계 할머니,바우터 할머니 그리고 우리 할머니.
3번째 줄 오른쪽부터 종형(김봉영) 아버지, 백부님(갓씀), 백모님, 우리 어머니(쟈주 옷고름)
앞줄 오른쪽부터 재영, 우영형, 화영형

2. 차남의 돌 기념

3. 나의 가족사진

4. 장남 문주가족

5. 차남 원주 가족

 ··· Contents

프롤로그 4

제1부 나의 출생 터전

1. 연안 김씨 집성촌 – 금산골 _ 23
2. 의견의 고장 – 오수 _ 25
3. 아버지 雲沙 김종순(金鍾淳,1907~1995) 선생 _ 31
4. 용전 부락 – 내가 태어난 곳 _ 32

제2부 유년 시절(1935~1942년)

1. 할머니의 회갑 – 1939년 음 6월 14일(5세) _ 37
2. 어머니가 돌아가시던 날 – 1941년 (음)11월 21일(7세) _ 39

제3부 초등학교 시절(1942~1948년)

1. 일제 식민지 교육 _ 48
2. 일제 탄압의 참상 _ 52
3. 일인(日人) 담임교사 _ 55
4. 초등학교 3학년(1944년) _ 59

5. 초등학교 4학년(1945년) _ 61

6. 해방 당시 관료 _ 63

7. 태극기 휘날리며 _ 66

8. 신도(神道) _ 68

9. 어둡고 괴로워라 밤이 길더니 _ 69

10. 정치의 소용돌이 _ 72

11. 초등학교 4~6학년(1945~1948년) _ 76

제4부 중학교 시절(1948~1951년)

1. 기차 통학과 기부금 미납자 _ 86

2. 짓이겨진 소년 시절 _ 89

3. 여순사건 _ 90

4. 할머니 품에서 흐느껴 울고 _ 97

5. 체육복이 없어서 _ 100

6. 구호물자를 받고 _ 101

7. 내 복(福)에 난리가 났다 _ 101

제5부 6·25 전쟁

1. 남침 유도설 _ 108
2. 유엔 안보이사회의 결의 _ 111
3. 채병덕 참모총장 _ 112
4. 한강폭파사건 _ 114
5. 최복수 대령 _ 117
6. 민간인 대량학살 - 보도연맹사건 _ 119
7. 군번 없는 학도병 _ 122
8. 고향으로 가는 피란길 _ 127
9. 관촌의 민간인 학살 _ 128
10. 포로가 된 딘 소장 _ 129
11. 미군 비행기의 폭격 _ 131
12. 공산당 치하 2개월 _ 132
13. 잔인한 양민학살 _ 134
14. 조선일보에 보도된 이야기 _ 142
15. 미군 탱크의 진주 _ 144
16. 오수초등학교 참사 _ 145
17. 11사단 국군의 만행 _ 146
18. 빨치산의 검문 _ 148
19. 교통 - 목숨 걸고 다니던 고통길 _ 149
20. 중공군의 개입 _ 152

21. 흥남철수 _ 153

22. 국민방위군 사건 _ 156

23. 거창 양민학살 _ 160

24. 학원으로 돌아오라 _ 162

25. 유엔의 중공탄핵결의안 _ 163

26. 중학교 졸업 - 1951년 _ 165

제6부 고등학교 시절(1951~1954년)

1. 낮에는 국군 밤에는 빨치산 _ 169

2. 오수 열차습격 _ 173

3. 오수, 임실역 방화 _ 174

4. 빨치산 총사령관 이현상 _ 176

5. 신출귀몰의 외팔이 부대 _ 183

6. 차일혁 총경을 추모하며 _185

7. 지방자치제 선거와 발췌개헌안 통과 _ 187

8. 잊지 말자, 납부금 독촉을 받던 그날 _ 189

9. 애정산맥 _ 192

10. 트럭 위의 전쟁 _ 194

11. 고등학교 3학년 _ 196

12. 전주고등학교 장학회 발족 _197

13. 대입 시험 준비 _ 198
14. 진로 선택 _ 200
15. 정치학과 _ 202

제7부 후회뿐인 대학생활(1954~1958년)

1. 험하고 긴 기찻길 _ 208
2. 무일푼의 대학생 _ 210
3. 이 대통령과 양녕대군 종손 _ 212
4. 체중미달로 귀가 _ 215
5. 할머니가 하늘나라로 가시다 _ 219
6. 동숭동 캠퍼스 _ 220
7. 강의실 노트 _ 221
8. 54학번의 동기들 _ 223
9. 학생운동 _ 225
10. 교외 활동 _ 227
11. 종친회 – 의친왕비를 모시고 _ 229

제8부 방황의 세월 3년

1. 나의 집 _ 233

2. 고시, 선거운동, 취업, 대학원 _ 237
3. 4·19 혁명 _ 243
4. 5·16 군사쿠데타 _ 251

제9부 군생활 34개월

1. 논산훈련소 _ 258
2. 마산 육군군의학교 _ 262
3. 육군 3병원 _ 266
4. 제2보충대 _ 269
5. 미 제4기갑 카투사 _ 271
6. 다시 한국군으로 _ 280
7. 의무기지 사령부 _ 281

제10부 가시밭길 5개월

1. 고향에 돌아와도 _ 287
2. 형의 복직 _ 289
3. 학원 강사 _ 289
4. 거리의 행상 _ 290
5. 빵 장사 _ 292

제11부 교원의 길

1. 원광여고 _ 298
2. 그룹지도와 영어공부 _ 300
3. 풀브라이트 유학시험 합격 _ 301
4. 결혼 _ 303
5. 도미(渡美) - 피츠버그 대학 연수 _ 305
6. 장남 김문주 _ 312

제12부 1970년대

1. 근대화와 발전 _ 317
2. 동산고 - 실력 봉사의 교훈 _ 319
3. 차남 김원주 _ 321
4. 대학원 _ 321
5. 아내의 서독행 _ 322
6. 대학 강의와 학문 연구 경향 _ 326
7. 박정희 대통령과 유신정권 _ 327

제13부 1980~1987년

1. 한국의 정치사회화 _ 333

2. 대학의 분위기 _ 338
3. 학생들의 관심사 _ 339

제14부 1987~1990년

1. 괴팅겐 대학 파견교수 _ 351
2. 가족의 우환 _ 352
3. 지역감정 _ 354
4. 호남의 한 _ 355
5. 전두환 정권의 공과(功過) _ 360
6. 보통사람 노태우 _ 364
7. 대학신문 _ 366
8. 졸업생들에게 당부한 글 _ 367
9. 전주시 완산구, 덕진구의 명칭 _ 369

제15부 1990년대

1. 동생의 교통사고 _373
2. 내학의 보직 _374
3. 아버지 별세 _ 377
4. 장남의 사법고시 합격 _ 378

5. 어머니 별세 _ 380
6. 학회활동 _ 381
7. 한국 정치정보학회 창설 _ 385
8. 지역사회 활동 _ 386
9. 조선 인물 뒤집어 읽기 _ 389
10. 한국사상의 맥 _ 396
11. YS는 못 말려 _ 404
12. 환경이론과 새만금 _ 409

제16부 2001년~정년퇴직

1. 후회스러운 일 _ 418
2. 가정의 행복 _ 421
3. 소중한 인연 _ 424
4. 바르게 산다는 것 _ 426
5. 더불어 사는 사회 _ 429
6. 남기고 싶은 말 _ 432
7. 나의 믿음과 소신 _ 437

제1부

나의 출생 터전

1. 연안 김씨 집성촌-금산골

내 고향 마을의 이름은 뒷산에 금저옥반(金著玉盤) 형국의 명당이 있다 해서 금산골(金山谷)이라 불렀다. 일제 강점기에 남쪽 오동리와 합쳐서 오산리(梧山里)가 되었다. 금산골은 풍수로 보아 배산임수(背山臨水)의 지세로, 뒤에 산줄기가 뻗어 있고 앞에는 오수천이 도로를 따라 흐르는 전형적인 동향 마을이다. 이 마을의 위치는 다음과 같다.

전주에서 약 38km 남하하여 오수 쪽으로 달리자면 개 동상이 길 서쪽에 서 있고 그로부터 약 1km 전방, 남원과 오수로 가는 갈림길에 '연안 김씨 세장'이란 돌 비석이 있다. 그곳에서 서쪽으로 뻗은 2칸 도로로 약 500m 거리에 마을이 있다. 마을 입구 양쪽에는 방앗간과 오수 서초등학교가 있던 평촌리가 있다.

금산골은 연안 김씨 집성촌으로 속칭 금산골 김씨들이 대대로 살아온 곳이다. 마을 앞에는 신재(愼齋)라는 글씨가 새겨진 정각이 연못으로 둘러싸여 있고 그 안에 삼효실적비(三孝實蹟碑)가 있다.

내가 살던 집은 바로 정각 남쪽에 자리 잡고 있었는데 6·25 때 폭격을 맞고 지반이 약하여 50년대에 철거되었다.

나의 5대조이신 신재공(斗淵, 1786~1862) 할아버지는 김제 조씨 집안에 장가들어 처가로부터 약 5천여 석의 토지를 물려받았다. 신재공 할아버지는 두뇌가 명석하고 풍모가 출중할 뿐 아니라 편모슬하에서 주경야독하며 어려운 살림을 꾸려 나가던 효자로 널리 알려졌다. 당시 만석을 누리던 김제 조영중(수문장)의 최씨 부인이 할아버지를 찾아와 선을 보고 곧바로 사위로 맞았다.

신재공 할아버지와 그 며느리이신 나의 고조할머니 양촌 허씨 부인, 그 아들이신 나의 큰 증조할아버지(휘, 思元)가 효성이 지극하여 정각 안에 삼효실적비를 세웠다.

이 마을에는 신재공 자손 외에 그 위 2대(永洙, 宅洙)와 4대(錫圭, 相圭)에서 갈린 집안이 같이 살았다. 당시 풍속에서 10촌 내는 대소가라 하여 서로 차례와 세배를 다니며 한집안처럼 가까이 지냈다. 지금 우리 대소가 가족은 나의 6촌제인 김구영(金九泳, 마을 지도자) 씨가 살고 있을 뿐이다.

연안 김씨의 현조 김순례(金順禮, 1481~1522, 전설사 별좌) 공은 그의 고모할아버지(매죽당 成三問)의 피화와 재당숙(金詮, 연산조 대제학, 중종반정후 영의정이 됨)의 유배로 벼슬에 뜻을 잃고 연산조 말 전북 임실군 삼계면에 낙향하였다. 공은 재당고모(김순신의 딸)의 사위이며, 양절공 한종손(韓終孫)의 손녀서(孫女婿, 손자사위)다.

공의 자손들은 삼계면과 남원군 풍산면, 주천면, 임실군 오수면 오산리, 한암리, 군곡리 등에 집성촌을 이루고 살았다. 그 중에서 나의 집안이 특히 번창하여 최근 전문직(교수, 교장, 교사, 변호사, 의사, 약사), 행정직(육군 장군, 고위직 공무원, 교육장, 교장), 회사원, 박사, 사법, 행정고시 합격자와 기타 CEO, 작가 등 많은 인물을 배출하였다.

2. 의견의 고장— 오수

오수(獒樹)는 그 지명이 말해 주는 것과 같이 개가 주인의 목숨을 구하고 순절했다는 전설로 유명하다. 이 이야기는 일제 강점기 초등학교 『조선어독본』에도 수록되었다.

원래 오수 의견에 관한 전설은 구전으로 전하여 왔다. 고려 악부의 『견분곡』과 고려시대 최자(崔滋, 1188~1260)의 『보한

집(1230년』에 나온다.

지금부터 약 1천여 년 전 신라시대에 남원부 거령현(지금의 지사면 영천리)에 김개인이라는 사람이 살고 있었다. 그는 집에서 기르는 개를 몹시 아껴 외출할 때마다 항상 데리고 다녔다. 어느 날 인근 마을 잔칫집에 갔다가 술에 취하여 귀가도중 잔디밭에 쓰러져 깊은 잠에 빠졌다. 때마침 부근에서 일어난 들불이 잔디에 번져 김개인의 생명을 위협하고 있었다. 개는 주인을 깨우기 위하여 온갖 수단을 다하였으나 술에 곯아떨어진 주인은 좀처럼 깨어나지 않았다.

개는 주변 개울에 달려가 자신의 몸을 흠뻑 적셔 수십 번, 수백 번이고 잔디밭에 뒹굴면서 혼신을 다하여 불을 껐다. 결국 개는 주인을 위하여 목숨을 던졌고, 잠에서 깨어난 주인은 죽은 개를 부둥켜안고 크게 원통해하였다. 주인은 개를 그곳에 매장하고 이를 잊지 않도록 무덤 앞에 평소 그가 가지고 다니던 지팡이를 꽂아 두었다. 후일 그 지팡이에 싹이 돋아 나무숲을 이루었는데 그곳이 현재 오수 원동산이다. 고전 음악에 견분곡(犬墳曲)은 오수 의견의 슬기를 읊은 것으로 고증되었으며 오수라는 이름도 여기서 비롯되었다고 전한다.

일제(日帝)는 이 나무숲에도 손을 댔다. 내가 초등학교를 다니던 어느 날이었다. 긴 칼을 허리에 찬 경찰관이 면 서기들을 동원하여 나무를 밧줄로 묶고 도끼와 톱으로 베어 넘기는 것을 내 눈으로 보았다. 아마도 이들은 선박 건조용 목재로 이 나무를 실어 간 듯하다. 지금도 원동산에는 남은 느티나무가 자라서 건재하고 있다. 현재 이곳에는 오수역 역대 찰방들의 선정비, 유허비, 사적비들이 있고, 의견비(1955년 건립, 전라북도 민속자료 제1호)가 세워져 있다.

자치단체에서는 오수를 중심으로 한 향토문화 관광권 개발을 계획하고 그 첫 사업으로 김개인과 개 동상을 오수면 입구(오촌 마을)에 세웠다. 그 후 오수 북방 지사면 쪽에 의견공원을 세우고 해마다 축제를 열어 다채로운 행사를 치르고 있다.

충견의 고장 오수에는 보신탕으로 유명한 '오수신포집'이 있다. 오수는 전북 지역에서 보신탕의 새로운 명소가 되어 전주시 아중리, 서신동 등에 지점을 두었다. 과연 이 일을 어떻게 해결해야 할 것인가? 음식점을 폐쇄해야 하는가? 아니면 그냥 묵인해도 되는 것인가? 한때 논의가 분분하였다.

현재 우리나라에서 보신탕은 허가도 규제도 없이 관행으로 묵인되고 있는 실정이며, 어느 누구도 이에 관련된 법적 논의를 제기할 형편이 아니다.

'오수신포집'은 당초 셋집을 얻어 '선술집'으로부터 시작하였다. 그 후 생계가 어려워지자 고객들의 요구에 의하여 보신탕을 팔기 시작하여 오늘에 이르렀다. 2001년 나는 주인 조 여사님의 칠순에 우연히 찾아간 일이 있다. 얼마 후 모녀가 모두 세상을 떠나고 그 자녀들이 현재 식당을 지키고 있을 뿐이다. 이른바 '보신탕 논쟁'은 자연히 그 막을 내리게 되었다.

아무리 개가 충직한 동물이라 해도 우리나라에서 '개'라는 용어는 몹시 불쾌하게 사용되고 있다. 예를 들어 개망나니, 개망신, 개지랄, 개 팔자, 개고생, 그리고 "개 눈에는 똥만 보인다", "개똥밭에 굴러도 이승이 좋다" 등 속담들을 열거할 수 있다. 여기서 '개 눈'은 '더러운 것밖에 못 보는 천박한 소견'을 말하고 '개똥밭', '개고생'도 역시 '더럽고 고생스러운 삶'을 의미한다. 영어에도 doggish(심술궂은), dog poor(몹시 가난한), go to the dogs(파멸하다) 등 속어가 있다.

우리나라 사람들은 개를 '집 지키는 파수꾼'이나 혹은 애완용으로 사육하면서도 다른 가축들처럼 식용 혹은 보약으로 여겼으며 '보신탕'이란 이름까지 생겼다. 최근에는 개를 좋아하는 인구가 많아지고 세계의 동물 애호가들과 교류가 빈번해지면서 개에 대한 인식이 크게 달라졌다.

『구약성경』에 나오는 '노아'는 개의 코로 방주(方舟)의 물새는 틈을 막았다(그래서 개의 코가 차갑다)고 전한다. 그 외에 개가 인간에게 유용한 협조자였다는 기록들이 있다.

기원전 700년경 개는 보병과 함께 전투장에 나가 싸웠고, 십자군 전쟁 때, 개는 냄새로 이교도들을 가려냈다고 한다. 미국의 정치가 벤저민 프랭클린(B. Franklin, 1706~1790)은 개를 군사적으로 활용할 것을 건의한 바 있다. 그 후 1942년 미 육군에 군견부대가 창설되었다. 요즘 마약사범과 국제 테러범들을 색출하는 데 개는 극히 유용한 동물로 활용되고 있다.

개는 인간에게 필요한 동물일 뿐 아니라 충성스런 친구로 그에 관한 글을 서양의 유명 작가들의 책에서 흔히 볼 수 있다. 영국의 여류 소설가인 버지니아 울프(Virginia Woolf, 1882~1941)는 개를 무척이나 사랑하였다. 그녀는 '프러쉬'라는 개의 전기를 쓰면서 개에게 인간의 생각과 감정을 부여한 유명한 작품을 남겼다. 미국의 작가 마크 트웨인(Mark Twain, 1835~1910)도 개의 충직성을 높이 찬양한 대목이 있다. 그는, "굶주린 개를 데려다 키워 보라, 결코 당신을 물지 않을 것이다"고 하였다. 위다(Ouida, 1839~1908)의 '플란더즈 개'(A dog of Flanders, 1872)는 요즘 초등학생들에게도 널리 알려진 유명한 이야기다. 그 내용을 한마디로 말하자면,

　"죽음은 충직한 사랑으로 사람을 따랐던 한 마리 개와, 순진 무구한 믿음을 지녔던 어린 소년을 데려갔습니다. 넬로(어린소년의 이름)와 파트라슈(개의 이름)는 생전에 서로를 사랑하고 의지하며 살아왔듯 죽은 뒤에도 헤어지지 않았습니다." 고 요약할 수 있다. 옛날 우리나라 전통사회에서도 개를 높이 평가하여 이른바 '개의 오륜'이라는 것을 만든 일이 있다.

　그 내용을 소개하면 다음과 같다.

　　불폐기주(不吠其主 혹은 不犯其主: 주인을 보고 짖지 않는다)
　　하니, 군신유의(君臣有義)요,
　　색동기부(色同其父 혹은 父色子色: 아버지의 색깔과 같다)하
　　니 부자유친(父子有親)이요,

비시부접(非時不接 혹은 有時有情, 孕後遠夫: 아무 때나 아무 개와도 교접하지 않는다)하니 부부유별(夫婦有別)이요, 소불범대(小不犯大, 不犯其長: 큰 개를 범하지 않는다)하니 장유유서(長幼有序)요, 일폐군폐(一吠群吠, 一吠衆吠: 개 하나가 짖으면 모두가 짖는다)하니 붕우유신(朋友有信)이라.

위의 구절들은 조선조 시대 숙종 임금이 서포 김만중과 '농담 따먹기'를 하는 중에 나온 말, 부처님의 말씀, 그리고 강령 탈춤 '양반과장'에서 진한이 취발이에게 이르는 말 등에서 인용한 것이다.

아마도 사람에 따라서는 개의 충직성을 유별나게 챙기는 심리가 있는 것 같다.

요즘 개를 사랑하는 인구가 많아서 개 의상실, 개 미용실, 개 호텔까지 생기고 그 비용이 수억에 달한다고 한다.

개와 사람의 관계는 참 묘하고 야릇하다.

가령 '아이고 내 강아지야' 하면 몹시 정감에 넘치는 말이지만, 같은 개를 가지고도, '야, 이 개새끼야' 하면 너무 더럽고 듣기 거북하다.

애견가들 중에는 개를 마치 자신의 아이들(내 강아지)처럼 사랑하면서, 개가 거리를 더럽히거나 남에게 혐오감 혹은 공포감을 주고 있다는 사실을 의식하지 못하는 사람이 있다. 아무리 개를 좋아한다 해도 공중도덕을 무시하고 개를 방치하는 행위는 삼가야 할 것이다.

3. 아버지 雲沙 김종순(金鍾淳, 1907~1995) 선생

나의 아버지는 오수초등학교(제2회, 1918~1923)와 전주사범학교 특강과를 졸업(1926~1929)하고 평생 교직에 헌신하셨다. 당시 전주시내 학교의 입학정원은 사범학교 3학급 135명, 전주북중 3학급 145명, 전주농업학교 3학급 135명이었으며 상급학교 진학은 졸업생들의 꿈이었다. 특히 사범학교는 관비로 학비가 무료여서 경쟁이 치열하였다. 3년간 아버지의 학비를 마련하기 위하여 백부님(김종진, 1901~1981)이 전주에 올라오셔서 수레를 끌었으며 그것도 부족하여 금융조합 빚 400원을 빌렸다. 아버지는 졸업 후 바로 모교인 오수초등학교에 부임하셨다. 그 3년 후 산서초등학교에서 8년간(1931~1939) 근무하셨다. 그곳에서 학창시절에 빌린 채무 500원을 모두 갚고 전답도 샀다(논 2,000평). 형(김화영, 교감)과 나는 그곳에서 태어났다.

아버지는 용모가 장중하고 근엄하였으며 언행이 흐트러짐이 없었다. 술, 담배, 여색을 멀리한 도덕군자로 평생 그 누구와도 다투신 일이 없었다. 항상 어머니(나의 할머니)께 효도하고 형님(나의 백부)을 극진히 모셨다. 건강에도 유의하셔서 매일 냉수로 세수하고 될수록 걸어 다니셨다. 평소 책과 붓을 가까이 하셨으며, 특히 한시(漢詩)를 짓고 읊기를 즐기셨다.

4. 용전 부락―내가 태어난 곳

장수군 산서면은 성씨의 고향이다. 우리가 어렸을 때 흔히 들었던 오산리 권씨나 월곡 정씨, 사창 김씨 등 양반 성씨들이 그곳에서 살았다. 동고지는 바로 그 중심 지역이다.

당시 속담에 "동고지 장터에 패랭이 쓴 사람이 모두 지 애비인 줄 아나"란 말이 유행하여 그곳에 장사꾼이 많이 몰려들었음을 알 수 있다. 또 키가 큰 사람을 '동고지 장터'라 하였다. 이는 그곳 장터가 상당히 번성하여 길게 발달하였음을 말해 준다. 동고지와 용전은 행정구역상으로 장수군 산서면 학선리에 속한다. 사천 육씨들은 산서의 학선리와 마하리에 집성촌을 이루어 거주하고 있다. 나의 둘째 며느리 육지현(현 연세대 의대, 교수)의 고향이 마하리다.

학선리에는 육씨의 중시조인 육려(陸麗)의 사당 압계사(鴨溪祠, 1789년 세움)가 있다. 압계사에는 덕곡 육려, 국헌 임옥산(1432~1502), 삼암 박이겸, 비암 박이항(명종 선조대로 알려져 있음)의 위패를 모시고 있다. 육려는 고려 말 서북면 도원수로 여진족을 정벌하는 데 공을 세우고 말년에 전라도 도관찰사로 왜구의 침공을 막았다.

나는 그곳 최규서 씨 댁에서 5세까지 살았다. 그분은 나를 무척 귀여워해 주셨다. 그분의 아들 중 최장호(전고 28회) 형은 나의 고등학교 3년 선배이고 그분의 사위 김종대 선생은 동계 중학교 교장을, 그리고 손자 최낙진은 전북대학교 건축학과를 졸업하고 전북대 삼성문화회관의 설계를 맡았다.

　나는 그 집 토방을 힘겹게 오르내리던 일이 아슴푸레 떠오를 뿐 다른 기억은 없다. 후일 할머니를 따라 그 집을 방문하여 형들과 함께 놀던 일을 회상한 일이 있다.

제2부
유년 시절
(1935~1942년)

나의 유년 시절은 어머니를 잃은 슬픔만이 가장 생생하게 기억에 남는다. 나는 할머니의 품에서 자랐기 때문에 우선 할머니의 회갑으로부터 이야기를 시작하겠다.

1. 할머니의 회갑 – 1939년 음 6월 14일(5세)

　　할머니 회갑 잔치는 성대하였다. 악단(장구와 피리 등)을 불러 풍악을 울리고 많은 손님들이 집 안팎을 꽉 채웠다. 특별히 기사를 불러 찍은 기념사진이 지금까지 보존되어 있다. 당시 백부님은 전라선 철도 공사에 관여하여 큰 사업을 하셨고, 부친은 산서에서 전주초등학교로 전근되어 근무하셨다. 종형(김봉영, 교장)은 광주로 장가들었는데 결혼식 때 오수에서 광주까지 택시를 대절할 정도였다고 한다.

회갑 잔치가 끝나고 우리 가족은 할머니를 모시고 전주 오목대 구경을 갔다. 나는 그때 앞서 달리다가 신작로에서 넘어져 무릎에 큰 상처를 입었다. 그 일을 핑계로 나는 걸핏하면 어머니 등에 업혔고 할머니 가마를 함께 타고 다닌 일도 있다.

다음 해, 형(김화영)은 아버지를 따라 전주초등학교에 입학하여 1년을 다녔다. 그해 여름에 전국에 장티푸스가 유행하여 가족 모두가 병고로 고생하였다. 우리 형제는 아예 방바닥에 신문지를 깔고 자리에 누워 살았다. 다행히 우리 대소가 가족 모두가 희생자 없이 살아남아 사람들이 명당집안이라고 하였다 한다. 병세가 호전되면서 나는 겨우 집밖 공터의 파묘 자리에 나가 방아깨비도 잡고 웅덩이의 소금쟁이와 놀이를 즐긴 일이 있다. 또 어머니의 등에 업혀 금산골도 가고 동계면 창주리의 외가에 간 일이 기억난다. 집은 두 채가 나란히 남쪽을 향하고 있었는데 우리는 아래채에 살았고 어머니께서 위 건물에 있는 친척 하숙생들의 식사를 맡으셨다. 그 집들은 최근까지도 전주시 중노송동 동사무소 서남쪽 언덕에 옛날 모습 그대로 서 있다.

2. 어머니가 돌아가시던 날
—1941년 (음)11월 21일(7세)

아무리 세월이 흘러도 나는 어머니가 떠나시던 그날의 슬픈 기억들에서 헤어나지 못할 때가 많다. 어머니를 생각하면 마음이 울적(鬱寂)하고, 정말 목메어 북받치는 설움을 참을 수가 없다. 어머니의 사랑은 나이가 들수록 새로워지고 절실하게 느껴지는 것인가.

나의 어머니는 너무 순박하고 정이 많아 마음고생을 많이 하셨다. 가부장(家父長)의 권위가 하늘보다 높았던 시절, 아버지의 호령은 마치 호랑이처럼 무서웠다. 하지만 어머니는 항상 참고 견디시며 아버지의 뜻에 순종하셨다. 끝내는 아버지도 감동되어 차츰 부부간 금실이 좋아졌다.

1941년 우리 가족이 오수로 내려올 무렵 어머니는 드디어 셋째를 임신하셨다. 아버지는 마을 전면에 있는 논에 뒷동산 흙을 실어다가 메우고 그곳에 기와집을 세웠다.

동네 아이들을 모아 씨름도 하고 돌방아를 만들어 땅을 다졌다. 그때 나는 서당에 들어갔다. 그곳에서 '추구' '소학'을 암기하고 붓글씨도 배웠다. 훈장이신 재종조부가 공부 잘한다고 과찬(過讚)을 해 주셨다. 그때부터 아버지는 내가 공부벌레가 되지 않도록 틈 있을 때마다 건강을 강조하였다.

어머니는 서당을 마치고 돌아오는 나를 기다리는 것이 유일한 즐거움이었다. 하루는 아버지가 전주에서 사 주신 가죽신을 잃어버렸다. 내가 집에 오지 못하자 어머니가 서당까지 찾아와 나를 업고 가셨다. 색다른 물건을 보고 신기하게 여긴 강아지가 내 신을 물고 갔던 것이다. 그때 어머니의 행복한 미소가 내 평생 영원히 잊지 못할 어머니의 마지막 영정(影幀)이 되었다.

동짓달 스무하루 날이었다.

어머니는, "아가, 얼른 빨래해 놓고 네 생일에 떡 해 줄게." 하시면서 빨랫감을 머리에 이고 뒷집 우물가에 가셨다. 그 사흘 후인 스무나흗날이 내 생일이었다. 나는 어머니 말씀을 되새기며 오후 내내 큰집 할머니 방 유리창을 통하여 어머니가 빨래하는 모습을 바라보고 있었다. 어머니는 뒷집(김관영 선생댁) 우물가에 쭈그리고 앉아 바가지로 물을 퍼 가면서 그 많은 빨래를 힘겹게 마치셨다.

그날 밤이었다. 나는 꿈을 꾸다가 어머니의 신음 소리에 놀라 깨어났다. 어머니가 비 오듯 땀을 흘리면서 사경(死境)을 헤매고 계셨다. 아버지는 당직 근무로 오수 초등학교에 가셨고, 할머니들이 옆에 앉아 당황해하시면서 체증 약을 찾고 계셨다.

어머니는 마지막 통증이 자신의 숨통을 조이는 그 절박한 순간까지도 우리 형제로부터 눈을 떼지 못하고, 연방

"저 가여운 것들을 어이할거나." 하시면서 눈을 감으셨다.

이튿날 아침 오수의원 의사가 청진기를 들고 와서 어머니의

사망을 확인하였다.

　삶과 죽음의 갈림길이 얼마나 매정한 것이며 죽음의 고통이 어떤 것인지, 이에 대한 아무런 의식이나 느낌도 없었던 나는, 다음 날 어머니 시신 옆에 앉아 책을 펴 들고 있었다. 나의 이런 어이없는 행동을 보고 아버지께서는, "저 아이가 아마 정신 허약증세가 있는가 보다."고 하시면서 내가 고등학교를 졸업할 때까지 공부에 집착하는 것을 적극 경계하셨다.

　어머니의 입관이 시작되었다. 염이 끝나고 마지막 순서로 백지 고깔을 접어 넣을 때 집안 아주머니들이 모두 흐르는 눈물을 참지 못하고 통곡하였다. 특히 평소 대범하시던 백부님께서 흐느끼며 도포자락으로 눈물을 닦자 또 한 번 주변은 울음바다가 되었다.

　출상하던 날, 어머니의 꽃상여가 마을 회관(지금은 헐리고 없음) 뜰 앞에 차려졌다. 오수에서 교사와 학생, 그 외 조문객들이 찾아왔다. 상여꾼들이 목청을 돋우기 시작하였다.

　"어어하 어어하 어디 가디 어어하 어어하"

　하늘도 땅도 사람도 함께 울어 버린 상여길, 마지막 떠나가는 이별의 인사가 이토록 구슬픈데 우리 어머니는 그 소리를 못 듣고 계시는지, 한마디 대답도 없이 북망산천을 향하셨다.

　서른여섯의 젊은 나이에 철모르는 두 아이를 버려두고 황천길을 떠나시던 나의 사랑하는 어머니, 어머니의 원혼(冤魂)이 눈보라가 되어 온 천지를 하얀 세상으로 만들었다. 눈은 계속

휘날려서 무릎까지 쌓였다. 나는 어머니가 금방이라도, '재영아 춥다. 어서 내 등에 업혀라.' 하고 달려오실 것 같은 기분으로, '어머니, 어머니'를 부르면서 눈 속을 헤맸다. 동네 아주머니들은 망자(亡者)에 대한 슬픔보다도 어린 내가 더욱 가여워 흐느꼈고, 공동묘지로 가는 길 구비 구비마다 통곡 소리는 그치지 않았다.

어머니의 장례가 끝난 후 우리 집 마루에는 빈소가 차려지고 삭망 때마다 큰어머니가 오셔서 곡(哭)하시는 소리가 집안의 정적(靜寂)을 뒤흔들었다. 나는 삭망을 거둘 때까지도 눈물을 보이지 않았다. 하지만 어머니의 마지막 탈상을 마치고 돌아가시는 외할아버지의 옷소매를 부여잡고, "할아버지 가시지 말고 여기서 나랑 같이 살아요." 하고 칭얼대며 울음을 터뜨렸다. 외할아버지는 "응!" 하시며 신음하듯 짧은 대답을 남기고 말없이 길을 나섰다. 딸이 세상을 떠나고 없는 낯선 집에 불청객으로 왔다가, 철모르는 외손자들을 두고 40리 먼 길(동계면 창주리)을 힘겹게 가시던 외할아버지였다. 나는 외할아버지의 그 아픈 마음을 헤아리지 못하고 졸라댔던 일이 평생 후회스러웠다. 고향 동네 송정 아래 그 길을 바라보면 외할아버지의 처량한 모습이 자꾸만 떠올라 아직도 내 가슴이 멜 때가 있다.

해방 후 나는 아버지를 따라 이모님 결혼식에 갔다.

이모부(김수철)께서는 처가에 살림을 차리고 외할머니의 병 수발을 드셨다. 나의 이모부는 참 훌륭한 분이었다. 이모부는 항상 양반의 품위를 지켰고, 일거수일투족을 소홀히 한 일이 없다. 내가 방학 때 찾아가면 언제나 고깃국에 더운밥을 차려 주고 차비를 손안에 쥐어 주셨다.

나는 어머니가 보고 싶을 때 방향도 길도 모르는 공동묘지를 향하여 무작정 쏘다니다가 지쳐서 들어온 일도 있다. 어머니가 세상을 떠나신 이후, 나는 줄곧 할머니의 사랑을 받고 살았다. 다행히 할머니는 내가 대학을 졸업할 때까지 장수하셨다.

나는 어머니를 신앙한다.

만일 신이 있어서, 인간을 사랑한다 해도, 신은 모든 인간들을 잘 모른다. 그래서 어머니를 이 세상에 보내 신의 사랑을 대신하게 하였을 것이다. 나는 나의 어머니가 내 영혼 속에 살아 계신다고 믿는다. 나는 어머니가 마지막 행복의 웃음을 보여 주시던 그 모습을 가슴에 품고 산다. 나는 어머니의 그 모습에서 '무한한 긍정의 에너지'를 얻는다는 신념을 갖고 있다.

어머니의 산소는 후일 고향 선산이 있는 오수면 한암리 장자동으로 옮겼다. 백부님께서 유명 풍수가를 초청하여 정한 곳이다. 아버지가 중풍으로 언어 능력을 상실하기 직전, 특별히 나를 불러, "내 시신은 네 어머니 곁에 묻어 다오" 하고 유언을 남기셨다. 하지만 부득이한 사정으로 지금 그곳에는 두 어머니가 나란히 누워 계시고, 아버지는 약간(약 10m) 아래(남쪽) 자리에 모셨다. 사람들은 세 분의 산소가 모두 명당이라고 한다.

제3부

초등학교 시절

(1942~1948년)

1942년 이른 봄날이었다.

아낙네들이 논두렁에서 바구니를 들고 나물을 캐고 있을 때다.

나는 마을 회관 공터에서 동네 아이들과 자치기를 하고 있었다. 무심결에 도로 쪽을 바라보니 아버지와 백부님이 자전거를 타고 마을을 빠져나가고 계셨다. 아버지의 장가 길이었다.

며칠 후 나의 어머니(새어머니)가 머리에 족두리를 쓰고 가마에서 내려왔다. 어머니(이후 '새어머니'를 '어머니'라고 부르겠다)는 밑으로 나의 세 동생을 낳았고, 그로부터 58년 동안 가난과 병고에 시달리면서도 아버지와 우리 5형제를 위하여 평생을 희생한 고마우신 분이다.

그해 봄 나는 초등학생이 되었다.

1. 일제 식민지 교육

일제 강점기 초등학생들에 대한 식민지 교육의 내용은 대개 다음과 같다.

창씨개명 – 내 이름은 가나야마 사이에이(金山在泳)였다.

조선총독부는 1939년 총독부령 제19호를 발동하여 '조선민사령'을 개정하였다. 그 내용은 조선 민족의 고유한 성명제를 폐지하고 일본식 씨명제(氏名制)를 만들어, '씨(氏)는 호주가 정한다'로 정하였다. 이 법령은 1940년 2월 시행하며 동년 8월 10일까지 조선 사람들이 스스로 결정해서 제출하라고 하였다. 즉 호주는 문중이나 집안 어른의 상의 없이 마음대로 성씨를 정할 수 있게 되었다. 조선민족 전통의 가계를 완전히 파괴하려는 일제의 잔악한 수단이었다.

일제는 창씨개명을 강요하면서도, '창씨개명은 조선 민중의 열렬한 요망에 부응한 것'이라고 선전하였다. 실제로는 관헌을 동원하여 협박하고 이에 불응할 경우 다음과 같은 불이익을 가할 것을 경고하였다. 창씨개명에 불응할 경우

1. 각급 학교의 입학을 불허한다.
2. 총독부 관계기관의 채용을 금하고 현직자의 경우 파면 조치한다.

3. 불응자는 비국민 혹은 무뢰한 조선인으로 단정하여 사찰, 미행, 감시하고 식량 기타 물자의 배급 대상에서 제외시키며 노무, 징용의 대상으로 삼는다.

4. 조선식 성명으로 기재된 화물의 수송을 금지한다.

등이다. 조선 인구의 80%(322만 호)가 우리 고유의 이름을 빼앗기고 창씨개명의 수난을 당하였다. 우리 대소가는 관향이 연안(延安)이라 해서 연김(延金)과, 동네 이름을 따서 금산(金山)으로 고쳤다. 나는 일제의 식민지 교육이 한창 본격화되던 그 시기에 초등학교에 입학하였다.

내선일체

우선, 학교의 정문을 들어가면 건물 벽에 크게 한문으로 국체명징(國體明徵), 내선일체(內鮮一體), 인고단련(忍苦鍛鍊)이란 3대 교육쇄신의 강령이 붙어 있다. 내지인인 일본인과 조선인이 일체라는 '내선일체'의 구호를 걸고 사실상 조선 사람을 일본인화하겠다는 식민지 정책의 강령이었다. 당시 저학년의 담임교사는 모두 일본인 교사가 맡아 신입생부터 일본어로 수업을 하였다.

처음 '오하요 고사이마스(아침 인사)'로 시작하여 '여기는 교실이다. 우리는 학생이다. 이것은 연필이다' 등 우리 주변의 용어들을 일본말로 익히게 하고 마지막 '사요나라(안녕)'로 학과를 마쳤다.

교과서 내용은 철저히 일본 국가에 대한 충성을 기본으로 구성되어 있었다. 예를 들어 "해가 떴다. 해가 떴다. 둥근 해(일장기를 상징함)가 떴다. 꽃이 피었다. 꽃이 피었다. 벚꽃(일본의 국화)이 피었다" 등이다.

고꾸고 조요(國語常用)

우리가 어느 정도 일본어에 익숙해질 무렵 '고꾸고 조요'라는 표어를 만들어 조선어 말살 정책을 강요하였다. 일제는 이 정책을 실현하는 방법으로 성냥갑만 한 크기의 어표를 만들어 학생 1인당 10장씩을 나누어 주고 만일 한국말을 사용할 경우, '고꾸조' 하면서 한 장씩을 빼앗도록 하였다. 그리고 한 달에 한 번씩 어표의 소지 상황을 조사하여 상벌에 반영한다 하였지만 별다른 성과를 얻지 못하였다. 나는 일본말도 쓰고 한국말도 썼지만 한 장이라도 빼앗거나 빼앗긴 일은 없었다.

신사참배

일제는 학교와 각 관청은 물론 시, 군, 면 소재지의 길지(吉地)나 마을 중심지에 신사(神社)를 세우고 매일 신사참배를 강요하였다. 학교에서는 조회 때마다 이를 실시하고 그 외에 국경일이나 매월 8일에는 기관장 이하 모든 학생들을 동원하여 참배의식을 행하였다. 신사 안에는 일본의 수호신 아마데라스 오미가미(天照大神)의 명패가 봉안되어 있고 제관은 일본인 교

장이 맡았다. 의식의 순서는,

일본 국기에 대한 경례, 일본 국가 제창, 궁성예배, 황국신민의 선서, 칙어봉독(勅語奉讀), 조서봉독(詔書奉讀), 천황폐하 만세였다.

궁성예배

궁성예배는 일본 천황이 있는 궁성을 향하여 허리를 45도로 서서히 굽혔다가 한참 만에 다시 펴는 방식으로 행하였다. 천황은 살아 있는 신(神)과 같은 존재였다. 정오 사이렌이 불 때나 수업 중, 연설 도중에도 천황폐하의 말이 나오면 모두가 부동자세로 그곳을 향하여 묵도를 행하였다. 특히 일본 국왕 히로히도(裕仁)의 생일인 4월 29일 천장절(天長節)에는 일본 떡(모찌)을 학생들에게 던져 주면서 성대한 잔치를 벌였다. 나는 매번 참석하였지만 단 한 개의 모찌도 줍지 못하였다.

황국신민의 선서

황국신민의 선서는 한국인의 황국신민화를 위한 교육쇄신의 3대 강령을 말하며 조선인 모두에게 이를 암기하여 생활화하도록 강요하였다. 그 내용을 소개하면 다음과 같다.

─우리는 황국신민이다. 충성으로 군국에 보답한다.

─우리 황국신민은 서로 신애 협력하여 단결을 굳게 한다.

─우리 황국신민은 인고단련의 힘을 길러 황도를 선양한다.

2. 일제 탄압의 참상

일본은 정말 지구상에서 가장 악질적인 나라였다. 그 내용들을 간단히 열거하면 다음과 같다.

1938년 4월 '국가총동원법'을 만들어 육군, 해군의 특별 지원제도를 실시하였고, 1939년 7월 '국민징용제'를 발표하여 노무원의 국가관리를 기도하였다.

1942년 태평양전쟁에 필요한 노동력을 충당하기 위하여 한국인 일본 이주 알선 요강을 마련, 강제징용을 실시하였다. 이때 약 100만의 한국 청장년이 일본의 전쟁 사업에 끌려가 혹사당하였다. 당시 일본으로 징용된 한국 노무자들은 19시간의 강제 노동에 시달렸고 특히 탄광에서는 이른바 다꼬헤야(문어방이라는 뜻)식으로 밤낮 굴속에 갇혀 노예보다 더 혹독한 노동을 강요당하였다.

일본인 변호사들이 조사 보고한 바에 의하면, 1943년 가을 대홍수 때 북해도 미바이(美唄) 탄광 다꼬헤야에 갇힌 한국인 100여 명이 몰살당한 일도 있다. 산사태가 났을 때 일본인 감시원들이 다꼬헤야의 자물쇠를 잠그고 도망갔기 때문에 이들은 너무 원통하게 수장당했다.

석탄 광부로 일본에 끌려간 한국인 수는 50여만 명으로 추산된다. 일본인은 우리 동포를 채찍을 들고 동물처럼 혹사하다가 죽으면 아무 곳에나 내다 버렸다.

일제는 1943년 8월에 강제징용제를, 1944년에 학병제를 강요하여 전쟁 중(1939~1944년), 한국 청장년 약 500만을 징용, 징병에 동원하였다.

가장 놀라운 일제의 만행은 정신대에 관한 일이다. 1943년부터 일제는 '여자 정신대'라는 이름으로 만 17세 이상 40세 이하의 한국 여성들을 강제로 끌어갔다. 그중에서 20세 전후의 처녀는 위안부로, 그 외의 여자들은 군수공장으로 배치하였다. 당시 정신대에 끌려간 한국인 여성의 수는 7~8만으로 추산하고 있으나 실제로는 훨씬 많다고 주장한다. 이때에 딸을 가진 부모들은 혼인을 서둘러 아무에게나 시집을 보냈고, 미처 이를 피하지 못하고 입대 통지를 받은 사람들 중 목을 매어 자살하거나 혹은 열차에 투신하여 죽은 자도 많았다. 일본 군인들에 의하여 잡혀간 우리의 딸들은 개처럼 끌려 다녔다. 총탄이 비 오듯 쏟아지는 일선 지역이나 혹은 만리타향 섬으로 끌려가 그들의 발굽 아래 짓밟히고 처참하게 죽어 갔다.

일제는 1942년 강제공출제도를 시행하여 집집마다 공출량을 할당하고 관리들을 동원하여 집안 구석구석을 마치 두더지처럼 후벼댔다. 우리 집안에서도 할머니의 식사를 위해서 없는 쌀을 아껴 부엌 바닥 깊이에 묻어 둔 일이 있었다. 면에서 나온 자가 마치 귀신처럼 이를 탐지하고 기나긴 쇠줄로 쌀을 찍어 냈다. 그때 집안 아주머니들이 제발 좀 도와 달라고 애원하며 그 사나이에 매달리던 모습이 잊히지 않는다.

당시 일제가 공출해 간 양곡은 1941년 총생산량(2,157만 석)의 43.1%에서 1944년 총생산량(1,891만 석)의 63.8%였다. 일제는 곡식뿐 아니라 목화, 채소, 마초, 관솔, 심지어 놋쇠로 된 식기나 세숫대야 등 모든 것을 마구 빼앗아 갔다.

나는 매일 오후 산으로 들로 쏘다니며 마초나 퇴비의 할당량을 장만해서 그 이튿날 책 대신 풀 짐을 등에 업고 등교해야 했다. 아침마다 할당량이 미달되어 핀잔을 들었다.

방학 숙제로 소나무 관솔 20관씩을 따야 한다. 이미 다른 사람들이 모두 채취해 갔기 때문에 그토록 많은 양을 따기도 어렵거니와 그 무거운 관솔을 등에 짊어지고 10리 길을 운반하는 일도 너무 힘들었다.

내가 4학년이 되던 해에 일제는 정말 희한한 숙제를 하나 더 추가하였다. 미루나무에 핀 흰 솜을 학생들에게 할당하였다. 당시 미루나무는 너무 높아 올라갈 수도 없었지만 대개 미루나무 군락지에는 한센병 환자들이 거주하고 있어서 위험하였다. 나는 친구의 도움으로 과제를 겨우 면하였다. 마침 급우 하나가 미처 준비를 못 하여 담임교사의 매를 맞아 머리가 터진 일도 있다.

학교에서는 매월 복장 검사를 실시하고 신발은 특히 게다(일본의 나막신)나 소리(草履, 일본식 짚신)를 신고 다니도록 강요하였다. 게다나 소리는 발가락이 갈라진 양말을 신어야 하기 때문에 버선발에는 신을 수 없다. 또 등굣길이 멀고 험하여 하루 이틀이면 망가져서 실용성이 없었다. 당시 어른들은 버선에 나막신을 신었고 일꾼들은 짚신을 신었다. 학생들은 운동화나 고무신이 없는 경우 차라리 맨발로 다니는 것이 편했다. 나는 가끔 신작로에서 주워 온 소(牛)신을 발에 끼고 검사를 받다가 들통이 나서 야단을 맞은 일이 있다.

생활이 모두 어려워 신발은 물론 소금이나 칫솔, 치약도 찾아 볼 수 없었다. 학교에서 양치질 검사를 하는 날에는, 모래알이나 지푸라기를 씻어서 이를 닦았다. 또한 몸을 씻을 만한 더운 물이 없어서 겨울이면 손발에 까마귀처럼 검은 때가 끼고 손등이 트고 갈라져 그 모습이 흡사 거지와 같았다.

3. 일인(日人) 담임교사

내가 입학했던 오수 초등학교는 일본군인 출신 교장(육군 오장 노모에 몽)과 훈련 담당 교사(상병, 무라야마)가 있었고 신입생 담임은 대개 일본인 여교사가 맡았다. 나의 1학년 담임은 모리 선생, 2학년 담임은 지바 선생, 3학년 담임은 마쓰다 선생으로 모두 일본인 여교사였고, 4학년 담임교사는 박희옥 선생님(나의 동기 박영호의 부친)이었다. 일제는 우리나라의 원수였지만 일본인 교사는 모두 나에게 고마운 분이었다.

모리 선생

모리(森) 선생님은 깔끔하고 아름다운 분이었다. 그분은 인정이 많았다. 나는 당시 말하자면 나끼무시(泣虫, 울보)요, 요하무시(弱虫, 약질)로 걸핏하면 울고 바람만 불어도 넘어질 듯한 쇠약 체질이었다. 선생님은 항상 나의 눈물을 닦아 주고 어루만져 주면서 나에게 용기와 큰 힘을 주었다.

선생님은 방학 때 일본에 갔다 오면서 나에게 거북 12마리를 선물로 사 왔다. 내가 몸이 허약해서 결석을 너무 많이 한 탓으로 거북이 아마 허약체질에 좋다는 말을 들은 모양이다. 모리 선생님은 해방 후 일본으로 귀국하였다. 풍문에 의하면 안타깝게도 그곳에서 병을 얻어 타계했다고 한다.

내가 입학하던 해(1942년) 일제가 싱가포르를 점령(2월 16일)하여 그 기념으로 학교에서 공 한 개씩을 나누어 주었다. 나는 너무 좋아서 몇 번 치고 놀았는데 그만 공이 울타리를 넘어 남의 집으로 갔다. 그 집 아이는 공을 끝까지 내놓지 않았다.

지바 후꾸고 선생

지바 선생님은 성격이 괄괄하고 강한 편이지만 나에게는 어머니처럼 늘 따뜻한 분이었다. 내가 가끔 우울해 보일 때면 선생님은 교무실로 불러 나를 불끈 들어 안아 주기도 하고 머리를 쓰다듬으며 무척 귀여워해 주셨다.

나는 선생님의 품에서 나의 어머니의 체온을 느꼈고 지금도 그 일을 생각하면 그분의 사랑이 마음 한구석에 남아 있는 듯하다.

여름 방학 때 선생님은 일본 본가를 다녀오는 길에 24개 색깔의 고급 크레용을 나에게 사다 주셨다. 그 속에는 조그만 칠판과 지우개까지 끼어 있었다. 나는 그 선물이 너무 귀한 것이라서 차마 쓰지 못하고 아끼다가 그만 잃어버리고 말았다. 선생님은 나의 안타까워하는 모습을 보고 다음에 또 사 오겠다고 하시면서 나를 위로해 주었다.

그분의 나에 대한 편애는 결국 학생들의 눈에 거슬려 나는 가끔 놀림을 받은 일도 있다. 언젠가 학급에 장화 배급이 나왔을 때였다. 당시 장화는 정말 귀하고 보기 드문 물건이었다. 지바 선생님은 그 귀한 장화를 앞뒤 생각할 틈도 없이 나에게 주셨다(사실 그 장화는 귀한 것이었지만 짝이 맞지 않고 한쪽이 터진 불량품이어서 며칠 신지도 못하였다). 아이들은 방과 후 나에게 '미꼬미다이쇼(편애가 심한 자를 지칭함)'라고 놀려댔다. 마침 선생님께서 그 광경을 보고 학생들을 불러다가 모두 벌을 준 일이 있다.

이토록 나를 아끼고 사랑해 주시던 지바 선생님은 동료 한국인 교사(김판영, 교장)와 결혼하여 한국의 여인으로 이곳에서 살다가 젊은 나이에 세상을 떠났다. 내가 그분을 마지막 뵌 것은 정확하게 1951년 11월 9일 오수 초등학교 교장 관사에서였다. 내가 고등학생이 되어 8년 만에 선생님을 찾아 뵌 것이다. 선생님은 손수 따뜻한 점심을 차려 오셨고 우리는 모처럼 많은 이야기를 나누었다.

그날 밤 빨치산의 습격으로 관사 주변에서 밤새껏 총성이 멈추지 않더니 오수역사가 불타 버렸다. 날이 밝은 뒤 우리는 서로 살아남았음을 확인하고 편안한 마음으로 헤어졌다. 하지만 그것은 우리의 마지막 만남이었다.

여기 선생님의 딸 김신자 여사가 그녀의 어머니를 애도하여 쓴 책 『나의 어머니, 지바 후꾸고』의 마지막 한 대목을 소개하면 다음과 같다.

'사랑에는 국경도 없다'는 말이 있지만 그것은 너무나 가슴 아픈 한(恨)의 독백이다. 한 남자를 사랑한 죄로 내 고향, 내 조국, 내 부모도 모두 버리고 만리타향, 낯선 땅, 낯선 사람들로부터 온갖 질시와 냉대를 받아야 했던 어머니.

사랑하는 남편조차 이방인처럼 소외되어 괴로워하고 서러워하는 모습을 옆에서 지켜봐야 했던 가엾은 우리 어머니.

일본인이었으면서도 일본인임을 거부하고 고달픈 한국인 아내가 걸어야 할 길을 택하신 어머니.

마지막 숨을 거두던 순간까지도 한마디 일본말을 사용하지 않고,

"얘들아 미안하다, 어머니 노릇을 못 해서⋯⋯. 여보 좀 쉬

어야겠어요. 내가 죽었다는 것 일본에 알리지 말아요." 하시면서 끝내 한국의 여인으로서 생을 마치신 어머니.

어머니는 찬란한 햇빛이 눈부시게 쏟아지던 (1958년) 5월 어느 날에, 서른다섯 짧은 세월이 오히려 길다 하시면서 인생을 마감하셨다. 이 불쌍한 어머니와 어머니를 사랑하신 아버지의 운명적인 만남이 한 시대의 비극으로 끝을 맺는다.

쇼와 시대가 가고 새로운 시대가 펼쳐진 지금의 일본, 일본 못지않게 경이적인 발전을 성취한 한국, 두 나라는 영원한 숙적이면서도 또 영원한 이웃일 수 있다.

어머니 나라 일본, 아버지 나라 한국.

이제 이 두 분은 함께 영원히 잠들고, 두 분의 자녀들은 한국인으로 성장하였다.[1]

4. 초등학교 3학년(1944년)

내 나이 11세, 나도 이제 홀로서기 할 때가 되었다.

3학년 담임은 우리 학교에 처음 발령된 아주 풋내기인 마쓰다 선생이었다. 당시 우리 학급에는 내 나이보다 8세에서부터 보통 3, 4세 더 많은 형들이 있었는데 그들은 거의 선생님과

─────────────────

1) 김한나, 『지바 후꾸고 나의 어머니』, 창조문예사, 2004, 머리말.

동년배(同年輩)였다. 나는 한 학급에서 이들 형과 같이 생활하면서 꽤 엉뚱해졌다.

어느 날 나는 마음이 몹시 우울하여 어머니 산소를 찾은 일이 있다. 어머니가 계신 공동묘지는 우리 마을에서 약 2km 거리의 아주 후미진 곳에 있어 낮에도 소름이 끼칠 정도로 무서웠다. 나는 어머니 산소 앞에 엎드려 실컷 울다가 소리 없이 '어머니!'를 부르며 다시 일어섰다.

나는 그 무렵부터 친구들과 어울려 놀면서 한결 성숙해졌다. 그 당시 우리는 자치기, 못치기, 제기차기, 땅뺏기, 줄넘기나 새끼줄로 엮은 공차기 등으로 흙이 범벅이 되어 놀았다.

교실에서는 표딱지를 만들어 장난질을 했고 교실이 떠나가도록 노래 부르며 재깔거리고 떠들어댔다.

또 수업시간에 선생님 말씨의 흉내를 내거나 흉을 보다가 들켜서 꾸중을 들은 일도 흔히 있었다. 당시 마쓰다 선생의 어조와 의상이 특이하여 학생들의 호기심거리가 되었다.

이렇게 우리들 사제 간은 1년을 지나면서 아주 친밀하여졌다. 1960년대 한, 일 수교가 이루어진 후 나의 동기생 김종덕(族叔, 도청 공무원)이 서신 교환을 하다가 단절되었다는 말을 들었다.

5. 초등학교 4학년(1945년)

담임교사인 박 선생님은 부임할 때부터 학생들의 입줄에 올랐다. "오레와 미야다 야스오도 모시마스"(나는 박○○라고 부른다는 일본어)라고 했던 그분의 인사말은 두고두고 학생들의 입에서 회자되었다. 언젠가 우리는 선생님의 풍금에 맞추어 노래를 배우고 있었다. 즉 '고바다 기가이다(공장이다 기계다) 피스톤노 우데다요(피스톤의 손이다)……' 하는데 갑자기 교실 내가 조용해졌다. 알고 보니 선생님께서 풍금 건반에 머리를 박고 졸고 계셨던 것이다.

그래도 박 선생님은 참 진솔하고 인간미가 넘친 교육자였다. 학생들과 같이 부락에 노력 동원을 갔을 때, 그분은 학생들의 한국 이름을 일일이 불러 주시면서 그의 진심을 토로하시던 일이 생각난다. 선생님은 해방 후 남원군 왕치초등학교 교장으로 영전하셨다. 후에 아들이 고등고시 양과에 합격하여 경찰국장이 되자, 전주 진북초등학교 교장으로 다시 영전하셨다.

1945년, 전쟁의 막바지에서 일제가 최후의 발악을 하던 무렵, 학생들뿐 아니라 우리 국민 모두가 전쟁의 도구가 되고 있었다. 우리 고장의 젊은 학생이나 장정들이 오수역에서 기차를 타고 어디론가 끌려갈 때, 우리는 일본 국기를 들고 군가를 부르며 '천황폐하 만세'를 외쳐야 했다.

방공 연습을 할 때는 정말 웃기는 일들이 많았다.

어느 날 비행기가 흰 구름 사이로 지나갔는데 경방단(警防團)의 청년이 자전거를 타고 와서 경보를 전달하였다. 교사들은 이 연락을 받고 겁에 질려 학생들을 꼼작도 못 하게 엎드려 있으라고 호령하였다. 한 학생이 손을 번쩍 들고 말하기를,

"선생님 만일 비행기 폭탄이 우리 머리 위에 떨어지면 어떻게 할까요?" 하자, 선생님이 답하기를, "방공호에 엎드려 눈을 감고 손으로 귀를 막고 있으면 살 수 있다."고 답하였다. 다시 학생이 묻기를, "방공호가 어디 있는데요?" 하면서 우문우답을 서로 주고받은 일이 있다. 사실 우리는 미군 B.29가 지나간 것을 한 번 보았을 뿐이다.

풀숲과 관솔을 과제로 부과한 일에 관해서는 앞에서 말하였다. 그 외에도 이른 봄부터 면내 각 지역을 돌며 보리밟기, 모심기, 보리깜부기 뜯기 등에 동원되어 나갔으며 보리 수확기에는 학생들 모두가 낫을 들고 등교하였다. 학교 운동장은 밭이 되어 학생들의 통행로만 남겨 놓고, 토마토나 고구마를 심었다.

해방이 되자 일본인 교사들은 아직 덜 익은 운동장의 고구마를 식사대용으로 룩작(Rucksack)에 담아 귀국길에 나섰다.

당시 일본 사람들은 이별의 손수건을 흔들면서, "우리 10년 후에 다시 봐요."라는 의미 깊은 말을 했다. 그때부터 사람들의 입에서는, '일본 사람 일어난다. 미국 사람 믿지 말고, 소련 사람 속지 말고, 조선 사람 조심하라.'는 말이 유행하였다.

6. 해방 당시 관료

일제가 물러났다. 당시 둔남(오수)면장은 김윤영, 임실군수는 엄민영, 전북지사는 정연기였다. 나의 작은 할아버지(김정기)는 1940년대 초에 면장을 지냈다. 그때 전주—남원 간 국도 39km 지점에서 우리 마을로 통하는 이간 도로를 만들었다.

당시 면장들은 별로 일본어에 능숙하지 않은 듯했다. 해방 후 회자되던 옥구군 회현면 두(杜) 면장에 관한 일화는 오래도록 화제가 되었다. 그가 도지사실에 가서 손짓 발짓하면서, "영감(도지사님), 아메(비)가 쏴, 쏴(비오는 소리), 데이보(제방)가 빵(터졌소), 고메(쌀) 구다사이(주세요)."라고 하여 쌀 배급 승낙을 받고, 오던 길에 기차가 지나가고 있었다.

그때 외치는 소리,

"오이(여봐라), 기샤 도마레(기차 멈추어라) 오레와(이 몸은) 가이게이 멘죠다(회현면장이다)."라고 호령하였다.

마침 일꾼들이 모를 심다가 면장이 오는 것을 보고,

"교쓰게(차려), 면죠상니(면장님께) 게레이(경례)." 하고 일제히 거수경례를 하였다. 그때 면장은 "요시(좋아)." 하면서 면민들에게 공평하게 나누어야 할 배급표를 그 자리에 있는 사람들에게 모두 주었다는 이야기는 유명하다. 그분은 6·25 때 인민군들에게 끌려가 총살되었다고 한다.

엄민영 군수

엄민영(雉山敏夫, 1915~1969) 군수는 경북 경산에서 보통학교 교사의 아들로 태어나, 1933년 대구의 명문 대구고보(현 경북고)를 졸업하였다. 대구고보에 다닐 때 대구시내 같은 하숙집에서 3년 후배인 박정희 대통령과 인연을 맺었다. 1939년 구주제국대학 법문학부를 졸업하고 고등문관시험에 합격, 임실군수로 부임하였다. 광복 후 미 군정하에서 전북 농산국장, 전남 농림국장을 지내고 1948년 정부 수립 후 학계로 들어섰다. 서울 법대 부교수로 재직하면서 서울상대, 연세대 등에도 출강하였다. 6·25후 미국을 다녀와 1957년 경희대 법대 학장을 역임하였다. 4·19 때 임실에서 참의원에 당선되었고 5·16 후에 내무부 장관을 지냈다. 엄민영은 박정희 대통령에게 '군사 정부의 나아갈 길'을 명확하게 제시하여 그의 신임을 받았다고 한다. 불행히도 그의 부인이 6·25 당시 북한에 납치되어 재혼하였다. 그 후 가정불화가 끊이지 않았는데 주일 대사 재직 시 세상을 떠났다.

인터넷 글에 엄민영이 남노당에 가입하였고 처자를 북한에 보냈다는 주장이 있다. 이에 대하여 남로당 엄민영은 동명이인(同名異人)으로 따로 있으며 일본에서 자결하게 된 이유는 재혼한 후처로 인한 것이라는 측근의 반론이 있다.

김대우 도지사

'황국신민의 선서'를 지었다는 김대우는 1945년 6월 16일까지 전북 도지사로 재직하다가 경북지사로 전임하여 해방을 맞았다. 그는 조선인으로서 고등문관 시험에 합격하지 않고 도지사가 된 유일한 인물이었다.

그는 1900년 평북 강동군에서 태어나 경성고보(경기고)를 졸업하였다. 1919년, 경성공전(서울공대의 전신) 광산학과 2학년 재학 중 3·1운동이 일어났다. 이때 파고다 공원에서 주최한 학생들의 독립선언식에 참여하여, 시위 중 일경에게 체포되어 7개월간 감옥살이를 하였다. 출옥 후 그는 일본 규슈제국대학을 졸업하고 곧바로 친일 관료의 길을 걷기 시작하였다. 1936년 총독부 학무국 사회교육과장 재임 시 촉탁 이각종에게 '황국신민의 선서'를 작성토록 하였다. 또한 그는 각 급 학교의 학생들에게 이를 암기, 제창케 하고 당시 출판되는 모든 서적에 게재하도록 지시하였다.

그는 일본 천황의 항복 선언을 듣고 엄숙한 자세로 앉아 하염없이 눈물을 흘렸다. 곧이어 도청 직원들을 모아 놓고,

"조선의 참된 독립은 매우 어렵다. 오늘 이후 일본과 조선은 손을 맞잡고 단결해 나가야 한다."고 역설하였다. 그 후 1945년 10월 13일까지도 경북 도청의 인사이동을 주동하여 친일인사를 요직에 포진하였다가 5일 만에 미 군정에서 해임된 일이 있다.

그는 반민 특위에 체포되어 재판에 회부되었을 때 말하기를, "나는 친일은 하였지만 내 성은 팔지 않았다."고 큰소리쳤다고 한다. 김대우의 일련의 행동들을 살펴보면 요즘 정치하는 사람들에게 여러 면에서 자신의 행동을 되돌아볼 계기를 제공해 준다.

독립만세를 부르며 감옥에 들어간 사람이 하루아침에 친일파의 앞잡이가 되었고, 자신의 죄를 전혀 뉘우치지 않고 계속 몰염치하게 행동한 일들은 한국 사람으로서 정말 부끄러운 일이 아닐 수 없다. 그는 1960년 제5대 총선 때 경남 양산에서 출마하여 3위(4,111표)를 했다.

7. 태극기 휘날리며

해방이 되던 날 우리는 태극기를 만들어 오수로 나갔다. 학생들뿐 아니라 어른들도 어느새 손에 태극기를 들고 거리를 메웠다. 모두 하나가 되어 목이 터지도록 만세를 불렀다. 나는 해방과 자유, 조국이 무엇인지 아직 의식이 없던 때였지만 하여튼 그날의 흥분된 분위기는 몹시 즐겁고 감격적이었다.

한편 동네 어른들은 그동안 불청객으로 마을 동산(송정)에 세워졌던 신사(神社)를 넘어뜨려 해체 작업을 시작하였다. 모두들 판자와 못을 골라내 제몫을 챙기기에 바빴다. 나는 신사

안에 있던 '천조대신(天照大神)'이라 쓰인 신주를 꺼내 불태웠다. 그 신주는 그동안 아무도 감히 열어 보지 못했던 신성불가침의 우상이었다. 내가 신주를 불태워 날려 보낼 때 사람들은 일제히 박수를 치며 환호하였다.

바로 그때, 기차가 환희의 기적 소리를 하늘 높이 울리며 마을 앞을 서행하고 있었다.

며칠 전 정치범을 싣고 무겁게 달리던 모습이 머리를 스친다. 나의 3종형(김효영, 교육자)이 사형수(반일활동 중)로 지목되어 광주 고등법원에 실려 가는 길, 집안 어른들이 모두 나와 형의 마지막 모습을 보려고 기다렸는데 뿌연 먼지만 일으키고 달리던 그 기차였다. 형의 할머니(나의 재종조모)와 어머니(나의 재당숙모)가 그 자리에 풀썩 주저앉아 목을 놓고 통곡하던 일이 바로 며칠 전의 일이었다.

8월 16일 전국 형무소에 있는 정치범이 석방되면서 맨 먼저 효영형이 기차를 타고 귀향하였다. 그 후 학병으로 끌려갔던 당숙(김종주 교장)이 돌아오고, 이어서 만주로 일본으로 살길을 찾아 떠나셨던 재당숙들(김종현, 김종덕, 김종록)도 무사히 귀향하였다.

8. 신도(神道)

신도는 일본에서 독자적으로 발달한 일본 민족 신앙이다. 원시공동체에서부터 행하여 오던 행사로 일본인 정신생활의 기본이요 국민의 도덕, 윤리 규범 등을 포함하고 있다. 항간에서는 신도가 세계 2차 대전의 종말과 함께 쇠퇴했다고 한다. 하지만 요즘 야스쿠니신사(靖國神社) 참배 문제와 관련하여 오히려 정치 문제로까지 비화되고 있는 실정이다.

일본에는 지금도 자신들의 조국과 천황에게 철저한 충성을 바치는 신도를 신앙하는 사람들이 많다. 이는 일본이 신이 선택한 땅이고 그들 천황이 천조대신의 자손이라는 믿음에서 유래한다. 일본 군인들은 국가를 위하여 생명을 바치는 것을 자랑으로 여긴다. 자신들의 영혼이 조국을 수호하는 데에 도움이 된다는 신앙을 갖고 있기 때문이다. 이러한 용기와 충성은 과거 봉건 시대의 사무라이(武士)정신이나 야마도 다마시(大和魂, 혹은 日本魂)에 근거를 두고 있다.

1914년 일본에는 19만 이상의 신사가 있었다. 숭배의 중심은 태양여신인 천조대신이다. 일본 천황은 2차 대전 이후 칙령으로 자기를 금후 태양여신의 신예(神裔)로 인정하지 말 것을 선포하였다. 그럼에도 충성스런 일본인의 관습과 감정은 천황의 형식적인 선포에 별다른 영향을 받지 않았다. 신도의 중요

행사 때는 신관(神官)이 있어 중요한 제일(祭日)에 공적인 제사를 주재한다.

신사에는 도리이(鳥居: 天字 모양의 문)라는 상징이 입구에 있다. 지금도 일본의 골목 술집이나 여관 등에 가면 도리이를 가보처럼 자랑스럽게 걸어 놓은 곳이 있다.

일본의 신도는 무속적 요소가 강하다. 고대 일본의 물활론(物活論)에 뿌리를 두고 있으며 불교의 여러 요소와 결합하여 일본인들의 마음속에 혼재하여 있다.

신도의 특징은 자연에 대한 친밀감이며 일본인들은 하늘과 꽃과 나무와 땅이 그들에게 비와 순결, 청결을 제공해 준다고 믿고 있다. 신도를 숭배하는 가정은 언제나 청결하고 정돈되어 있어야 하며 몸과 마음을 깨끗하게 유지하는 것이 그들 신앙의 기본자세이다. 오늘날 일본인들의 정직, 친절, 청결이 이러한 신도정신에 바탕하고 있으며 또한 과거 일제의 잔혹했던 침략 전쟁도 바로 신도의 천조대신에 대한 교조적 신앙의 결과임을 주목할 필요가 있다.

9. 어둡고 괴로워라 밤이 길더니

해방 후 약 한 달이 지났다.

학교 당국은 학생들을 등교시켜 우선 운동장부터 정리하기 시작하였다. 담임교사가 '학생 1인당 지게 바작(싸리나무로 엮은 발채의 전라도 사투리)으로 12짐의 모래를 가져오라'는 숙제를 내주었다. 나는 우리 집에 일꾼도 없고 아버지에게 말씀드려야 꾸중만 들을 것 같아 속수무책이었다.

다음 날 학부형들이 지게로 모래를 지고 오는데, 담당 직원이 그 일을 나의 아버지(당시 오수초등학교 교사) 도장으로 확인하는 것을 보았다. 나는 집으로 돌아와 할머니의 묵인하에 아버지의 도장을 도용(盜用?)하여 숙제를 해결하였다. 아버지는 돌아가실 때까지 이 일을 전혀 알지 못하셨다.

운동장이 정리되고, 수업이 시작되었다. 학생들은 우선 노래를 배웠다. 맨 처음 배운 노래는 다음과 같다.

백두산 고목에 새움이 돋고
무궁화동산이 향기로워라
어화 둥둥 북을 치며 노래 부르자,
대한(조선)은 우리나라 독립 만만세

'애국가'를 '이별의 노래' 곡에 맞추어 불렀고, 이은상 작사, 현제명 작곡의 '조선의 노래'를 불렀다.

백두산 뻗어 내려 반도 삼천리
무궁화 이 강산에 역사 반만년
대대로 이어 사는 우리 삼천만

복되도다 그의 이름 대한(조선)이로다.

　학생들이 가장 오래도록 많이 불렀던 노래는, 다음 '어둡고 괴로워라 밤이 길더니'였다.

　　어둡고 괴로워라 밤이 길더니
　　삼천리 이 강산에 새봄이 왔다.(먼동이 텄다)
　　동무야 자리 차고 일어나거라
　　산 넘어 바다 건너 태평양 넘어
　　아, 아, 자유의, 자유의 종이 울린다.

　나는 가을이 되어 학교를 잠시 그만두었다.
　당시 학생들은 한글도 모르는 상황에서 매일 노래만 부르고 몇 주일이 지나도록 ㄱ, ㄴ, ㄷ, ㄹ, ㅁ, ㅂ, ㅅ, ㅇ만을 되풀이하고 있었다. 사실 나는 해방 전부터 한글을 배웠기 때문에 학교수업에 흥미가 없었다. 그로부터 약 한 달 동안 나는 백부님(김종진, 당시 숯공장 사장)이 계시던 구례 산동과 종형(김봉영, 당시 국교 교사)의 근무처인 장수 등을 돌아다니며 신나게 놀았다. 지리산 만복대 자락에서 흘러나오는 계곡에는 돌만 움직이면 탐스런 가재가 기어 나왔고, 산수유와 홍시가 빨갛게 익어 산동의 가을은 참으로 아름답고 풍성하였다. 또 오수에서 장수를 오가는 길(팔공산)에는 머루와 다래 등 먹을거리가 흔하여 학교 가는 일보다 훨씬 즐거웠다.
　집으로 돌아와서는 땔감을 찾아 매일 지게를 지고 뒷산에 올라갔다. 하루는 떫은 감을 따 먹고 숨이 막혀 밤새도록 고생한 일도 있었다. 나의 어머니는 나를 무척 귀여워하시고 항상 맛있는 고구마를 쪄 주시던 일이 잊히지 않는다. 어머니는 1942년 결혼 후 얼마 되지 않아 친정(산서면 신창리)으로 갔다. 병고(이하선염)로 전주 병원에서 수술을 받았다 한다. 1944년 가을 내가 큰집에서 벼를 훑고 있을 때 어머니는 청색 비단 두루마기를 입고 다시 왔다. 그때부터 어머니는 담배를 피우셨다. 당시는 담배가 속병에 특효약이라 해서 외조부님의 묵인을 받았다고 한다. 하지만 아버지는 담배를 극히 싫어하셨기 때문에 내가 몰래 담배 심부름을 하였다.

1945년 겨울, 우리 가족은 사매초등학교 교장관사로 이사를 갔다. 나는 그곳에서 몇 달간 수업을 받았다. 아버지가 순창군 장학사로 이동 발령되어 다시 오수로 돌아왔다.

10. 정치의 소용돌이

해방된 조국의 분위기는 폭풍처럼 소용돌이쳤다.

미국의 유명한 한국학자 그레고리 헨더슨(G. Henderson, 1922~1988)은 한국 역사에 관하여 '소용돌이의 한국정치'(Politics, The Korea of the Vortex, 1974)란 책을 썼다.

이 책은 우리 정치의 자료로 여러 면에서 활용되었다.

1) 여운형의 건국준비위원회

해방이 되자 맨 먼저 여운형(呂運亨, 1885~1947)이 조선건국준비위원회를 조직하여 위원장이 되었다.

조선총독부는 8월 10일부터 15일 사이에 독자적으로 여운형과 송진우, 안재홍 등을 상대로 치안유지에 관한 교섭을 벌였다. 송진우는 이에 거절의사를 분명히 하였고 여운형은 긍정적으로 받아들였다. 여운형은 당시 총독부 실권자인 엔도 류사쿠(遠藤柳作) 정무총감을 그의 관저에서 만나 8월 16일부터 활동을 개시하였다. 하지만 여운형 등 국내 진보적 민족세력이 주도해서 만든 '건국준비위원회'는 '막간극을 연출하는 괴뢰집단'으로 몰려 20여 일간의 '예비정부'로 막을 내렸다.[2]

8월 22일, 건준의 2차 개편 때 안재홍이 추천했던 우익 인사가 참여를 거부하는 한편 박헌영계의 '공산당 재건파'가 건준에 적극 침투하였다. 건준에서 여운형 세력이 축소되고 박헌영이 통제하는 공산당이 실권을 장악하였다. 박헌영은 이 조직을 모태로 '조선인민공화국'이라는 새로운 정부조직을 결성하였다. 이에 건준은 9월 7일 발전적 해체를 선언하였다.

---

2) 김용욱, 『한국정치』, 원광대 출판부, 2002, p.265.

2) 미 군정과 한민당

1945년 9월 6일, 한국민주당이 발기식을 가졌다.

동 9월 20일 미 군정청이 정식 출범하고, 9월 22일 한민당의 인사들이 미 군정의 중요 요직에 대거 참여하였다. 조병옥이 경무국장으로 임명되어 건준의 치안유지 기능은 조병옥에게 넘어갔다. 하지(Hodge) 미 점령군 사령부는 10월 16일 박헌영의 인민공화국 정부를 공식으로 부인하였다. 박헌영은 1946년 11월 23일 온건파인 조선인민당에 침투하여 이를 해체시키고 허헌이 이끄는 신민당을 흡수하여 조선공산당을 '남조선노동당(남로당)'으로 개칭하였다. 이후 남로당은 남한의 각계각층에 침투하여 군정과 우익 노선에 반대하고 폭동과 파업을 조장, 선동하는 극좌운동을 벌였다. 미 군정은 남로당 간부를 체포하고 당을 불법화시켰다. 미 군정 말기에 와서 남로당의 남한 내 지하투쟁이 더 이상 불가능하게 되자 박헌영, 이강국 등 일부 간부들은 38선을 넘어 북조선노동당에 합류하였다.[3]

전북지역에서도 해방을 맞아 건국준비위원회 간판을 걸고 활동하다가 다시 군, 면 단위로 인민위원회를 조직하였다. 당시 상황으로 보아 새 정부가 들어서면 아마도 인민위원회가 정권을 인수하리라 믿었던 사람들이 있었을 것이다. 인민위의 청년들은 치안대를 조직하고 경찰서나 주재소를 접수하였으며

---

3) 위의 책, pp.250-270.

팔에 완장을 차고 본격적인 치안 활동을 개시하였다. 얼마 후 이들은 부득이 지하로 숨어들어 갔지만 적어도 해방 초기 단계에서는 인민위원회 조직이 전국을 장악하였다. 인민위원회의 도별 활동 상황을 보면, 경남, 전남, 경북, 전북, 충남, 경기, 강원, 충북 순이었다. 미 군정청의 행정권 접수 과정에서 전북은 가장 갈등이 적었던 지역으로 '한국화(지방행정의 자치화)의 모델'이라고 불릴 정도로 평온하였다. 경상도 지역의 인민위원회 활동은 가장 급진적이고 과격하여 결국 1946년 9월 파업과 10・1 폭동으로 표출되었다.

당시(10월 1일) 폭동 참가자들이 경찰서를 습격하는 과정에서 빚어진 살상의 현장은 차마 눈뜨고 볼 수 없을 정도였다. 이런 상황을 접하고 하지 중장(Lt. John Hodge)은 '한국이 폭발 일보 직전의 화산'이라고 말하였다. 10・1 폭동에 참가한 사람 중에는 박상희(1906~1946, 박정희의 중형이며 김종필의 장인)도 있었다. 박상희는 경찰서 습격 중 총에 맞아 죽었다. 박상희에 관하여 북한으로 월북했다는 설, 체포되어 총살되었다는 설, 일제 강점기의 독립운동가란 주장 등이 있다.[4]

이렇듯 비등하던 정국의 소용돌이는 전국 방방곡곡에 파급되어 심산유곡 산간벽지에까지 좌우 대립이 첨예화되었다. 자고 일어나면 유인물이 마당 가운데 뿌려지고 '붉은 깃발의 노래'와

---

4) 이용우, 『위키 백과』, 기문사, 2006. 서중석, 『역사와 비평사』, 2008.

'박헌영 동무 만세' 등 벽보가 마을 곳곳에 붙었다. 또 전선 절단, 철도 파괴, 지서 습격 등 사건이 꼬리를 물고 일어났다. 지서에서 이에 연루되어 잡혀 온 사람들의 매 맞는 비명소리가 담 밖을 넘어 우리들 귀에까지 들렸다. 이러한 좌우 대립과 정치 불안은 1947년 들어 주춤하다가 1948년 2월 7일의 폭동(당시 임실 지역에서는 '2 · 6 사건'이라고 하였다)으로 다시 폭발되었다. 2 · 7 폭동은 1948년 5월 10일 선거를 전후하여 일어난 4 · 3 제주사건, 10 · 20 여순반란사건으로 이어진다.

11. 초등학교 4~6학년(1945~1948년)

1946년 1월 어느 날이었다.

마침 창밖에는 흰 눈이 휘날리고 있었다. 담임교사가 교내 글쓰기 대회에서 장원으로 뽑힌 글을 발표하였다.

우리 반 최재범 학생이 쓴 '첫눈'이란 시(詩)였다.[5] 우리 모두 박수를 치고 축하해 주었다. 학생들 중에는 한글 받침도 제대로 모르는 자도 있고, 나 자신도 도대체 시(詩)가 무엇인지 모를 때였다. 심지어 선생님조차 국어 단어의 뜻을 몰라 '미소

---

5) 나의 동기인 최재범 선생은 전주여고를 졸업한 수재로 교직에 근무하면서 동아일보와 한국자유교양 주최 주부 백일장에서 장원, 현대문에 수필부분 신인상을 탔다. 그의 수필집, 『내 안에 나를 찾아서(클럽디자인, 2008)』가 있다.

가 어린다'를 '미국과 소련이 어른거린다'로 설명한 일이 있다.
당시 전교생이 '한글독본' 단 한 권으로 수업을 받았던 기억이
난다.

우리들 학교생활은 점차 활기를 띠기 시작하였다. 일제 강점
기의 군대식 교육체제가 없어지고 학생들은 넓은 운동장에서
마음껏 뛰어놀았다. 해마다 학예회, 운동회, 수학여행 등 행사
가 계속되었다. 학예회 때 우리 반은 김 첨지와 허 첨지가 서
로 자신의 망각증상을 모르고 상대방만을 탓하는 코미디 희극
을 연출하였다.

나는 김 첨지 역을, 조형익이 허 첨지 역을 맡았다. 관중들은
크게 웃으면서 박수갈채를 보냈다. 아마 우리들의 연기보다는
서투른 실수가 더 웃겼을 것이리라. 안타깝게도 나의 상대역을
맡았던 친구는 9 · 28 수복 직후, 교내에서 일어난 폭발 사고
로 비명에 갔다.

운동회는 물론 학생들뿐 아니라 고을 전체의 잔치였다.

경기마다 우열의 승패가 있어, 승자가 되면, 기분이 짱이다.
특히 점심시간에, 가족들이 한데 모여 찰밥에 감, 밤, 고구마
등 준비해 온 음식을 들면서 정답게 이야기를 나누는 것은 정
말 즐거운 일이다. 나는 그 어느 경우도 해당되지 않아 운동회
가 싫었다. 미리부터 꾀를 부려 될 수 있으면 운동시합에 나가
지 않았다. 대개 운동회 임원 석에 앉아 기록이나 행사 진행을
핑계로 특히 100m 달리기에 불참하였다. 꼴찌가 틀림없기 때

문이다.

수학여행으로 여수 돌산도를 다녀왔다. 우리는 며칠 전부터 밤을 지새우며 여행 가는 날을 기다렸다. 하지만 정작 출발 당일 기차가 약 30여 시간 연착하여 결국 그다음 날 떠났다. 몇 시간을 달렸는지 알 수 없지만 우리를 태운 열차는 비가 주룩주룩 쏟아지는 오밤중이 되어 여수역에 도착하였다. 그래도 난생 처음 떠나던 여행은 무척 즐거웠다. 초만원을 이룬 열차 안을 헤치고 통로를 오가던 차장이나 열차판매원들의 목소리를 흉내 내며 여관 내에서 잠도 자지 않고 밤새껏 떠들어댔다.

돌아오는 길에 구례 화엄사에 들렀다. 역시 기차가 연착하여 밤에 도착하였다가 꼭두새벽에 출발하였다. 구례구역에서 화엄사까지 걸어서 겨우 절 마당만 밟고 돌아온 셈이다. 여수에서 사 온 꽃게 두 마리가 상하지 않은 것이 다행이었다.

해방은 우리 가정에도 큰 변화를 가져왔다. 1945년과 1947년에 두 동생(김초영 치과병원장, 김맹영 보험협회 강원지부장)이 태어났다. 동생이 둘이나 생긴 것은 무척 기쁜 일이다. 하지만 당시 나의 연약한 몸으로 동생들을 돌보는 일은 정말 견디기 힘든 고역이었다. 동생들의 베이비—시팅(Baby—sitting)은 말할 것도 없고 동네 아이들과 놀이를 할 때도 동생들을 등에 업고 다녔다. 내가 아끼던 학용품, 귀중품은 모두 동생들의 손에서 망가졌고 서랍 속 깊이 감추어 놓았던 졸업장, 졸업사진도 갈기갈기 찢기고 말았다.

특히 동생들은 돌이 지나기가 바쁘게 차례로 이질병을 얻어 피골이 상접할 정도로 야위었다. 나와 형은 동생들을 회생시키기 위하여 두 여름 동안 내내 머구리를 잡아 탕을 끓여 먹였다. 머구리는 보통 콩밭이나 산기슭에 서식하는 식용 개구리로 잡기가 매우 힘들었다. 우리 형제는 마치 불로초를 찾아 심산유곡을 헤매던 진시황의 사자(使者)처럼 머구리가 있는 곳이면 산과 들, 밭두렁과 가시덤불이 우거진 골짜기들을 가리지 않고 돌아다녔다. 혹은 물에 빠져 옷을 흠뻑 적시고 넘어지거나 가시에 찢기면서 '머구리 찾아 3천 리'를 쏘다녔다. 지금 그 동생들은 건강한 사회의 우등생으로 나와 같이 늙어 가고 있다.

이처럼 고달프고 지겹던 생활 속에서도 나의 어린 시절, 티 없이 웃으며 재미있게 놀던 일들이 아련히 떠오른다.

봄이 오면 자운영 꽃 만발한 논밭에 들어가 수없이 손 사진을 찍어대고, 곡조도 박자도 없는 보리피리 불며 신나게 떠들던 일, 여름과 가을이 오면 얼굴이 검둥이가 되도록 산과 들, 냇가를 타잔처럼 쏘다니던 일, 또 눈이 오면 추위도 잊은 채 맨발로 들판을 누비며 뛰놀던 일들이 그립다.

그때는 산과 들에 머루, 다래, 으름, 오디 등 먹을거리가 많았고 또 물가에도 가재, 징거미, 피라미, 불거지 등이 손쉽게 잡혔다.

나는 특히 동물을 좋아해서 5학년 때는 토끼를 분양받아 수십 마리씩 키웠다. 토끼는 번식이 빠르고 어미의 색깔을 잘 배합하면 아주 다양한 무늬의 새끼들이 생산되어 재미가 있었다.

당시 농촌은 울안에 두엄자리를 두어 그곳에 쓰레기를 쌓아두고, 대소변은 잿간이나 큰 항아리에 저장하였다가 봄철에 거름(비료)으로 논밭에 뿌렸다. 화장지는 종이가 귀해서 대개 지푸라기나 검불, 호박잎 등을 사용하였다. 이토록 농촌은 자원을 완전 재활용하여 맑고 깨끗하고 향기로웠다.

세월은 바람처럼 흘러갔다. 어느새 6학년을 마치고 학교를 떠나야 할 날이 왔다. 전교생이 눈물 콧물을 두 손으로 훔치면서 졸업식 노래를 불렀다.

졸업식 노래(아동문학가 윤석중 작사, 동요작곡가, 정순철 작곡)는 다음과 같다.

빛나는 졸업장을 타신 언니께
꽃다발을 한 아름 선사합니다.
물려받은 책으로 공부를 하여
우리들은 언니 뒤를 따르렵니다(재학생).

잘있거라 아우들아 정든 교실아
선생님 저희들은 물러갑니다
부지런히 더 배우고 얼른 자라서
새 나라의 새 일꾼이 되겠습니다(졸업생).

앞에서 끌어주고 뒤에서 밀며
우리나라 짊어지고 나갈 우리들
냇물이 바다에서 서로 만나듯
우리들도 이다음에 다시 만나세(전교생)

우리는 꽃다발도 카메라 사진사도 없고 축하해 줄 학부모들도 보이지 않는 쓸쓸한 졸업식을 마치고 교문을 나왔다.

시골길 들녘에는 이미 김매기가 끝나 벼 포기들이 무성하였고 그 위에 여름비가 종일토록 내리고 있었다. 가끔씩 삿갓을 쓴 농부 한두 사람이 삽을 들고 논둑에 서 있을 뿐 세상은 조용했다. 우산도 없이 논길을 지나가자 마치 우리들의 졸업을 축하하듯 개구리들이 합창하며 '열린 음악회'를 열어 주었다. 갑자기 일제 강점기에 배웠던 노래 한 대목이 떠오른다.

> 히로이 단보니 다우에가 슨다(넓은 논에 모내기가 끝났다)
> 가에루 가에루 우레시카로(개구리, 개구리 즐겁겠구나)
> 히루와 마이니찌 운도가이다(낮에는 매일 운동회다)
> 구구가가 게레겍게(개골 개골 개골)
> 요루와 마이방 옹각가이다(밤에는 매일 밤 음악회다)
> 구구가가 게레겍게.

개구리는 비만 오면 시끄럽게 떠들어댄다.

일제는 개골, 개골 개구리 소리를 노래 부르는 '음악회'라 하였다. 우리는 개구리가 운다고 한다. 개구리뿐 아니라 새도 울고, 문풍지도 울고, 귀도 울고, 천둥도 울고, 옷도 울고(우글 쭈글함), 주먹도 운다고 한다. 왜 그토록 울어야 할 사연이 많은지 안타깝다.

제4부
중학교 시절
(1948~1951년)

1948년 9월 나는 전주 북중학교에 입학하였다.

아버지는 내가 자신처럼 가난한 교사가 되는 것을 원하지 않으셨다. 시골에서 대개 성적이 우수한 학생은 흔히 사범학교에 추천되어 무시험 진학하였고 그 외에 인문학교나 농업, 공업, 상업학교 등도 성적에 상관없이 집안 사정에 따라 골고루 진학하였다. 여학생들은 부모님이 완고한 탓으로 진학을 못 하게 하는 경우가 많았다. 나의 동기 중 상급학교에 진학한 학생이 비교적 많은 편이어서 여학생 3명이 전주여중 혹은 전북여중에 입학하였다.

인문 중학교는 전주북중과 남중학교가 있었다. 학생에 따라 공부를 잘한 학생이 남중학교에 진학하는 경우도 있었다.

선생님이 면접에서 그 이유를 묻자, 한 학생이, "북중은 지는 해요, 남중학교는 뜨는 해입니다."라고 대답했다는 말이 유행하였다. 하지만 3년 후 남중학교에 전주상고가 설립되고, 미구에 전주북중학교는 문을 닫았다. 대신 전주고등학교가 전주의 인문계 고교로 새로 발족하였다.

1. 기차 통학과 기부금 미납자

입학식 날 아버지께서 모처럼 학교에 오셨다. 그때 아버지는 북중학교에 근무하는 자신의 제자들과 친구들을 만나 몹시 기뻐하셨다. 당초 아버지는 나를 5학년 때 중학교에 진학시키려고 하였다. 그때 형이 병고(病苦)로 휴학하게 되자 형제가 같은 학년일 수 없다고 하면서 포기하셨다.

학교 사정상 학생들은 기부금을 약속해야 입학이 허용되었다. 나는 아버지가 얼마의 기부금을 약속했는지 잘 모른다. 다만 친구들의 말을 종합하여 적어도 3만 원은 약속하셨을 것이라고 믿어 왔다. 지금 생각하면 그 액수는 당시 아버지 입장에서 납부하기 힘든 돈이었다. 아마도 그 이하의 금액을 약속하여 기뻐하셨으리라고 생각한다. 나는 그 기부금을 미납하여 중학교 2년 동안 계속 교실 밖으로 쫓겨나는 신세가 되었다.

이처럼 입학 때부터 신용불량자로 출발한 나의 중학생활은 기차 통학으로 이중고를 겪었다. 학교 당국은 1학년에 기차 혹은 원거리 도보통학생을 위한 특별반(6반)을 편성하여 주간 수업을 하였다. 나도 1학년 6반이었다.

남원─전주 간 통학차는 아침 6시 15분에 오수역을 출발하여 약 1시간 45분 후인 8시에 전주역 도착 예정으로 되어 있다. 하지만 기차가 정시에 들어오는 일은 극히 드물고 대개 40분 내지 1시간 정도 연착하는 것이 상례였다.

나는 통학차를 타기 위하여 새벽 4시~4시 반 사이에 일어나 세수와 식사를 마치고 5시에 집에서 출발해야 한다. 우리 마을에서 오수까지 약 1시간이 소요되기 때문이다. 어머니도 5시에 식사를 할 수 있도록 준비하자면 음식과 취사도구가 완벽하다 해도 4시 반경이면 일어나야 했다. 모든 것이 불편하고 시계도 없는 상황에서 나와 형의 기차통학을 위하여 식구들이 보통 2, 3시에 일어날 때도 있고 5시에 일어날 때도 있었다.

기차도 정시에 출발하는 일이 드물고, 연착하는 것이 보통이지만 때로는 시간 전에 떠나는 경우도 있었다. 이런 상황에서 우리 통학생들은 마치 100m 경주를 하듯 3~4km를 달려야 할 때가 많았다. 좌석이 있는 객차는 이미 남원역에서 만원이고 화물칸도 초만원이었다. 특히 전주가 가까워지면서 광주리를 머리에 인 아주머니 장수들이 올라오면 기차 안은 아수라장이 된다. 이런 상황에서 통학생들은 지각, 조퇴를 무상시로 하였고 특히 나는 멀미가 유난히 심하여 학교에 도착하면 마치 열병을 앓고 난 병자처럼 넋을 잃고 있다가 1, 2교시가 지나야 겨우 정신을 차렸다.

　방과 후 기차는 오후 6시경에 전주를 출발한다. 남원행은 남관에서 관촌으로 통하는 슬티재를 넘지 못하여 보통 8시가 넘어서 오수에 도착하며 집에 들어가면 밤 9시가 된다.

　이토록 힘든 중학생활도 처음에는 마냥 즐겁기만 하였다. 특히 나는 영어를 잘하여 담임교사로부터 칭찬을 많이 받았다. 당시 1학년 6반 담임 허대경 선생님은 인격자요 학생들을 고루 사랑해 주시던 휴머니스트였다.

　신학년의 출석부가 정리되고 급우들이 서로 상대방의 이름을 부르며 어느 정도 수업체제가 정상화되어 갈 무렵이었다.

　조회시간에 담임교사가 출석부에 표기된 기부금 미납자 명단을 호명하며,

　"너희들은 오늘부터 수업을 받을 수 없으니 집으로 돌아가라."는 엄명을 내렸다. 나는 하늘이 무너지는 것 같았다.

　납부금 독촉을 받는 것이 처음이었기 때문이다. 이토록 내가 빚쟁이(?)로부터 독촉을 받는 신용불량자 혹은 '상습 채무자' 신세가 된 것은 그 뒤로 5년간 계속되었다.

　출석부에 채무자(?)의 명단이 표시되고 들어오는 과목 담당 교사마다 일단 납부금 미납자를 교실 밖으로 쫓아낸 뒤, 수업을 시작하였다. 처음에는 학급당(60명) 약 20명가량의 학생이 쫓겨나 그래도 동지가 있었는데 약 일주일이 지나자 미납자 수는 불과 몇 명에 불과하였다. 우리는 본의 아니게 교칙을 어긴

불량학생이 되어 복도를 서성거리다가 운동장에서 학교 뒷산, 중노송동(물왕몰) 뒷골목으로 전전긍긍하며 숨어 다녔다. 선생님들은 대개 1~2명 유별난 분을 제외하고는 차츰 미납자들을 불쌍히 여겨 묵인해 주셨으며, 우리는 그 틈을 이용하여 다시 교실로 들어가 수업을 받았다.

설상가상으로 교사들은 또 다른 방법으로 우리의 숨통을 조이기 시작하였다. 그것은 부교재 등 각종 학습 자료의 강매였다. 이런 일은 물론 우리 전주북중학교만의 실정은 아니었다. 후에 나와 같이 정치학회활동을 했던 건국대학교 신봉룡 교수의 다음 기고문이 이를 말해 준다.

2. 짓이겨진 소년 시절

'나는 그것(부교재)을 살 돈이 없었다.

그 후 며칠이 지나 시험을 치르는데 느닷없이 교사가 나에게 달려와 멱살을 잡고 교탁으로 끌고 가 커닝을 했다면서 나를 짓이겼다. 나는 울지 않았다. 내 머릿속에는 온통 복수심으로 가득 찼다. 한국전쟁과 같은 무법천지가 다시 오기를 바랐다. 그러면 총을 한 자루 구해야지…… 그에 대한 복수심은 처절했던 내 젊은 날을 지탱해 주는 에너지가 되었다.'[6]

내가 중학교를 다니던 시절은 신 교수의 경우보다 한층 더 심하였다. 교사들은 정식으로 구입한 교과서 외에 말본책, 소설책, 해부기, 화판 및 미술 도구, 체육복, 체육도구, 유도복 등 과목마다 특유의 부교재를 지정, 그 구입을 학생들에게 강요하였다. 교사들은 수업을 시작하기 전에 부교재 구입 여부를 확인하거나 심할 때는 그에 관한 이야기로 한 시간을 모두 보내는 경우도 있었다. 물리를 담당했던 이 선생님은 '방전탑의 비밀'이란 책을 저술하여 아예 그 책으로 수업을 하였다. 그래도 그분은 순박하여 점수만 반영할 뿐 체벌은 하지 않았다.

그 무렵 아버지는 순창 장학사와 오수농회장직도 그만두고 집에서 농사를 짓고 계셨다. 생계를 꾸려 갈 아무런 대책이 없던 우리 가정은 불안하기만 하였다. 나는 학교와 가정에서 압박해 오고 있는 이중 삼중의 고통을 견디지 못하여 요즘의 서울역 노숙자들처럼 집에도 학교도 가지 못하고 가끔씩 달리는 열차 속으로 뛰어 들어가고 싶었던 일이 있었다.

3. 여순사건

1948년 10월 21일 목요일이었다.

---

6) 중앙일보, 1999년 11월 24일자.

그날 나는 통학차를 타지 않았다.

나는 더 이상 교실 주변을 서성거리며 창피를 당하고 싶지 않았다. 사실 나는 교칙에 어긋난 짓을 할 만한 배짱도, 남이 싫어하는 짓을 할 염치도 없는 사람이었다. 다만 학교를 중퇴하기 전에 담임선생님께 사정 이야기를 드리는 것이 예의라고 생각하여 아침 늦게 오수역으로 갔다.

통학차가 결행되어 대부분 학생들이 집으로 돌아갔다. 한두 학생이 그때까지 차를 기다리고 있는데 마침 임시열차가 오수역에 멈추어 우리를 태워 주었다. 차장 아저씨 말이, 여수 순천에서 반란사건이 발생하였다고 하였다.

내가 교실문을 열고 들어가자 마침 영어 수업 중이었다. 영어선생님은 마음씨 착한 우리 담임교사이다. 선생님은 나를 마치 사지(死地)에서 탈출한 사람처럼 대견해하시면서 박수로 맞아 주셨다. 그리고 수업이 끝나자 나를 따로 교무실로 불렀다.

선생님은 낮은 어조로 "다음에 등교할 때는 아버지를 모시고 오라."고 하셨다. 다시 말하여 아버지께 말씀드려 납부금을 내지 못하면 학교에 나오지 말라는 뜻이다.

나는 영어수업만 받고 학교를 나왔다. 이제 정말 더 이상 학교를 다닐 수 없게 된 것이다. 생각이 여기에 미치자 나는 눈물이 왈칵 쏟아졌다. 넋을 잃은 사람처럼 거리를 헤매다가 해가 질 무렵 전주역으로 갔다. 그곳은 이미 전시 상태였다. 모든 교통수단은 두절되고 국군부대가 전주역을 장악하여 출입을 통제하였다. 나는 막사를 찾아가서 계급장이 높아 보이는 아저씨에게 매달려 군인이 되겠다고 하였다. 군인 아저씨는 큰 소리로 혼을 내며 겁을 주더니 내가 울먹이면서 사정을 하자 나를 설득하기 시작하였다. 그분의 이름은 우종우 하사다. 우 하사님은 나를 민가에 데려가 잠을 재워 주고 이튿날 관촌 가는 트럭에 태워 주셨다. 나는 우 하사님께 몇 번이고 감사의 인사를 드리고 화물을 잔뜩 실은 트럭 지붕 위에 올라탔다. 해가 질 무렵 관촌 병암리에서 내렸다. 비포장도로의 먼지가 온몸에 쌓여 서로를 알아볼 수 없을 정도였다. 그곳에서 오십 리 길을 걸어서 우리 집에 도착하니 이미 밤이 깊었다.

여순사건을 간단히 소개하면 다음과 같다.

1949년 10월 19일 밤 여수 신월동에 주둔하고 있던 국방경비대 제14연대가 반란을 일으켰다. 군인들은 10월 20일 여수와 순천을 점령하였고 여기에 지역 좌익세력과 민중들이 가담하여 전남 동부지역까지 파급되었다. 반란의 직접적 이유는 제주 4·3사건을 진압하라는 상부의 명령을 거부한 데서 비롯되었다. 이들은 '제주도 출동 거부 병사위원회'의 이름으로 벽보를 붙였는데 그 내용은 '제주도 출동 절대 반대', '미군 철수', '인민공화국수립만세' 등이었다.

10월 20일 오후, 여수에서 인민대회가 열려 수천 명의 군중이 모였다. 이 대회에서도 '인민위원회 여수행정기구 접수', '대한민국분쇄만세', '친일파민족반역자 및 경찰관 철저소탕',

'무상몰수 무상분배의 토지개혁 실시' 등 구호가 나왔다.

　여수를 장악한 14연대는 김지회(14연대 부연대장)와 지창수 두 대대로 나누어 김지회는 순천으로 북진하고 지창수는 여수에 남았다. 10월 21일 김지회 부대는 여수에서 순천, 보성, 광양 등 전 지역을 장악하였다. 반란군 중에 여수수산학교를 졸업한 최재옥이란 사람이 있었다. 이 사건은 1주일 만에 진압되었다. 그동안의 피해로 민가 2천 호가 불타고 인명피해 300여 명, 경찰관 30여 명이 사살되었다. 반란군들은 일부 지역에서 인민재판을 실시하기도 하였다. 김지회 등은 정부군에 쫓겨 지리산으로 들어갔다.

　그에 관한 김을생의 증언은 다음과 같다.

　"그들은 반선리 백장암이란 절에 들어가 밥을 먹고 뱀사골 입구에 있는 양조장에서 잠깐 휴식을 취하고 있었다. 그곳 손씨 부인이 밥과 고기, 술을 대접하고 이들이 잠들고 있는 틈을 이용하여 경찰에 신고하였다. 마침 산내국민학교에 주둔하고 있던 경찰이 이들을 포위하여 모두 사살하였다. 1949년 4월 8일의 일이었다. 당시 김지회, 홍순덕 등 본부대 지휘자 17명이 죽고 이현상은 잔여 인원 150여 명을 이끌고 피아골 구례군당에 합류하였다.[7]

　이 사건을 계기로 여순반란 사건의 일부가 종지부를 찍었다.

---

7) 안재성, 『이현상 평전』, 실천문학사, 2007, p.600.

그로부터 2년 후 인공치하에서 손씨 부인은 그 지역 정보원들의 고변으로 잡혀갔다. 인민군들은 그 여인의 껍질을 벗기는 등 비참하게 죽였다."[8]고 한다.

한편 여순사건의 또 한 축에 여수수산학교 좌익 학생들의 희생이 있었다. 이 사건의 직접 당사자였던 최양수 씨(1932년 생, 개인 사업가)의 진술을 요약하면 다음과 같다.

"해방 후 미군이 여수수산학교에 주둔하고 있었다. 당시 우리 사회는 아직 보수적인 풍토가 강하였다. 미군들은 옷을 함부로 벗고 운동을 하며 마을 아가씨들을 희롱하는 등 주민들의 빈축을 사고 있었다. 이런 상황에서 여수수산학교 졸업생 최재옥이 남노당원이 되어 학생들에게 반미감정 혹은 좌익사상을 주입시켰다. 여순사건이 일어나자 최재옥이 그들을 선동하여 반란사건에 참여케 하였다. 군인들이 출동하였고 학생들은 사방으로 흩어졌다. 그중 돌산섬으로 도망치다가 붙잡혀 총살된 자가 200명 정도이고 또 만성리 해수욕장 주변 웃동굴로 끌려가 총살된 학생이 수백 명에 이른다.

특히 농구화를 신은 사람을 무조건 빨갱이로 몰아 죽인 사건은 유명하다. 즉 당시 반란군들이 여수의 천일 고무공장에서 만든 농구화를 신고 산으로 올라갔는데, 그때 마침 가을 운동회가 있어 많은 학생들이 이 신을 신고 다녔기 때문에 오해가

---

8) 김을생, '김지회 지리산 뱀사골 입산', 전주문화재단, 『전주의 8·15 해방과 6·25 전쟁』, 신아출판사, 2008, p.151, pp.138-141.

생긴 것이다. 학생뿐 아니라 교사나 일반 시민들도 농구화를 신은 죄로 무고하게 잡혀가 죽었다. 그중 수산학교 상급학생의 경우 더욱 의심을 받았다."[9])고 하였다.

여순사건 이후 약 한 달 동안 나는 집에서 농사일을 도왔다. 아버지는 약초를 재배하여 숙지황 등 한약을 제조하시면서 세월을 보냈다. 학교에서 제적통지서가 왔다.

아버지로서도 속수무책이어서 며칠을 두고 고민하고 계신 듯하였다. 궁리 끝에 아버지는 가보(家寶)처럼 소중하게 여기던『식물대사전』한 권을 학교에 기증하고 나의 복교 허락을 받아 오셨다. 2학기 때는 백미 3두씩을 주고 친척집(김만영 형댁)에 하숙까지 시켜 주셨다. 당시 나의 옆집에는 일 년 선배인 한승헌 변호사가 하숙을 하였다.

나는 모처럼 안정된 분위기에서 공부에 전념하여 시험 점수 발표 때마다 과목 선생님의 칭찬도 받았다.

하지만 그동안 결석과 제적, 지각 등으로 친구가 없어서 급우 간에 왕따 신세가 되었다. 특히 평야 지역에서 통학하는 급우들 중에는 성격이 거친 친구들이 있어서 다른 학생들을 몹시 귀찮게 하였다. 교실 통로를 지나가면서 이유 없이 때리고 욕하고 시비를 걸어올 때는 정말 참기 힘들었다.

당시 내 바로 뒷자리에 김근수라는 친구가 있었는데 그는

---

9) 최양수, '내가 겪은 여순사건' 전주문화재단, 앞의 책, pp.145-149.

힘이 세고 성격도 거칠어서 다른 아이들을 제압하는 영향력이 있었다. 다만 공부에 취미가 없어서 성적이 좋지 않았다. 나는 그와 우연한 기회에 친한 사이가 되었다. 그 이후로 나는 그의 적극적인 보호를 받아 학급에서 다시 활기를 되찾았다. 70년대 내가 동산고등학교 교감으로 있을 때, 바로 학교 주변 마을에 사는 그를 다시 만났다. 우리는 탁주 일 배로 옛날이야기로 꽃을 피웠다. 그의 딸 주례를 서 준 일도 있다.

1949년, 우리 집에 변화가 생겼다.

전주 진북동에 집을 짓고 8월에 이사를 했다.

어머니가 나의 통학을 구실로 할머니로부터 이사(移徙) 승낙을 받았다. 그때 내가 많이 아팠기 때문에 서둘러 집을 지었다고 한다. 대지는 아버지의 산서초등학교 제자인 지(池) 씨의 토마토 밭 일부(50평 정도)를 구입하여 그곳에 3칸 기와집을 세웠다. 아마 건축비는 시골의 농토 일부를 매매하여 충당하였을 것이다. 아직 마루도 화장실도 수도도 없이 우선 입주하였는데 우리 집 정면에 전주형무소 높은 담이 서 있었다. 우리 형제가 거처하는 방은 옷장으로 칸을 막고, 아래쪽은 지 씨의 아버지가 후처와 돌배기 딸을 데리고 함께 살았다.

4. 할머니 품에서 흐느껴 울고

우리가 전주로 이사한 뒤 살림은 더욱 엉망이 되었다.

아버지는 아직 직장을 못 얻어 가난은 여전하였고 나는 직업이 학생이 아니라 차라리 우리 집 머슴이라고 할 정도로 내가 해야 할 일이 많았다.

2학년 담임교사(곽수형)는 학생들이 '칠면조'라는 별명을 붙일 정도로 멋쟁이 선생님이었다. 선생님은 학급 조회 때에 먼저 납부금 미납자부터 챙겼고, 앞으로 교칙에 따라 엄정, 처리하겠다는 엄포(?)를 놓았다. 결국 담임교사의 방침대로 나는 1학기 말 고사를 치르지 못하였다. 곧바로 금산골 큰집에 달려갔다. 나는 할머니 품에 안겨 북받치는 설움을 참지 못하고 나도 모르게 흐느껴 울었다. 할머니의 뜻을 받아 백부님이 챙겨 주신 돈으로 그동안 밀린 수업료 일부를 납부하였다. 백부님은 효성이 지극하여 항상 할머니의 뜻을 중히 여기셨다.

형(김화영)은 나보다 성격이 너그러워 어려움을 잘 참았다. 나는 형이 고통받는 것이 더 싫어서, 가끔 내가 시험을 치르지 못할 때도 형의 수업료를 먼저 챙긴 일이 있다.

아버지의 형편은 아주 어려웠던 모양이다. 하지만 나는 당시 아버지의 사정을 이해하지 못하였다.

첫째, 납부금 미납에 관하여, 아버지는 솔직히 말하여 나와 형의 학비를 감당할 형편이 아니었다. 아버지는 농토도 별로 없고(약 2,000평 정도) 직장도 없는 상황에서 전주에 집까지 마련하였다. 나는 계속 아버지에게 납부금을 달라고 졸라 댔고 아버지는 그럴 때마다 화만 내시고 아무런 답변을 하지 않았다. 이런 식으로 부자간, 가족 간 대화가 단절되고 그것은 마음속에 응어리가 되었다.

둘째, 우리 집 식량 조달에 관하여, 나는 양식이나 기타 잡곡, 채소 등 농작물을 전량 고향 마을(금산골)에서 가져왔다. 이를 운반하는 것은 모두 나의 몫이었다. 당시는 택배제도가 없고 운임도 턱없이 비쌌다. 나는 부득이 통학생 차비(반값)를 내거나 혹은 무임승차로 그 물건들을 새끼줄 멜빵으로 둘러메고 금산골─오수역─전주역─전주 집까지 매주 왕래해야 했다. 우리 집 식량은 항상 시골에 계신 백부님이 챙겨 주셨다. 하지만 백부님은 워낙 바쁘셔서 내가 학교에서 조퇴를 하고 내려가면 출타 중일 때가 많았고, 설사 백부님이 계신다 해도 식량을 준비하려면 시간이 필요했다. 이런 사정으로 나는 부득이 조퇴와 지각, 결석이 무상하였다. 처음 조퇴 허락을 받을 때는 대개 수업료를 챙기러 간다고 하지만 만일 약속을 지키지 못하면 계속 다른 거짓말을 꾸며 대야 한다. 헤세의 『데미안』에 나오는 싱클레어가 되어 버린 것이다.

셋째, 집안 살림에 대하여, 당시는 연탄도 석유도 없었기 때문에 땔감이 문제였다. 가을이 오면 제재소에 가서 톱밥이나 판자 부스러기를 실어오고, 장작 한 다발이 없어 전주 시내를 헤맬 때도 자주 있었다. 한번은 형과 내가 이웃집 수레를 빌려 톱밥을 싣고 오다가 넘어져 다친 일이 있었다. 우리는 아버지 꾸지람이 무서워 이 일을 숨기고 수레를 고쳐다 주었다.

화장실이 없어서 간이 변소를 만들어 사용하였다. 거의 매주 인분통을 메고 주변 토마토 밭에 버렸다.

넷째, 나의 공부환경에 관하여, 내가 거처하는 방은 아래쪽의 아궁이에서 불을 때기 때문에 너무 추워서 겨울이면 방 안의 잉크가 꽁꽁 얼어붙을 정도다. 아랫방 돌배기는 내가 겨우 시간을 얻어 책을 보려고 하면, 때를 맞추어 울기 시작하여 그칠 줄을 모른다. 뿐만 아니라 차츰 세월이 지나면서 손님이 끊이지 않고 찾아왔다. 아버지는 손님을 싫어하는 성격이고, 대개 어머니의 친척들이 많이 왔다. 내가 공부할 수 있는 시간과 공간을 모두 빼앗긴 것이다.

이런 상황에서 부업(?)으로 다니던 학교에서 내가 제대로 대접을 받을 리가 없다. 그때의 가슴 아픈 사연 몇 가지만 소개해 보자.

5. 체육복이 없어서

　당시는 거의 매일 아침 교정조회를 하였다.

　특히 체육조회시간에는 모두가 체육복이나 셔츠를 입고 나가서 국민체조 순서가 되면 교복 상의를 벗어야 한다. 주번 교사는 탈의(脫衣)의 명을 어긴 학생들을 따로 불러내 매를 때렸다. 전교생이 지켜보는 중에 발길로 걷어차거나 혹은 땅에 머리를 박고 토끼뜀을 시키는 일 등 체벌도 다양하였다. 교사 중에 '아라시간지로'라는 별명을 가진 선생님은 유난히 벌주는 방식이 혹독하였다.

　그 선생님이 어느 날 상의를 벗지 않는 학생 몇 명을 골라 물가에(당시 북중 교정 서쪽에 방죽이 있었음) 끌고 갔다. 갑자기 몽둥이를 들고 얼음을 깨더니 그 속에 양손을 넣고, "대단히 시원합니다."란 말을 계속 복창하도록 강요하였다. 나는 이러한 위협적인 상황에서도 상의를 벗지 않고 요행히 벌을 피하였다. 나도 운동복이 없어서 할머니 저고리나 솜옷을 입고 다녔으며 조회시간이 되면 마치 지옥으로 끌려가는 기분이었다. 교사들은 학생의 사정을 전혀 고려하지 않고 잔인하게 체벌을 가하였으며 또한 부패도 심하였다.

6. 구호물자를 받고

미국서 보내온 구호물자를 학교에서 나누어 준 일이 있었다. 요즘 같았으면 모두 쓰레기통에 버려야 할 헌옷들이다. 우리 반에 두 점이 배당되었다. 조회 시간에 담임교사가 들어와서, "누구에게 주었으면 좋겠는가?" 하고 물었다. 학생들은 일제히 나와 내 옆 친구를 바라보았다. 선생님도 서슴없이 우리 두 사람을 지명하셨다. 나는 교실 천장이 무너지는 듯한 절망감에 몸을 떨다가 간신히 마음을 가다듬고 그 옷을 받았다. 집에 와서는 동생들을 위해서 얻어 왔다고 거짓말을 하였지만, 그날 내가 느낀 치욕과 분노는 오래도록 잊히지 않았다. 수업료나 잡부금, 부교재 값 등 미납자를 호명할 때마다 내 이름이 단골로 등장했던 일을 생각하면 별로 억울할 것도 없는 일이었다.

7. 내 복(福)에 난리가 났다

1950년 6월 1일(목) 중학교 3학년이 되었다.

새 담임교사인 양 선생님은 너그럽고 인정이 많은 분으로 특히 내 마음에 들었다. 선생님은 약 보름이 지나도록 납입금에 관한 말씀을 별로 하지 않았다.

6월 23일 금요일 조회시간이었다. 드디어 선생님이 납부금 미납자 명단을 들고 왔다. 출석을 부르면서 이름과 얼굴을 번갈아 쳐다보더니, "다음 월요일(6월 26일)부터 기부금 미납자는 제적처리 된다."는 최후통첩을 전하였다. 그것이 학교 방침이라고 거듭 강조하였다. 나는 또다시 절망감에 빠졌다. 마치 천애고아처럼 외로운 몸이 되어 아무에게나 말하고 싶지 않았다.

6월 26일(월) 운명의 월요일이 밝았다.

등굣길에 나선 학생들은 모두 바쁘게 움직이고 있었다. 나는 무심히 학교 쪽을 바라보았다. 전주북중학교가 서 있는 남쪽 하늘이 맑고 푸른 것이 원망스러웠다.

간밤에 큰불이라도 일어나 하늘땅이 온통 뒤집혔으면 하는 심정으로 집을 나섰다. 제적 대상자가 되어 다시 집으로 쫓겨와야 할 내 모습을 생각하니 도대체 등교할 용기가 나지 않았다.

교문 앞에 이르렀을 때, 누군가가 뒤에서, "난리가 났단다."고 수군거렸다. 처음에는 농담인 줄 알고 그냥 지나갔다. 교실에 도착하니 정말 전쟁이 났다고 모두가 난리다. 6·25가 발발한 것이다. 나는 뛸 듯이 기뻤다.

정말 기가 막힌 일이다.

지금 우리 앞에 민족의 비극이 시작되고 있는데도 나는 세상 돌아가는 것을 전혀 감지하지 못하고 마치 우물 안 개구리처럼 환호하였다. '내 복에 난리'라는 속담이 이 대목에서는 절묘한 의미를 갖게 되었다.

당시 이승만 정부는 이미 도망갈 준비를 차리고 있으면서 국민들에게 허위방송을 계속하였다.

"국민 여러분! 안심하고 생업에 충실하십시오. 지금 우리 국군은 개성을 향하여 반격 중이며 2, 3일 내에 평양을 탈환할 것입니다."라고.

물론 정부의 거짓 방송을 믿는 사람은 아무도 없었다. 6월 28일, 교실에 들어서자 학생들은 이미 한강이 폭파되고 인민군이 서울을 점령했다고 떠들어 대고 있었다.

제5부

6 · 25 전쟁

6·25를 겪지 않은 세대들은 전쟁의 참화가 얼마나 혹독한 것인지를 전혀 실감하지 못한다. 이에 대하여 천주교 정진석 주교님은, "전쟁은 불의의 공격이며 전쟁 범죄자는 불의의 공격자이다. 수많은 인명이 억울하게 살상된 것을 인간이 어떻게 용서할 수 있겠는가."[10]고 말하였다.

내가 겪은 6·25 전쟁, 내 주변에서 일어난 사건들에 관한 이야기를 정리하여 이 책에 소개하겠다.

---

10) 조선일보, 2010년 5월 27일 A 13.

1. 남침 유도설

북한이 남침했다는 사실은 부정할 수 없는 사실이다.

그럼에도 세상에는 검은 콩을 희다고 우기는 사람, 그렇게 우기고 싶은 사람, 우겨야 할 입장에 있는 사람 또 흑백의 색깔은 별로 중요한 것이 아니라고 하면서 일부러 사실을 회피하는 사람들이 있다.

미국 언론인 스톤(L. F. Stone)은 1952년 우익에서 좌익으로 전향하면서 『비사 코리아의 전쟁』을 출간하였다. 이 책에서 그는 한국전쟁이 미국과 한국의 공모에 의하여 일어났을 가능성이 크다고 주장하였다. 당시 이승만 정권이 국내의 정치 위기에 직면하고 있어 이를 극복하기 위하여 전쟁을 유도하고 미국이 개입하였다는 것이다. 김학준 교수는 이에 대하여 신빙성 있는 자료가 없는 주장이라고 반박하였다.[11]

최근 미국 시카고대 교수인 브루스 커밍스(Bruce Cumings, 1943~)의 『한국전쟁의 기원(1986)』이란 책을 보면 한국전쟁을 내란으로 보고 해방 후 5년간 지주와 소작인의 갈등을 그 원인으로 언급하고 있다. 그의 주장을 인용하면 다음과 같다.

"1950년대에 발발한 전쟁의 기본적 문제들은 해방 직후 불과 3개월 내에 이미 뚜렷해졌다. 그 결과로 농민반란, 노동분

---

11) 김학준, 『한국전쟁의 기원』, 박영사, 2003, pp.81-82.

쟁, 게릴라전 및 38선 전역에 걸쳐서 일어났던 공공연한 무력 충돌들을 통하여 10여만의 인명이 희생되었다. 이 모든 것이 표면적인 한국전쟁 발발 이전에 일어났다. 다시 말하여 전쟁의 성격은 내부적이며 혁명적이었고, 1945년 직후에 시작되어 혁명과 반동의 논리에 의하여 진행되었다. 6 · 25 전쟁은 이들 싸움이 다른 방식으로 계속된 데 불과하다."[12]고 하였다.

커밍스의 주장은 한때 한국 정치학자들 사이에 화제가 된 일이 있다. 그 후 소련 대통령 옐친의 자료공개로 모든 사실이 명백해졌다. 그 자료들을 요약하면 다음과 같다.

1994년 6월 2일 김영삼 대통령이 모스크바를 방문하여 한, 러 정상회담을 마쳤다. 만찬이 끝난 후 보리스 옐친 러시아 대통령이 '김일성 남침 계획을 담은 고문서' 사본을 김 대통령에게 건넸다. 이 문서는 현재 한국의 외교 사료관에 보관되어 있다. 그 내용 중에는 1949년 1월부터 1953년 8월까지 북한과 소련 외무성 사이에 주고받은 전문이 실려 있다.

김일성은 소련 수상 스탈린과 중국 모택동으로부터 남침계획을 승인받고 이들과 남침 시기에 관하여 긴밀한 협의를 하였다. 1950년 5월 14일 스탈린은 "통일을 하자는 조선인의 제창에 동의한다."는 내용의 전문을 보냈다. 이에 대하여 모택동은 "북한의 남침을 적극 지원하겠다."는 취지의 회신을 스탈린에

---

12) Bruce Comings, 『The Origin of Korean War(1947 −1949)』, 김자동 역, 일월서각, 1997, p.14.

게 보냈다. 북한은 그동안 38선 부근에서 847차례나 기습공격을 가하고 신속하게 빠져나갔으며 6·25 한 달 전부터 모든 병력을 전선에 이동 완료하였다.

1949년 2월 소련군 총참모부 보고에 의하면 당시 북한에는 소련군 4천여 명이 몰래 남아 있었다. 이들은 주로 기갑과 포병, 공병 등의 병과로 북한군의 전투 능력 향상을 도왔다. 중국에는 조선인들로 구성된 3개 사단 병력 5만이 있었는데 모택동은 1950년 3월까지 이들을 모두 북한으로 보냈다. 1949년 중공이 탄생하자 김일성은 전쟁 추진에 박차를 가하였다. 1950년 5월 29일, '선제타격 작전계획'이라는 이름으로 김일성의 남침 계획이 확정되었다.[13]

북한의 남침사실은 최근 중국 공산당 기관지 인민일보(人民日報)가 발행하는 환추스바오(環球時報)의 영문판 'Global Times' (2010년 6월 17일자)에도 보도되었다.[14]

한편 남한에서는 1950년 6월 11일 발령했던 군부대 비상경계령을 6·25 하루 전인 24일 0시 갑자기 해제하였다. 전 장병이 휴가와 외박을 갔고 육군본부의 장교들은 전쟁 당일 새벽까지 댄스파티를 즐겼다. 당시 38선 경비를 맡았던 경기경찰국은 인민군 사단들이 전선 인근인 연천, 전곡 등에 집결하였다는 정보를 입수하였다. 6월 20~22일에 수원, 개성, 양주에서

---

13) 조선일보, 2010년 3월 16일 A8, 군사편찬 연구소 양영조의 글.
14) 2010년 6월 18일 오후 9시 KBS 뉴스에서도 방영됨(북경 강석훈 기자).

서장회의를 열고 경계강화를 지시하였다.

정말 북한의 남침을 몰랐다는 말인가. 이형근 대장의 회고록에 의하면, "6 · 25 전후의 사정을 종합해 보면 군 내외에서 좌익분자들이 긴밀하게 합작하여 국군의 작전을 오도하였다."는 글이 있다. 즉 적과 내통한 간첩이 있었는데 그 대표적인 인물이 성시백이다. 북한은 1997년 5월 26일자 「노동신문」에 그의 업적을 공개하였다. 즉 "그는 남한 국방부, 군사령부, 헌병대, 육군 정보국에 이르기까지 조직선을 늘리고 남한 정부의 와해공작을 벌였다. 정부, 경찰, 정보, 미군부대와 장개석의 영사관까지 정보조직선을 그물처럼 펴 놓았다."고 하였다. 그는 1950년 5월 15일 붙잡혀 6월 27일 간첩죄로 처형되었다. 성시백이 남한 전체를 쥐고 흔들었는데 박헌영 패가 밀고했다[15]고 하였다.

2. 유엔 안보이사회의 결의

6월 25일 오후 2시경(미국 동부 시간) 유엔 안전보장이사회가 열렸다. 소련은 여전히 불참하였다. 그로스 미국 대표 대리는 한국 문제의 경위, 대한민국 수립에 관한 유엔의 역할에 관하여 발언하고 이어서 결의안을 제출하였다. 이 안은 약간의

---

15) 조선일보 2010년 2월 20일 Why B4.

수정을 거친 뒤 찬성 9표(미국, 영국, 프랑스, 자유중국, 쿠바, 에콰도르, 이집트, 인도, 노르웨이), 반대 무, 기권 1(유고) 결석 1(소련)로 가결되었다. 결의안 내용의 대강은 다음과 같다.

"안전보장 이사회는 북한군의 대한민국에 대한 무력 침공을 중대한 관심을 갖고 주목하고 이를 평화의 파괴라고 결정한다. 적대행위를 즉시 중지하고 북한 관원들은 38선까지 즉시 철수할 것을 요청한다. 이 결의의 실행에 관하여 유엔은 모든 가맹국에 원조를 행할 것이다."

한편 북한은 "6 · 25 전쟁은 어디까지나 한국의 침입에 대한 반격이다. 유엔 안보의 결의에 대하여 북한, 소련, 중공이 참여하지 않았기 때문에 무효이다."고 주장하며 공격을 계속하였다.[16]

3. 채병덕 참모총장

이승만 정부는 전쟁에 대한 적절한 대비를 게을리하였다. 영국 상선의 선장(船長) 출신 신성모(1891~1960)를 국방부 장관에, 병기창장 출신 채병덕(1916~1950)을 참모총장에 임명하여 그들의 판단에 조국의 운명을 맡겼다. 사실 신성모는 군사 문제에 문외한이었고 이 대통령에게 충성을 다한 이른바 낙루

---

16) 민광치 외, 『한반도 문제의 새로운 인식』, 온누리신서, 1987, p.67.

장관(대통령의 명령에 항상 눈물을 흘리며 복종한다는 뜻)으로 유명한 사람이다. 그만큼 소신도 주견도 없었다는 뜻이다. 채병덕은 일본 육사를 졸업, 육군소좌로 제대하였지만 병기 창고 출신으로 전략 전술이나 작전, 정보 능력이 전혀 없었다. 그는 북한의 도발에 대하여,

"영용한 우리 국군은 847회나 북한군을 용감하게 격퇴하였다. 지금 국군의 전투력은 극동지역에서 최상이다. 명령만 내리면 일사천리로 북진하여, 평양에서 점심을 먹고 신의주에서 저녁을 먹겠다."고 훈시할 정도로 무모한 사람이었다.

그는 결국 북한의 기만 작전에 말려들어 서울에 적을 끌어들인 장본인이 되었다.

이승만 대통령은 당시 유명한 장군들, 즉 중국 정규군 사령관 김홍일 장군, 전투경험이 풍부한 김석원 장군(1893∼1978), 명석한 두뇌를 가진 이형근 장군 등을 활용하지 못하였다. 한 가지 일화로 당시 김석원 장군과 채병덕 사이에 유명한 '명태 사건'이 있었다.

채 장군이 북한과 명태교역을 해서 그 이익 일부를 청와대에 상납한다는 소문이 있었다. 김석원 장군은 북한에서 내려온 명태를 압수하여 병사들의 부식으로 충당하였다. 대신 자신의 밥상에는 명태 한 마리도 올리지 않았다. 그 일로 이들은 1949년 9월 보직이 해임되었다.

4. 한강폭파사건

1950년 6월 27일 오전 6시 이승만 대통령은 수원으로 천도하였고, 육군본부는 오전 11시에 시흥으로 옮겼다가 미군이 참전한다는 소식을 듣고 다시 올라왔다. 6월 26일 임진강과 북한강의 임진교, 영중교, 만세교, 의정부교, 창동교, 소양강교 폭파에 실패하여 북한군의 남진을 허용한 채병덕은 인민군들이 서울에 접근하자 그 대책에 고심하고 있는 중이었다. 창밖에서는 비가 주룩주룩 내리고 있었다.

6월 27일 오후 인민군은 이미 창동 저지선을 돌파하였고 서울의 운명은 풍전등화와도 같았다. 오후 5시 인민군은 미아리 고개를 넘었고, 28일 새벽 1시 길음동을 돌파, 시내 진입을 앞두고 있었다. 채병덕 사령관은 지프차로 후퇴하면서 최창식 대령에게 전화로, "한강을 폭파하라, 이번에 실패하면 총살이다."고 엄명을 내렸다. 이 사실은 채병덕이 비밀리에 내린 명령으로 확인할 수 없는 주장이라고 말한다.

조셉 골든(Joseph C. Goulden)이 쓴 『한국전쟁 비화; Korea; The Untold Story of the War』에는 다음과 같은 기록이 있다. 즉 "여러 군사고문단(KMAG)장교들과의 면담에 근거한 미 육군 공식기록에 의하면, 이 명령(한강폭파)은 군 내부나 군인의 명령에 의한 것이 아니다. 당시 국방부 차관이 전략 전술을 고려하지 않고 내린 명령이었다. 이때부터 한국군은 급속도로 와해되었다."[17]고 하였다. 당시 국방부차관은 법률가인 장경근 씨였는데 그 근거 설명이 없는 이 기록은 별로 신빙성이 없다.

하여튼 공병감 최창식 대령은 한강 인도교(용산-노량진)와 경부선 복선철교, 단선철교 두 개를 폭파하고 오전 4시 광진교(광나루 인도교)를 폭파하였다. 당시 한강 인도교에는 수많은 차량과 피난민이 엉켜 있는 상태였다. 폭파로 인하여 수백 명의 인파가 분노와 배신의 눈을 부릅뜬 채 물속에 수장되었고, 아직 한강 이북에 주둔하고 있던 수만여 명의 군인들은 하루아침 사이에 패잔병이 되어 단신으로 후퇴해야 했다. 정부의 방송만 믿고 서울에 남았던 시민들은 꼼짝 없이 인민군 치하에 갇혔다.

인민군들은 한강이 폭파되고 6시간이 지난 후에 한강철교에 도착하였다. 좀 더 신중하게 한강교 폭파를 진행하였다면 수많은 희생자와 작전상의 손실을 줄일 수 있는 일이었다.

폭파 명령을 내린 채병덕 장군은 경남지구 사령관으로 밀려나 7월 27일 하동 탈환작전을 지휘하다가 인민군의 총에 맞아 전사하였다. 그의 전사(戰死) 내력은 다음과 같다.

1950년 7월 23일 신성모 국방장관은 채병덕 장군에게 다음과 같은 편지를 보냈다 한다.

---

17) Joseph C. Goulden, "Korea; The Untold Story of the War", 김병준 발췌 번역, 청문각, 2002, pp.115-117.

"귀하는 서울을 잃고 중대한 패전을 거듭하였다. 그 책임은 막중하다. 지금 적은 전남에서 경남으로 향하고 있다. 이를 막지 못하면 전선이 모두 붕괴될 것이다. 패주 중인 소재 부대를 지휘하여 적을 막아라. 선두에서 지휘하여 독전하라."고 하였다. 채 장군이 부대를 지휘하고 있을 때 인민군 1개 대대가 접근하고 있었다. 그들은 아군복을 입고 있었기 때문 정체를 알수 없었다. 채 장군이 "너희들은 누구냐?" 하고 묻는 순간, 적의 총알이 그의 목숨을 앗아 간 것이다.

후에 강문봉 장군은 "채병덕은 군사전문지식이나 전술능력, 작전지휘능력이 부족한 군인"이라고 평하였다.

상부의 명령에 충실했던 최창식 대령은 이 일로 1950년 9월 21일 총살형이 집행되었다.

최 대령의 미망인은 공산치하 3개월간 서울에서 모진 설움을 겪었다. 수복 후 미망인은 남편의 비보를 듣고 소스라쳐 실신하였다. 그토록 군무에 충실했던 남편이 반역의 누명을 쓰고 유명을 달리하여 돌아온 것이다. 그로부터 14년 후인 1964년 10월 27일, 최 대령은 부인의 끈질긴 노력으로 누명을 벗었고, 유족들은 국가로부터 보상을 받게 되었다.

5. 최복수 대령

　내가 전주북중학교에 입학했을 때(1948년), 장경순(당시 유도 교사) 선생이 호국군 장교복을 입고 이임 인사를 하였다. 당시 김가전 교장선생님 말씀에 의하면, 최복수(1922~1950) 선생님에 이어 이번에 장경순 선생님이 떠나게 되었다고 하였다. 최복수 선생님은 전주북중(전주고) 출신으로 물리와 화학을 가르쳤다. 그때 전주에서 손주순 여사와 혼인을 하였다.

　최복수 선생은 일본 정보학교 출신으로, 해방 후 육군 사관학교를 나와 1년 만에 중령으로 진급하였다. 육사 선배인 박정희 대통령이 육본 정보국에 있을 때 김포에 육군정보학교를 설립하고 최 대령(전사 후 대령 진급)을 그곳 부교장으로 임명하였다. 사실상의 책임자가 된 것이다. 6·25 직전 박 대통령이 용산 육군관사의 관사장을 맡게 되자 최 대령을 그곳에 불러 같이 살았다. 박 대통령은 특히 최 대령의 아들(최근열)을 사랑하여 자신의 양자로 삼겠다고 말할 정도였다고 한다.

　최 대령은 6·25 전쟁이 일어나자 곧바로 근무지인 김포지구로 달려갔다. 최 대령은 김포지구 사령관인 계인주 대령이 실종되자 참모장으로 군을 지휘하였다.

　(계인주 대령은 후에 전지이탈로 확인되어 총살형을 선고받았다. 하지만 형 집행 대기 중 미극동군 KLO부대의 천거를 받

아 인천 상륙작전 특공대 6인에 가담하였다. 그 공로로 미국 은성훈장을 받았다.)[18]

김포비행장에서 인민군과 치열한 접전이 벌어졌다. 잠시 적의 탈환공격이 주춤해지자 최 대령은 장갑차의 진격을 명하였다(당시 우리나라에 6대뿐이던 장갑차 1대가 그곳에 와 있었다). 그런데 장갑차가 움직이지 않았다. 최 대령은 지프차를 타고 비행장을 종횡무진 질주하며 적을 공격하다가 전사하였다. 그날이 6월 29일이다. 그때 최 대령의 나이 29세, 결혼 2년 후의 일이다. 이 소식을 들은 우병옥 김포지구 전투사령관은 패퇴의 책임을 지고 원미산에 올라가 자결하였다.

최복수 대령의 미망인 손주순 여사는 구사일생으로 한강을 건넜다. 남편과 오빠(손주탁)를 한꺼번에 잃고 살아남은 것이 기적이었다.[19]

내가 전주고 2학년 때(1952년 7월 19일) '고 육군대령 최복수 사회장'을 거행하였다. 장례위원장은 전북지사 이성득이 맡았다. 최 대령은 전주북중 제18회 졸업생으로 나의 사촌형(김봉영 교장)과도 친하였고, 김일옥(전주 교육장), 김근희(한양대 교수) 선생님 등과 절친한 사이였다고 한다.

박 대통령은 손 여사에게 직접 문안 편지도 하고, 자주 방문하여 위로하였다. 대통령이 된 후에는 서울 수도여고로 발령을

---

18) 손주순 '박정희 대통령의 우정과 의리', 전주문화재단, 앞의 책, p.665.
19) 손주순, '남편 생사도 모른 채 피난길', 전주문화재단, 위의 책, p.162.

내고 집을 마련하여 주었다.

6. 민간인 대량학살 ─ 보도연맹사건

　1950년 6월부터 8월까지 남한 전 지역에 걸쳐 보도연맹회원 수천 혹은 수만 명이 학살당하였다. 국민보도연맹(약칭 보도연맹)은 광복 후 좌익 활동을 하다가 전향한 사람들로 구성되었는데 그 수가 6·25 직전 약 100만에 이르렀다. 보도연맹은 49년 6월 5일 반공검사 오제도의 제안으로 조직되었다. 정부는 연맹에 가입한 사람들에게 전과를 묻지 않고 애국시민으로 포용할 것을 약속하였다. 전쟁이 일어나자 군부는 이들이 혹시 북한 측에 동조할지도 모른다는 우려에서 예비 검속과 집단 학살을 자행하였다. 서울과 경기, 강원 북부 지역은 인민군이 워낙 빠르게 들어왔기 때문에 그곳 사람들은 화를 면할 수 있었다. 남부 지방에서는 영문도 모르고 자발적으로 경찰서에 출두한 사람도 있고 경찰과 군의 동원 명령에 의하여 경찰서 유치장 등에 수감된 자도 있었다. 이들은 다만 연맹원들에게 정기적으로 실시해 온 교육 소집인 줄 알고 의심 없이 경찰서에 출두하였다. 군부는 국민을 버리고 도망치면서, 가는 길목마다 무고한 양민을 끌어내어 파리 잡듯 학살하였다. 산골짜기나 계곡 강가 등 인적이 드문 곳을 골라 살육하고 해안지방에서는 배에 실어 돌을 매단 후 수장한 경우도 있었다.

전주의 양민학살은 6월 26일 예비검속으로 시작되었다.

그때 이미 정부의 불순한 의도를 직감한 사람들도 있었다. 나의 3종형(김효영)도 당시 경찰서에 끌려갔다. 다행히 집안 어른들이 백방으로 서둘러 얼마 후 석방되었다. 당시 맹장염 수술을 받고 입원 중이던 나의 외숙(이재훈, 임실경찰서 근무) 이 병석의 몸을 이끌고 경찰서에 출근하여 여러 사람을 구해 준 일이 있다. 인민군 치하에서 내가 이들 명단을 가지고 찾아다니며 외숙의 구명(求命)을 위한 서명을 받으러 다닌 일이 있다. 이 일에 관해서는 다음에 더 자세히 이야기하겠다.

전쟁이 터진 후 6월 28일, 국군 제3사단 헌병대가 서대문 형무소에 복역 중이던 좌익사상범 158명을 끌고 전주형무소에 도착하였다. 이들은 이날 저녁 전주농업학교 뒷산에서 처형되었다. 처형은 이미 27일부터 시작되었는데 이것이 제1차 학살이다. 제2차 학살은 7월 4일부터 14일 사이에, 3차 학살은 7월 20일경에, 마지막 제4차 학살 때는 헌병대가 부대 유치장에 구금된 예비검속자를 기관총으로 쏘아 죽였다.

군부는 처음에 3년 이상 장기복역 사상범을 처형하였으나 인민군이 가까이 다가올수록 단기형 죄수나 재판도 받지 않는 사람들까지 처형하였다. 처형장소로는 전주농업학교 뒷산 공동묘지, 건지산 남쪽 기슭 지금의 완주군청 자리, 진안 가는 첫

고개 지금의 천주교 공동묘지가 있는 소리개재, 황방산 남쪽 지금의 납골당이 있는 곳 등이다. 처형 초기에는 총살형 흉내라도 냈는데 사태가 급박해지면서 엉성한 구덩이에 4, 5명씩 묶어 총을 쏘아 댔고 유치장이나 영창에서까지 기관총으로 학살하였다.[20]

황방산 학살에서 살아난 여인이 있었다.

그 여인은 요행히 헌병의 탄환이 턱을 스치고 지나갔을 뿐 죽지 않았다. 줄을 풀고 나와 산 밑 방화동(현 상림동)으로 숨어들었다. 마침 동네 청년을 만나 예수병원에 가서 치료를 받았다. 그 후 마을 사람 하나가 그녀를 좋아해서 결혼하였다. 이 여인은 옷감장사를 하면서 잘살았다 한다.[21]

나는 당시 형무소 주변에 살았기 때문에 그 현장을 직접 목격하였다. 마침 트럭 한 대가 길가에 세워져 있어 호기심으로 트럭 위를 덮은 천막을 들춰 그 안을 보았다. 이런! 푸른 죄수복을 입은 사람들이 마치 굴비처럼 포승줄에 묶여 쭈그리고 앉아 있지 않은가. 그때 차를 호송하던 군인이 달려와 나의 뒤통수를 치는 바람에 얼른 도망쳤다. 그 무렵 나는 학교에서 돌아오는 도중에 상여를 마주친 일이 여러 번 있었고 그때마다 통곡하던 부녀자들의 울음소리가 지금도 귀에 쟁쟁하다.

20) 신경득, '4차에 걸쳐 좌익사범 집단학살', 전주문화재단 앞의 책, pp.177–179.
21) 김영복, '좌익사범 학살현장에서 목격', 전주문화재단, 앞의 책, p.182.

7. 군번 없는 학도병

1950년 7월 초였다. 수업을 중단하고 전교생은 대강당에 모이라는 지시가 왔다. 단상에는 카이젤 수염을 한 신태영 (1891~1959, 당시 전북도 편성관구장) 소장이 앉아 있고 뒤에 민기식(1921~1998, 당시 7사단장) 준장이 선글라스를 쓰고 서 있었다. 조국의 위기를 맞아 모두 학도병을 지원하라는 훈시였다.

대개 전주 지역에서는 중학교 4, 5학년, 즉 17, 18세 이상의 학생들이 7월 13일 전주 북중, 전주 중앙초교, 전주 풍남초교에 집결하여 전선으로 떠났다. 전북에서 학도병에 지원한 학생이 400여 명이었다고 한다. 수업은 이미 7월 8일(토)에 끝내고 7월 12일(수)부터 교문을 닫았다.

학도병은 군번도 군복도 없이 자신의 키만큼이나 큰 총을 메고 초기에는 철모도 쓰지 않고 전투장으로 내몰렸다. 이들은 5~7일간의 훈련을 받고 총의 분해, 조립만 겨우 알 정도에 불과하였다. 당시 참전 소년병의 수는 14,400명(국방부 추산), 전사자 2,268명이고 지금 4,748명이 살아 있다. 소년병 전우회 측은 적어도 5천~6천 명의 어린 학생이 전사했을 것으로 추정된다고 주장한다.[22] 전북에서 출정한 학도병은 3,500명이고

22) 조선일보, 2010년 2월 20일 A9.

그중 전사자는 530명이다.

국방부는 그동안 60년의 세월이 흐르도록 학도병들에게 현역의 존재를 인정하지 않았다. 이들이 현역병으로 참전한 사실이 드러나면 18세 미만 소년, 소녀의 참전을 금하는 국제법에 위반되기 때문이다. 최근 이에 관한 법이 제정되어 구제의 길이 열렸다고 하나, 그동안의 고통과 피해가 너무 억울하다.

이들에 관한 우리 지역 출신 몇 분의 이야기를 들어 보자.[23]

사례 1 — 전종환(1932년생, 군산시장)

전종환 씨는 6·25 당시 전주북중 6학년으로 1950년 7월 13일(목) 9시 전주북중 교정에 출두하여, 이리농림학교로 갔다. 군번을 부여받았으나 그것은 기록에 없는 가짜였다.

"이 몸이 죽어서 나라가 선다면 아, 이슬같이 죽겠노라"라는 노래를 부르며 대구역에서부터 시가행진을 하고 남산초등학교로 갔다. 6사단에 배속되어 MI 소총과 100여 발의 실탄을 가슴에 대각선으로 걸치고 고지 공격에 나섰다. 올라가는 도중에 적의 박격포를 맞아 친구 유영근이 비명소리도 없이 그 자리에서 죽는 것을 목격하였다. 다음 날도 적의 수류탄 세례를 뚫고 공격하다가 거의 절반의 학도병들이 목숨을 잃었다. 전쟁 중 부대가 괴멸되고 홀로 고지에서 낙오병이 되어 구사일생으로

---

23) 전주문화재단, 앞의 책, pp.242−280.

살아났다. 고향으로 돌아오다가 인민군에 잡혀 형무소로 끌려갔다. 그곳에서 다시 살아난 것이 기적이었다. 이 이야기는 후에 상술하겠다.

사례 2 ─ 김용인(1932년생, 군산경찰서 보안과장)

1950년 7월 13일 학교의 출두지시를 받고 학생복을 입은 채 등교하였다. 간단한 신체검사를 마친 후 차를 타고 순천, 대구로 갔다. 그곳에서 군복, 철모, 훈련화, 수통, MI 소총을 지급받았다. 총 한 방 쏘지 못하고 그날 밤 포항으로 투입되었다. 강(형산강인 듯)을 건너는데 비가 많이 와서 가슴에까지 차올랐다. 총을 머리 위로 올리고 건너는데 발이 퉁퉁 부었다. 처음에 들어갈 때 7사단 3연대라고 했는데 알고 보니 3사단이었다. 사단장은 김석원 장군, 후퇴를 모르는 일본군 대좌 출신이다. 새벽에 돌격 명령이 떨어졌다. 엎드려 공격 자세를 취하고 있는데 전주공업학교 출신 유영환이란 친구가 나를 보고, "용인아, 네 엉덩이에 피가 낭자하게 흐르고 있다."고 알려 주었다. MI 소총이 너무 무거워 전사자(戰死者)의 시체에서 칼빈총을 바꾸려다가 총을 맞은 것이다. 마침 오른쪽 눈에 총을 맞아 말을 못 하고 있던 전우가 중얼거리듯 하는 말로 "물마시면 죽는다."고 알려 주었다. 다행히 야전병원으로 후송되어 치료를 받았다. 나는 다시 보병학교에 들어가 소위로 진급, 수색중대장으로 목숨 걸고 싸우다가 휴전 후 제대하였다. 2등병 봉급은 1천 원이고 소위의 봉급은 3만 3천 원(당시 백미 1斗에 3,700원)이었는데 화폐 개혁으로 330환(1953년 2월 100원이 1환으로 바뀜)이 되었다.

사례 3 — 이기택(1930년생, 예비역 중령)

6 · 25 당시 전주북중학교 6학년이었다. 1950년 7월 13일 전주중앙초등학교에 모여 방위군 장교인 오 소위를 따라 남원까지 걸어갔다. 남원에서 하동으로, 하동에서 부산으로 걸어가 동래초등학교에서 약 2주일의 훈련을 받았다. 그때까지 학생모에 학생복을 입고 있었다. 훈련이 끝나자 작업복, 운동화, 작업모, MI 소총과 탄약을 지급받았으나 군번은 없었다.

곧바로 고지 공격에 투입되어 인민군의 수류탄 공격을 받았다. 나도 모르는 사이 수류탄 파편이 내 몸에 박혀 나는 피투성이가 되어 병원으로 후송되었다. 중공제 방망이 수류탄이 터지면 하늘이 검은 구름에 싸인 듯 캄캄해져 다른 수류탄이 떨어지는 것을 알 수 없다. 나는 그 후 학교 복귀를 보류하고 제772부대에 들어가 정훈대장이 되었다.

사례 4 — 정세헌(1931년생, 학도의용군동지회 전북지부장)

나는 6 · 25 당시 전주사범학교 학도호국단 연대장이고 배구선수 주장이었다. 나는 만 19세가 못 되었기에 호국단 간부들과 상의해서 나와 상, 하급생 약 50명이 학도병으로 지원하였다. 1950년 7월 13일 전주북중학교 운동장에 모였다. 그날은 학교 막사에서 밤을 새웠다. 다음 날 익산에서 순천, 하동, 진주를 거쳐 진영에 도착하였다. 진영중학교에서 약 1주일간 훈련을 받고 대구 방직공장에서 10일간 기관총, 소총, 수류탄 투척 등 훈련을 받았다.

드디어 포항 전투에 참가하였다. 우리가 도착하기 전에 이미 포항학도의용군이 전투에 참가하여 희생자가 많았다.

첫 번째 전투에서 내 친구 김성수가 허벅지를 맞고 전사하였다. 나는 세 번째, 네 번째 전투에서 싸우다가 수류탄을 맞아 머리가 깨졌다. 그날이 8월 15일이다. 나는 저승에 왔다고 생각했다. 내가 몸을 움직이려고 할 때 갑자기 옆에서 "동무, 동무" 하면서 인민군이 내 몸을 발로 걷어찼다. 그들에게 끌려 강원도 화천, 춘천까지 올라갔다. 몇 번 탈출을 시도하였으나 실패하였다. 도망치던 인민군이 피를 흘리며 사경(死境)을 헤매는 내 모습을 보더니, "이 새끼 죽을라나?" 하더니 그냥 지나가 버렸다. 나는 이렇게 하여 포로의 대열에서 빠져나올 수 있었다. 다행히 근처 계곡에 있는 어느 노부부의 집에 숨어 들어가 이틀 후 도망쳐 나왔다. 나는 그 후 북진대열에 합류하여 원산, 함흥, 흥남까지 다녀왔다.

휴가를 얻어 부대 후생사업차를 타고 집에 돌아오는 길이었다. 전주에 오는 도중 운봉재에서 자동차가 뒤집혀 3명이 그 자리에서 죽고 3명이 살아남았다.

꿈에 그리던 내 고향 전주에 도착하니 마침 학도병으로 같이 나갔던 이종환(교장)이 내 앞을 지나가고 있었다. 그와 같이 택시를 타고 집으로 향하던 중, 이종환이 나에게,

"너 집에 가서 울지마." 하면서 자신도 눈물을 흘리기 시작하였다. 그의 아버지와 나의 아버지 모두가 학살당하였다는 비통한 소식을 전하면서…… 나는 1951년 4월에 제대하고 7월 16일, 전주사범학교를 졸업하였다.

8. 고향으로 가는 피란길

내가 다니는 전주북중학교는 7월 12일(수)부터 문을 닫았다. 우리 집도 피난 준비를 하였다. 아버지가 마당에 방공호를 파고 그 속에 중요한 가재도구를 모두 숨겼다. 우리가 7월 18일(화) 피난길을 떠나는데 지프차 한 대가 고성능 스피커를 달고 지나가면서,

"시민들이여 안심하십시오. 지금 우리 국군은 개성 3km 지점을 공격하여 머지않아 평양을 탈환할 것입니다." 하고 계속 거짓말을 되풀이하고 있었다. 이제 그 말을 믿는 사람은 아무도 없었으며 사실 공산치하를 기다리던 사람들도 있었다.

피란길에 나선 우리 가족은 나와 어머니, 두 동생(초영, 당시 6세, 맹영, 당시 4세), 어머니의 고모 딸(이춘매, 당시 18세) 도

합 5명이었다. 어머니는 임신 중이었고 이춘매 씨는 1km도 못 가서 발이 부어 주지앉았다. 결국 내가 두 동생을 번갈아 업고 하루 종일 걸어서 겨우 신리(전주에서 10km 거리)에 도착하였다.

나의 3종 매형 양해립(서귀포 경찰서장) 형이 신리 지서에 근무하고 있어서 그곳에 머물렀다. 매형은, 자신도 헌병들에 끌려 양민 학살 현장을 목격하였다고 하면서 몹시 우울해하였다.

이튿날도 하루 종일 걸어서 겨우 남관역(신리에서 5km 거리) 관사에 도착하였다. 나의 초등학교 동기동창이며 같은 마을에 사는 양태연 형의 매형 최규송 씨(6·25 후 공산당으로 몰려 죽었음)가 역원으로 근무하고 있었다. 그는 원래 친절한 분이지만 나에게는 마치 자신의 처남처럼 잘해 주었다. 우리가 찾아가자 무척 반가워하면서 하룻밤 묵고 가는 데 극진한 대접을 해 주었다. 7월 20일(목), 다행히 차편이 있어 임실까지 갔다. 형이 그곳까지 마중 나와 있었다. 우리 가족이 금산골 고향 집에 도착한 것은 늦은 오후였다.

9. 관촌의 민간인 학살

아마 7월 21일쯤으로 기억된다.

군복 입은 사람들을 태우고 기차가 우리 마을 앞을 지나갔다. 이미 국군들은 모두 후퇴하고 인민군이 진을 치고 있는 상황에서 군인들이 지나가는 것이 좀 이상하였다.

경찰들이 아직 후퇴하지 못하고 임실지역에 남아 있다가 인민군과 치열한 전투를 벌인 것이다. 그곳에서 많은 경찰관이 희생되어 이들의 묘가 관촌역 부근 산기슭에 있다고 한다.

당시, 그 지역 좌익들이 플래카드를 들고 인민군을 환영하면서 경찰관들과 마주쳤다. 이들은 경찰 후발부대를 인민군으로 오인하고 '인민공화국 만세'를 외쳤다.

그 과정에서 수십 명이 사살되고 잡혀갔다. 나의 당고모부인 정인태 씨도 그 자리에서 사살되었다.

10. 포로가 된 딘 소장

바로 그 무렵 진안에서 미 지상군 사령관이며 제24사단장이던 딘(William F. Dean) 소장이 길을 잃고 헤매다가 진안에서 잡혔다.

항간에 딘 소장이 무주의 어느 산골 밭에서 감자를 캐 먹다가 주인에게 발각되어 고발당하였다는 말이 떠돌고 있었다. 그 후 고발자는 김일성으로부터 훈장을 받았고 9 · 28 수복이 되자 국군에 의하여 처형되었다는 것이다. 하지만 그 말은 근거

없는 거짓 소문이었다.

이치백(1929년생, 전라일보사장) 전국향토문화협의회 회장이 밝힌 이 사건의 진상은 다음과 같다.

1950년 7월 20일 대전의 방어선이 무너졌다. 이 지역 작전에 투입되었던 미 육군 24사단이 인민군의 공격에 밀려 해체되었다. 부대에서 이탈된 딘 사단장은 이튿날(7월 21일) 전북 무주군 적상면 방이리 오정산 골짜기에서 헤매다가 이 마을 김주원 씨에게 발견되었다. 딘 소장은 박종구 씨 집에서 2박 3일을 지냈다. 이들은 딘 소장을 잘 보살펴 주었으며 그의 비밀을 보장해 주었다. 그것은 부락민 모두가 친인척이어서 가능하였다. 딘 소장은 대구 방면으로 가기 위해 7월 24일 그 마을을 빠져나왔다. 다시 산속을 헤매다가 7월 30일 진안군 상전면 코크니재에서 한두규라는 청년을 만났다. 한 씨는 딘 소장이 배고파하는 몸짓을 보고 그를 주막으로 안내하였다. 식사 도중 갑자기 무장 청년들이 나타나 그를 전주형무소로 끌고 갔다. 1953년 7월 휴전이 성립되자 북한은 포로 교환으로 9월 3일 딘 소장을 풀어 주었다.

한두규는 9·28 수복 후 딘 소장을 고발한 죄로 구속되어 5년 형을 받고 복역하였다. 그는 죽는 날까지 딘 소장을 고발하지 않았다고 하였다. 그는 출옥 후 미 대사관에 딘 소장 면회를 요청하였으나 거절당하였다.

1963년 5월 18일, 딘 소장의 아들이 방이리에 찾아와 주민들에게 고맙다는 인사를 하고 기념식수도 하였다. 1953년 촬영한 영화 '아리랑'은 딘 소장이 모델이었다. 한 처녀가 자기 집 외양간에 그를 숨겨 주었다가 인민군에 의하여 희생되었다는 줄거리다.

11. 미군 비행기의 폭격

나는 피란길을 찾아 두 외가(장수군 산서면, 순창군 동계면)를 다니다가 결국 금산동 집으로 돌아왔다. 우리 집은 5대 조부의 정각과 나란히 서 있던 기와집으로 바로 마을 전면 철도변에 위치하였다.

국군이 후퇴한 뒤 미군 비행기가 날마다 정찰을 하고 다녔다. 사람들은 미군 비행기를 '호주기'라고 하였다. 이승만 대통령의 영부인 프란체스카 여사의 모국인 오스트리아를 오스트레일리아(호주)로 착각하여 그 나라에서 비행기를 원조해 주었다는 소문이 만들어 낸 용어다.

미군 비행기는 우리 집 앞 철도에 두 번이나 폭격을 가하였다. 그때마다 어른들은 움직이지 말라고 호령을 쳤지만 우리는 마을 회관에 나가서 폭격 장면을 구경하였다. 하여튼 그 여파로 우리 집 건물에 큰 균열이 생겼다.

그때 철도에서 돌덩이가 날아가 이웃 마을(평촌) 막사에 있던 돼지를 덮쳤고, 들판에 매어 둔 소가 파편에 맞아 죽었다. 1950년 8월 8일에는 나의 모교인 오수초등학교가 미군 비행기에 의하여 불탔다. 그곳에 인민군이 주둔하고 있을 때였다.

나의 고교동기생 허점봉의 진술에 의하면 전주시 중앙동, 청석동 파출소 부근에 있는 철공장에 미군 비행기가 폭탄을 던져 76명이 죽고 수십 명의 부상자가 발생하였다.[24] 또한 미군 비행기는 연초제조창, 전매청을 불태우고 한벽루 터널에 기관총 세례를 가하여 그 속에 있던 민간인 수십 명이 죽었다고 한다.[25] 터널 속에 인민군들이 기관차를 숨겨 놓은 것으로 오인한 것이다.

12. 공산당 치하 2개월

우리 마을은 6월 25일 이후 9월 말에 이르기까지 비교적 평온하였다. 이름난 법관이나 군인, 경찰, 관료, 대지주도 없고 별난 친일파나 좌익, 우익이 없었기 때문이다.

우리가 흔히 반공 영화에서 보듯 붉은 완장을 찬 청년들이

---

24) 허점봉, '미군 비행기 고사동 폭격', 전주문화재단, 앞의 책, p.194.
25) 오남근, '교육자를 반동으로 구속', 위의 책, p.201.

죽창을 들고 설치는 일도 없었고 죄 없는 사람들을 인민재판에 부쳐 학살한 일도 없었다. 인민군들은 처음 민가에 들어오지 않고 계속 남진만 하였다. 가끔씩 밤에 인부를 동원하여 전선에 물품을 운반하는 정도였다. 우리 마을 주민들은 거의 모두가 한집안 친척들이어서 인공 치하 초기에는 별다른 움직임이 없었다. 다만 8월이 되자 본격적인 토지의 무상몰수 무상분배 작업이 시작되어 우리 집과 전답도 그 몰수 대상이 되었다. 면 인민위원회에서 우리 논과 집을 빼앗아, 이를 실제 경작하던 친척에게 분배한다고 하였다. 할머니는 이 말을 듣고 그 친척을 찾아가 통사정을 하시던 일이 생각난다.

나는 8월 초에 인민군을 처음 보았다. 인민군들은 처음 우리 마을 앞 전주—남원 간 국도를 따라 흐르는 오수천 변에 막사를 세우고 그곳에 주둔하고 있었다. 이들은 대개 낮에는 밖에 나오지 않고 밤에만 움직였다. 가끔씩 오수 소재지에 나가면 인민군 두세 명이 긴 총을 힘겹게 메고 거리에 서서 무엇인가를 먹고 있는 것을 본 일이 있다.

8월 첫 주에 북한에서 내려온 군인 장교가 면내 중학생들을 소집하였다. 나도 친구들과 같이 그 모임에 나갔다. 장소는 오수초등학교였다. 군인 한 사람이 자신을 '정치공작대'라고 소개한 뒤 노래부터 가르쳤다.

그는 우리들에게 북한 애국가, 김일성 장군의 노래, 스탈린 대원수의 노래 등을 가르쳐 주면서 다음 시간에는 모두 암기해 오라고 강조하였다. 그다음 날 미군 비행기의 오수초등학교 폭격으로 노래 교실은 중단되었지만 그 후 학생들의 활동은 여러 방면에 걸쳐 계속되었다. 예를 들면 유인물 살포나 골목 담장에 벽보를 붙이는 일, 마을 회관에 무대를 설치하여 공연을 하는 일 등이다. 아마 상급학생들이 의용군에 가지 않으려고 면 인민위원회의 요구에 협조한 것으로 알고 있다.

13. 잔인한 양민학살

전주 진북동(당시 서노송동)에 있는 우리 집은 전주 형무소 북쪽 약 300m 지점에 위치하고 있었다. 그간에 장애물이 없어서 평소에도 푸른 수의를 입은 죄수들이 일하는 모습을 우리 집에서 그대로 볼 수 있었다. 형무소 북서쪽에 벽돌 공장이 있어서 죄수들이 자주 왕래하였다.

아버지는 음력 8월 15일(추석날, 1950년 9월 26일) 밤 집을 지키고 계셨다. 인민군 보초가 바로 우리 집 문 앞에서 총을 들고 아버지를 감시하였다 한다. 아버지 말씀에 의하면, 당시 숨도 제대로 쉬지 못하고 이불을 둘러쓰고 있었지만 형무소 쪽에서 들려오는 비명소리는 너무나 생생하였다. 학살 현장에서 숨을 거두며 울부짖는 그 원통한 목소리가 늘 뇌리에서 떠나지 않고 자신을 괴롭혔다고 하셨다. 그날 밤 전주 형무소에서 희생된 사람은 약 500명으로 추산되고 있다. 전종환(군산시장)씨는 그날 낮에 형무소에서 석방되었고 김송(경찰관, 부안읍장)씨는 학살현장의 시체더미 속에서 살아났다. 이들의 증언을 요약하면 다음과 같다.

사례 1 — 전종환

학도병 낙오자로 귀가 도중, 무주에서 인민군에게 붙잡혀 끌려온 우리 20명은 전주 형무소 내 여러 방으로 나뉘어 수감되었다. 음력 8월 보름날이었다.

낯선 요원이 명단을 갖고 들어왔다.

"지금부터 호명받은 사람은 대답하고 밖으로 나와서 두 줄로 정렬해." 하면서 사람들을 불러냈다. 후에 안 일이지만 그 사람들은 곧바로 죽음의 현장으로 가는 사람들이었다. 어떤 사람은 자신의 이름도 아닌데 대답하고 나갔다가 죽고 대신 가만히 앉아 있던 사람은 살아났다. 당시 유청 전주북중 교장(후에 국회의원이 됨) 선생님은 자신의 이름을 부르는데 대답하지 않고 있다가 살아났다.

다음 날 정오에 밖에서 만세 소리가 들렸다. 형무소에서 출감한 사람들이 '우리는 석방되었다.'고 환호하며 시내를 나갔다고 한다. 나와 조필형(전고 28회, 조약국사장)도 석방되었다. 인민군 복장의 군인이 말하기를,

"동무들 고생 많이 했습니다. 과거 (한국의)국방부 놈들이 전주를 후퇴할 때 우리 공화국 동지들을 많이 죽이지 않았습니까? 우리는 후퇴하면서 여러분을 모두 살려 주고 있습니다. 며칠 후 우리가 다시 돌아올 때까지 인민공화국에 충성할 것을 마음속에 다지고 잠시 헤어졌다가 다시 만납시다. 여러분 나가도 좋습니다." 하였다.

팬티 하나만 입고 끈도 없이 거의 반라(半裸)가 된 차림으로 조필형과 내가 비틀거리고 나오는데 밖에서는 만세를 부르고 춤을 추며 문자 그대로 흥분의 도가니가 되었다.

잠시 후 철문이 굳게 닫혔다. 인산인해를 이루고 밖에서 기다리던 사람들이 울고불고하면서 발을 구르며 문 쪽만을 바라보고 있었다. 이윽고 기관총 소리가 천둥 치듯 요란하게 들렸다. 남아 있던 재소자들이 모두 학살된 것이다.

애당초 빨치산들(8·15 이전 남로당 계통)은 재소자들을 모두 죽이기로 하였는데 형무소 측에서 우선 거물급만 죽이고 나머지를 석방하였다. 그 후 석방된 사람들이 만세를 부르고 시내를 돌아다니자 빨치산 본부에서 이를 알고 쫓아와 철문을 닫아 버린 것이다. 이들은 조급하여 결국 기관총을 감방에 대고 무차별 총격을 가했다.

사례 2— 김송

1950년 9월 28일 밤 11시쯤이었다(9월 27일의 착오인 듯).

간수가 5감 방문을 열었다. 고개를 숙이고 나오라고 하더니 두 손목을 전깃줄로 두세 번 둘러 꽁꽁 묶었다. 4열로 꿇어앉혔다. 놈들은 우리를 형무소 북쪽 벽돌공장(현 전주동부교회)까지 끌고 갔다. 가는 도중 놈들은 우리를 삽과 괭이로 마구 쳤다. 고개를 돌리는 사람, 옆 사람과 이야기하는 사람, 살려 달라고 애원하는 사람들을 쳐 댔다. 처형장(벽돌공장) 앞에는 이미 죄수들을 동원하여 한 길 깊이의 방공호를 파 놓았다.

그곳에는 어젯밤 피살된 수백 명의 시체가 마치 시루떡 포개듯 흙더미로 덮여 있었다. 구름 사이로 나타난 보름달 밝은 빛에 피로 뒤범벅이 된 얼굴, 부푼 팔다리가 보였다. 드디어 우리 일행들 약 100여 명을 죽이기 시작하였다. 순식간에 아비규환의 수라장이 되었다. 놈들은 총 한 방 쏘지 않고 쇠스랑, 곡괭이, 삽, 괭이, 몽둥이 등으로 닥치는 대로 뒤통수와 허리 등을 찍었다. 내 몸도 여러 군데 찔리고 상처를 입어 피가 흐르고 있었다. 놈들은 꿈틀거리는 사람을 찾아 더욱 가혹하게 찔러 죽였다. 이윽고 흙을 덮으라는 구령이 내렸다. 그리고 그 위를 발로 다지며 밟았다. 나는 손가락으로 흙을 약간 뚫어 숨구멍을 만들었다. 피와 흙이 내 몸에 범벅이 되었다. 놈들이 모두 떠나고 조용한 틈을 타 흙구덩이를 빠져나왔다. 언덕 밑에 먼저 빠져나간 사람이 기다리고 있었다. 그분이 내 손을 풀어 주었다. 전주 소방서 육 씨라고 하였다. 아마 새벽 2시쯤이었다. 그 뒤 주위의 빈집에 숨어 가까스로 목숨을 부지하였다. 나는

의식을 잃고 말았다.[26]

　피살자 중에는 이철승 의원의 부친 이석규 씨도 포함되어 있었다. 또 전주북중학교 교사 이규섭, 김호중 등 선생님들이 피살되었다. 이 선생님은 6·25 당시 훈육주임을 맡았고 김 선생님은 대지주의 아들이었다. 유청 교장선생님을 잘 아는 간수가 와서, "조만간 요원이 와서, 선생님 이름을 호명해도 절대 대답하지 말고 가만히 계십시오." 하고 일러 주어 다행히 화를 면하였다. 선생님은 수복 후 그를 숨겨 주고 자수시켜 현재 잘살고 있다 한다.

　당시 형무소 주변의 참상은 그야말로 목불인견(目不忍見)이었다. 살아남은 자들은 피살된 가족의 시신을 찾아 통곡하며 헤맸다. 하지만 농기구에 맞아 찍히고 부서진 시신이 피와 흙으로 뒤범벅이 되어 누가 누구인지를 분간할 수가 없었다. 며칠 후 전주형무소 동쪽 작은 산은 공동묘지가 되었고 동북쪽 대밭에는 주인 없는 시신 175구의 합동묘지가 생겼다. 지금은 형무소도 공동묘지도 합동묘지도 자취를 감추고 그곳에 아파트가 들어섰다.

　민간인 학살은 도내 전역에서 행하여졌다. 임실과 정읍에서 각각 약 300여 명의 희생자가 생겼고 도내 전역에 3,391명이 죽었다. 사람을 산으로 데려가 죽이거나 우물 속에 생매장하여

---

26) 김송, '시체 구덩이에서 기어나와', 전주문화재단 앞의 책, pp.234-237.

죽인 곳도 있다.

임실 경찰서 내 방공호에서 나의 외숙모 모자가 피살되고 외숙(이재훈, 진안경찰서장)만 극적으로 살아났다. 내가 수없이 들었던 외숙의 이야기를 요약하면 다음과 같다.

사례 3 — 나의 외숙 이재훈

나의 외숙은 부산 피난을 가지 못하였다.

사실 외숙은 앞서 말한 대로 보도연맹의 예비 검속 때 맹장의 아픈 상처를 움켜쥐고 경찰서에 가서 약 20여 명의 목숨을 구해 준 일이 있었다. 6·25가 일어나자 그때 살아난 분들이 꼭 은혜를 갚겠다고 하면서 부산피란을 만류하였다. 외숙은 은근히 그들의 말을 믿고 있었다. 외숙은 2개월 동안 이 마을 저 마을로 숨어 다니며 생명을 부지하였는데 마지막 함정에 걸려들었다. 1950년 추석날 저녁 무렵이었다.

임실군 내무서(인공치하 경찰서) 직원이 집에 찾아왔다.

김일성 장군의 특별방송이 있다고 하면서 가족들을 잡아갔다. 가족으로는 외숙 내외와 슬하에 두 남매가 있었다. 외숙모는 돌을 넘긴 아들을 등에 업고 남편을 따라갔다. 6세 된 딸은 고집을 부려 혼자 집에 남았다. 내무서에 도착하자 남자와 여자의 방이 따로 있다고 하여 각각 분리 수용하였다. 얼마 후 외숙은 아내(외숙모)가 자신의 방공호 앞을 지나가는 것을 보았다. 아내가 이상한 눈짓을 하는데 등에 아이가 없었다. 사태의 심각성을 직감한 외숙은 방공호를 지키던 당번이 교대하는 틈을 이용하여 그곳을 탈출하였다. 정문에는 평소 잘 아는 자가 보초를 서고 있었다.

외숙은 그 길로 도망쳐 임실 소재지를 빠져나왔다. 밤새도록 산을 넘다가 기진하여 쓰러진 곳이 지사면 안하리 골짝 밤나무 밑이었다. 정신을 차려 몸을 일으켰다. 어느새 날이 밝아 오고 있었다. 아이들이 밤을 주우러 왔다가 인기척에 놀라 혼비백산이 되어 달아났다. 아내와 아들이 궁금하였다. 외숙은 맨발로 임실경찰서를 향하여 달렸다. 하지만 이미 사랑하는 처자는 싸늘한 시체가 되어 방공호에 버려져 있었다. 외숙은 그 후 재혼하여 슬하에 3남매를 더 두었다. 직장에서도 계속 승진하여 진안경찰서장 근무 중 순직하였다.

한편 어머니를 잃은 딸 이경자는 사춘기에 들어서자, 그날의 충격에 짓눌려 고통을 이겨 내지 못하였다. 자신은 외롭고 아무도 돌보아 주지 않는 천애고아 신세라고 한탄하며 전국을 떠돌았다. 마지막에 미군부대 주변에 정착하여 미 공군과 결혼, 딸 하나를 낳았으나 곧 이혼하였다. 다행히 그녀는 만리타향 미국에서 홀로서기에 성공하였다. 적은 돈을 마련하여 사우나탕을 경영하고 있었는데 갑자기 미 당국의 세금 폭탄을 맞았다. 나는 외숙의 부탁을 받고 감세를 호소하는 글을 보냈다. 심의관이 그 편지를 보고 감동의 눈물을 흘리며 세금을 대폭 감면해 주었다 한다.

나의 집안에서, 당숙(경위, 김종희)은 수복 후 남원 인월 지서장으로 근무 중 순직하였고 3종숙(산림경찰, 김종택)은 전주 형무소에서 석방되었다. 3종 매형(양해림, 서귀포경찰서장)은 인민군에 붙잡혀 호송 중, 관촌 병암교 밑으로 뛰어내렸으나 실패하여 북한으로 끌려갔다. 들리는 말에 의하면 인민군의 도움으로 탈출에 성공하였다고 한다.

내 친구의 처가인 광주의 현씨 집안은 6·25 때 엄청난 수난을 당하였다. 광주은행을 설립한 현준호(1889~1950) 씨는 6·25 전쟁이 일어나자 부산으로 피난 갈 준비를 하고 있었다. 마침 운전기사가 노모(老母) 때문에 망설이고 있다는 말을 듣고 자신도 노모를 두고 떠나는 것이 불효라고 생각하여 피난을 포기하였다. 그는 9월 28일 장남(현영익, 국회 의사과장)과 함께 인민군에게 피살되었다. 차남 현영식 씨는 포로수용소에서 자결하였고 3남 현영원 씨(현대아산 현정은 사장의 부친)는 현대상선 회장을 역임하였다.

그 외에 군산이나 전주 동산동 등지에서 우물 속에 산 사람을 집어넣고 죽였다는 이야기들을 들으면 정말 소름이 끼친다.

14. 조선일보에 보도된 이야기

최근 조선일보에 보도된 김차순 씨, 진광호 씨의 이야기를 추가하여 이 책에 소개한다.

김차순 씨의 경우

그녀의 고향은 고창군 무장면이다. 6·25를 맞아 밤낮으로 15일 걸려 고향에 내려와 보니 아버지가 지주이고 남로당이 아니라고 해서 형제가 모두 총살당하였다. 그곳은 9·28 수복 후에도 밤에는 공비들 세상이었다. 어느 날 밤 남로당 사람이 그녀를 불러 죽창을 주면서 이 창으로, "너희 어머니를 찔러 죽이라."고 하였다. 나중에 알고 보니 이미 어머니는 그들에 의해서 피살된 후였다. 이듬해(1951년) 그녀는 가족의 시신이 묻혔다는 곳을 찾았다. 그녀의 할머니 시신이 나오고 어머니, 그 밑으로 팔순, 남순, 동진, 춘광, 다섯 살도 안 된 행진의 시신이 줄줄이 나왔다. 할머니와 어머니가 보는 앞에서 가장 어린 것부터 죽창으로 찔러 구덩이에 넣은 것이다. 반쯤 부패한 시신에는 구더기가 득실거렸다. 11월 1일은 할머니, 어머니, 다섯 동생의 기일(忌日)이다.

김차순 씨는 말하기를, "내가 겪은 6·25는 너무도 끔찍하다. 60년 전 내 고향은 살인지옥이었다. 나는 아직도 그 사람들이 쫓아올까 두렵다. 전쟁이 끝나고 30년이 지날 때까지 나는 고향에 가지 못하였다. 내가 죽고 없어지면 누가 그때 일을 기억할 것인가."[27] 하였다.

진광호 씨의 경우

진광호(전북 옥구군 미면 미룡리) 씨의 증언에 의하면 9·28 수복 당시 그의 형제 7명(형, 형수, 조카와 질녀, 두 동생, 형수가 임신한 아이)이 모두 총살당하였고 그를 중심으로 10촌 중 42명이 피살되었다. 인민군들은 양민을 잡아다가 그곳 마을에 방공호를 파게 하고 곡괭이로 뒤통수를 쳐 죽였으며 그 수가 76명이었다고 하였다.[28]

인공치하 3개월간의 전북도내 희생자는 민간인, 공무원, 경찰관 등을 합하여, 23,355명으로 집계되고 있다. 공무원 중 읍면장 35명, 직원 등 150명이 살해되었다.[29]

6·25 전쟁 시 납북자는 8만 661명, 그중 전북인은 7,013명이다. 전국 피살자 59,964명 중 전북인 5,603명, 친북세력에 의해 학살된 민간인피해자 총계는 122,799명(한국전란지), 128,936명(유엔군 사령부 보고), 128,936명(북한 30년사) 등으로 조금씩 차이가 있다. 6·25 후 우리들 가슴을 뭉클하게 했

---

27) 조선일보, 2010년 3월 15일 A6.

28) 조선일보, 2010년 4월 28일자.

29) 장명수, '6·25 전쟁과 공산치하', 전주문화재단, 앞의 책, pp.1159-160.

던 감동의 노래 '단장의 미아리 고개'를 소개한다.

단장의 미아리 고개
미아리 눈물 고개 님이 떠난 이별 고개
화약 연기 앞을 가려 눈 못뜨고 헤매일 때
당신은 철삿줄로 두 손 꼭꼭 묶인 채로
뒤 돌아보고 또 돌아보고 맨발로 절며 절며
끌려가신 이 고개여 한 많은 미아리 고개

15. 미군 탱크의 진주

1950년 9월 27일부터 우리 마을 앞 국도에는 인민군과 고향으로 돌아가는 민간인들이 빨랫줄처럼 연이어 서울 방향으로 올라가고 있었다. 점심을 먹고 난 후 갑자기 인민군 패잔병들이 대거 나의 큰집으로 몰려왔다. 할머니는 행여 이들이 떠나면서 우리 가족들을 해칠까 봐 안절부절하셨다. 밤이 되자 할머니는 우리 가족을 이끌고 몰래 집을 빠져나갔다. 우선 마을 뒤편 빈집에 우리를 숨겼다가, 아무래도 불안하였던지 뒷산 자락 나뭇단 속에 짚을 깔고 우리를 다시 그곳으로 옮겼다. 백부님과 사촌형 등 어른들은 이미 마을을 빠져나가고 안 계셨다.

다음 날 아침 미군 탱크가 진주한 것을 보고 우리는 마을로 내려왔다. 전쟁이 끝난 줄 알았다. 하지만 전쟁은 이제부터 시작이었다. 그리고 전쟁은 또다시 나에게 지독한 시련을 주었다.

16. 오수초등학교 참사

9·28 수복 직후 학교 선배들은 학도호국단을 조직하여 우리 중학생들을 소집하였다. 장소는 오수초등학교 교정이다.

아직 더위가 가시지 않아 움직이면 땀이 흘렀다. 선배 중 간부 몇 분이 학도호국단의 내력을 설명하고 대열을 만들어 제식훈련을 시켰다. 휴식 시간이 되어 학생들은 각자 흩어져 학교 구석구석을 돌아다녔다. 그동안 모교가 얼마나 변했는지 보고 싶었으리라. 나는 운동장 남쪽 미루나무 밑에서 땀을 닦고 있었다. 갑자기 폭발음이 들렸다. 숙직실 근방에서 연기와 함께 먼지가 하늘로 솟았다. 이윽고 학생들의 비명소리가 들렸다. 옆을 보니 인민군들이 놓고 달아난 탄약통이 그대로 방치되어 있었다. 우리는 신속하게 대피 자세를 하고 그 자리에 엎드렸다. 한참 있다가 옆 친구와 함께 일어나 사고가 발생한 곳으로 달려갔다. 이미 다른 친구들이 약 10여 명의 부상자를 들것에 싣고 병원으로 가고 있었다. 두 명이 죽고 약 7, 8명이 부상을 당하였다. 당시 한 학생(김춘수, 초등 동기생)이 곤봉처럼 생긴 박격포를 숙직실 아궁이에서 발견하였는데, 마치 장난감같이 모양이 둥글고 무늬가 아름다웠다. 다른 학생(김중현, 초등 동기생)이 "나도 좀 만져 보자."고 하자 그것이 위험한 물건(박격포)인 줄을 모르고 얼른 친구에게 던졌다. 그 친구가 이를 받지 못하고 놓치면서 박격포가 터진 것이다. 이 사고로 나의 초등학교 동기생 두 명(장명환과 조형익)이 죽었다. 옆에 섰다가 변을 당한 것이다.

17. 11사단 국군의 만행

1950년 10월 초 아직 우리 가족은 고향집에 머물러 있을 때다. 당시 우리 집은 대문이 열려 있고 마당 앞에 파 놓은 샘물이 넘쳐흐르고 있었다. 군인 몇 명이 말도 없이 집에 들어와 세수를 하고 나갔다.

전날 밤 빨치산들이 몰래 철도 주변 전신주를 몽땅 잘라 버린 사건이 발생하였다. 군인들이 아마도 이 사건을 수사하러 온 것 같았다. 이들은 우선 마을 회관에 자리를 잡았다. 조금 후 수첩을 들고 사람들을 불러들이더니 매질을 하기 시작하였다. 아침부터 비는 계속하여 내리고 있었다. 이윽고 매 맞는 사람들의 비명소리가 온 마을을 공포로 몰아넣었다.

오후 3시경이다. 군인들이 마을을 돌며 사람을 모으고 다녔다. 회관 마당에 불려 나온 사람들은 아무 영문도 모르고 오들오들 떨고 있었다.

중위 계급장을 어깨에 달고 있던 군인이 죄수(나의 종숙 김종수)를 공개 처형하겠다고 외쳤다. 그분은 물론 죄수가 아니었다. 처음에 사람을 시켜 방공호를 파게 하더니, 그분을 호 앞에 세워 놓고 칼을 뽑았다. 그분은 목을 떨어뜨린 채 넋을 잃고 서 있었다. 칼을 들어 그분의 목을 치려는 순간 갑자기 그의 어머니가 달려들어 그 앞에 자신의 목을 내밀었다. 중대장은 어머니를 밀치고 그분의 목을 쳤다. 졸병 한 명이 주전자를 건넸다. 중대장은 주전자 물로 칼에 묻은 피를 씻었다. 다시 칼빈 총을 들어 그분의 가슴에 확인 사살을 하였다. 그분은 앞으로 넘어지며 당장 절명하였다. 11사단 장병들은 이렇게 잔인한 살인행동을 마치고 마을을 떠나갔다. 억울하게 죽은 그분의 어머니는 그 자리에 주저앉아 통곡하다가 이내 미쳐 버렸다.

어머니는 그 후 날마다 아들이 억울하게 죽은 곳을 맴돌며 너울너울 춤을 추었다. 약 6개월 동안 하루도 빠지지 않고 춤추는 모습을 내가 직접 보았다. 아들은 집안의 3대 독자였다. 나의 백부님과 재당숙(김종현)께서 시신을 가마니에 넣고 들것에 묶어 집으로 보냈다.

비는 더욱 굵어졌다. 하지만 회관 마당에 뿌려진 피는 여전히 붉었다. 가끔씩 고향에 들러 그 옆을 지나면 아직도 핏자국이 서려 있는 듯하였다.

나는 그분의 죄명을 지금도 모른다. 같은 마을 사람들도 그분이 왜 불려가 처형되었는지 전혀 알 수 없다고 한다. 혹은 이름이 비슷한 사람이 있어 착오로 그분을 죽였다는 말도 있다. 오히려 그가 죄가 없기 때문에 계속 버티다가 괘씸죄로 죽었을 가능성이 있다고도 한다. 당시 그분의 나이 22세였다.

18. 빨치산의 검문

군인들의 만행으로 마을 사람들은 아직도 그날의 공포에서 헤어나지 못하고 있었다. 1950년 10월 중순 나의 큰집에서는 일꾼을 얻어 한창 볏가리를 하고 있었다. 갑자기 임실군 지사면에 살고 있는 이모부(최갑식, 교사)가 총을 들고 우리 집에 나타났다.

사실, 이모부는 임실 처남댁에서 우리 집으로 오는 도중에 빨치산을 만나 검문을 받은 것이다. 이모부는 그들의 군복만을 보고 국군으로 착각하여, 처남이 임실경찰서 이재훈 경위라고 대답하였다. 빨치산은 그 말을 듣고 이모부를 연행하여 갑자기 산속으로 들어섰다. 그 순간 이모부가 빨치산과 격투를 벌여 총을 빼앗아 도망친 것이다.

이모부는 우선 우리 집에 몸을 피신하려고 하였다. 어머니와 나는 우리 집이 가장 위험하다고 판단하여 이모부를 큰집으로 모셨다. 이모부는 처음에 여자로 변장하고 부엌으로 들어갔다가 다시 일꾼 옷으로 갈아입었다. 때 묻은 바지저고리에 지게를 등에 지고 오수로 향하였다. 이 일은 모두 나의 종형수씨의 지략에 의한 것이었다. 이윽고 빨치산들이 큰집에 들이닥쳤다. 이들은 측간(변소)에서부터 창고, 골방, 사랑방 모두를 샅샅이 뒤지다가 철수하였다. 다행히 사람을 해치지 않고 나의 백부님께 인사를 하고 물러갔다.

빨치산 중에는 아버지의 제자 최규진 씨가 있었다. 그 사람은 인공치하에서 오수 분주소장(지서주임)을 지냈는데, 1950년 12월 17일경 자수하였다고 한다. 다만 그다음 날 빨치산이 대거 몰려와 큰집에 있는 식량, 가축, 의복 등을 몽땅 털어 갔다. 몇 달이 지난 후 이모부는 그날의 공포를 잊지 못하고 전전긍긍하다가 경찰관이 되었다. 다음 해 불행하게도 관내 순찰 중 빨치산의 습격을 받아 순직하였다.

19. 교통―목숨 걸고 다니던 고통길

1950년 11월초 추수가 끝난 뒤 우리 집은 다시 전주로 올라왔다. 아직 교통이 정비되지 않고 낮에는 국군 밤이면 빨치산이 서로 교대하며 사람들을 죽이고 살리는 과정에서 전주─오수의 시골길을 왕래하는 것은 실로 삶과 죽음 사이를 오가는 모험이었다. 요즘의 부모들이라면 상상도 못할 위험한 길을 나는 매주 목숨을 걸고 다녔다. 그때는 지금처럼 정기로 운영되는 기차나 버스가 전혀 없었다. 다만 임시로 오가는 화물열차나 군인 후생용 트럭이 있을 뿐이었다. 차를 타야 할 사람들은 대개 노송동 철도역 주변(당시 전주역은 울타리가 없고 마을 중심에 있었음)이나, 서학동 길목 파출소(시외로 빠져나가는 검문소) 근방에 서성이고 있다가 기차 혹은 트럭이 막 떠날 때 필사적으로 달려가 올라탔다. 이런 사람들을 저지하기 위하여 역 구내에서는 철도경찰이 총대를 휘두르며 고함을 쳤고 검문소를 통과하는 트럭 위에는 힘센 조수가 올라타려는 사람들을 주먹으로 마구 구타하였다. 그래도 사람들은 막무가내로 아무 곳이고 기어 올라타면 차는 떠난다. 기차의 경우 기관차 앞이나 화물칸 지붕 위에 올라타기도 하고 출입구 손잡이에 대롱대롱 매달려 가는 사람도 있었다. 트럭의 경우는 차가 쓰러지도록 높이 쌓은 화물 위에 올라가 밧줄을 붙잡고 엎디면 된다. 그 와중에서도 금전 거래가 이루어진다. 특히 군인 트럭은 검문소에서 적당히 사람을 태우고 출발하여 약 4, 5 km 쯤 인적이 드문 곳에 차를 세우고 돈을 받는다. 만일 요구하는 액수에 미달하면 발로 차며 강제로 끌어내린다.

나는 차비도 없고 악착같은 힘도 의지도 없으면서 기관차 앞 난간에 앉아 강아지처럼 오들오들 떨기도 하고 혹은 화물칸 옥상이나 석탄차 잿더미 위에 올라가 가슴을 조이며 시골을 왕래해야 했다. 특히 차멀미가 심한 경우에는 전주에 도착하여 구토를 해야 집에 오는 경우도 있다.

1950년 12월 23일(토)의 일이다.

나는 항상 감기가 떨어지지 않아 열이 불덩이같이 올랐다. 하여튼 금산골에서 짐을 들고 십리 길을 뛰어 기차역에 왔다. 여느 때처럼 몇 시간을 기다렸다. 드디어 석탄을 가득 실은 화물열차가 오수역에 들어왔다. 그곳에서도 역시 철도 경찰들이 총대를 들고 고함을 치고 다녔다. 나는 등에는 쌀자루를, 양손에는 채소 단을 들고 필사적으로 화물칸 위에 기어올랐다. 열차가 출발하자 비가 쏟아지더니 다시 눈으로 변하여 내 몸이 눈사람이 되었다. 달리는 기차 바람에 석탄가루가 날려 얼굴을 때리며 눈, 코, 귀 속까지 들어온다. 기차가 관촌역에 정차한 뒤 약 한 시간을 멈추고서도 떠날 줄을 모른다. 몸 전체가 얼기 시작하였다. 같이 타고 가던 재종 동생(김장영, 교장)이 참다못해 엉엉 울면서 주변 사람들을 안타깝게 하였다. 기차는 한밤중에 전주에 도착하였다. 몸을 움직일 수가 없어서 서로 부추기며 겨우 홈으로 내려왔다. 사람들은 바쁜 걸음을 재촉하며 각자 자신의 보금자리를 찾아 달려간다. 나는 어디로 갈까? 길바닥에 주저앉아 절망하다가 다시 일어섰다.

20. 중공군의 개입

1950년 10월 말 중공군이 한국전에 합세하였다.

우리 중학생들은 이에 관한 정보가 없어서 이런 소문을 단지 유언비어라고 믿었다. 하지만 사실은 다음과 같다.

국방군사자료에 의하면 1950년 10월 중순 무렵 이미 중공군은 압록강을 넘었다. '항미원조(抗美援朝, 미국에 대항하여 조선을 원조함)'라는 명분하에 임표(林彪) 휘하 약 35만 명의 의용군(중공 제13병단 예하 6개 군단과 18개 사단)이 적유령 산맥을 넘어 공격을 개시하였다. 우리 국군은 10월 말 운산전투에서 중공군 포로 한 명을 붙잡아 처음 이 사실을 확인하였을 뿐, 전혀 정보를 얻지 못하였다. 도쿄에 있던 맥아더 사령관은 이러한 중공군의 움직임을 과소평가하고 대대적인 크리스마스 대공격을 준비하고 있었다고 한다. 우리 국군과 유엔군의 일대 실수였다.

이 일은 6·25를 예측하지 못한 실수에 이어 2번째 큰 실책으로 평가되고 있다. 1950년 10월 1일 중공 수상 주은래는 그의 연설에서, "미국은 우리의 적"이라고 선언한 바 있으며 그 말은 동아시아 지역 국제전쟁의 시작을 알리는 신호탄이었다. 12월 4일 맥아더 장군은 중공군 100만 명이 북한에 투입되었으며 새로운 전쟁이 시작되었다고 발표하였다.

21. 흥남철수

당시 국군의 평양 진격과 중공군의 개입으로 수난을 받은 것은 우리 정부를 믿고 따랐던 피난민들이었다. 12월 14일부터 24일까지 흥남에서 최대 규모의 철수 작전이 시작되었다. 당시의 수송 상황을 보면,

군인(한국군과 미군) 10만 명 혹은 10만 5천 명

피란민 9만 1천 명 혹은 9만 8천 명

화물 35만 톤(연료 29,500드럼, 탄약 9천 톤)

수송선 112척, 공수기 112대에

철수작전에 동원된 함정은,

LST(전차 양륙함, Landing ship tank) 81척

LSD(도크형 상륙함) 11척,

MFTS(해상수송부대 함선) 76척 등 200척이었다.

그중에서도 메리디스 빅토리오호는 기적에 가까운 구조를 완수하여 많은 사람들이 감동하였다.

흥남부두 철수과정에서 빚어진 아비규환의 비극은 한(恨)이 되어 노래에 남아 전해진다. 삭풍이 몰아치는 흥남부두, 피난민들은 서로 먼저 타려고 죽기 살기로 몰려들었다. 살려 달라고 아우성치는 사람들의 모습은 차라리 지옥을 방불케 하였다. 짓밟히고 밀리고 넘어지고, 그물에 기어오르다 떨어진 사람,

주인 잃은 피난보따리가 항구를 메웠다.

마지막 12월 23일 최대 규모의 철수 작전이 시작되었다.

메리디스 빅토리오(Meredith Victory)호는 7,600톤급 상선 (혹은 화물선)으로 2,000명 정원에 14,000명을 태웠다. 선장은 배에 실었던 무기를 버리고 눈에 보인 사람들을 모두 태운 것이다. 빅토리오호는 세계에서 가장 많은 인명을 구조한 배로 기네스북에 올랐다.

23일 11시에 흥남을 출항하여 3일 동안 지뢰밭과 험한 항로를 헤치고 드디어 25일 12시 42분에 거제도 장승포 앞바다에 안착하였는데 배 안에서 5명의 신생아가 태어났다. 선원들은 한국말을 몰랐고, 그들 48명이 유일하게 알고 있는 우리말은 '빨리 빨리'였다 한다. 다섯 아이의 이름은 김치1, 김치2, 김치3, 김치4, 김치5이고 25일 오전 3~4시경에 태어난 김치 화이브(5)는 현재 이경필 장승포 동물병원 원장이다.

흥남부두를 회상하며 당시 유행한 노래를 소개한다.

흥남부두

흥남부두 울며 떠난 눈보라 치던 그날 밤
내 자식 내 아내 잃고 나만 외로이
한이 맺혀 설움이 맺혀 남한 땅에 왔건만
부산 항구 갈매기의 노래 소리 슬프구나
영도다리 난간에서 누구를 기다리나

동아극장 그림 같은 피눈물 젖은 고향꿈

내 동네 물방아 도는 마을 언덕에
양떼 몰며 송아지 몰며 버들피리 불었소
농토까지 빼앗기고 이천리길 배를 곯고
남포동을 헤매 도는 이 밤도 비가 온다.

굳세어라 금순아

눈보라가 휘날리는 바람찬 흥남부두에
목을 놓아 불러봤다 찾아를 봤다
금순아 어디로 가고 길을 잃고 헤매었던가
피눈물을 흘리면서 1·4이후 나 홀로 왔다.

1950년 말 중공군 17만과 인민군 6만 명 도합 23만 명의 군대가 38선을 넘었다. 1951년 1월 3일 영국군은 철수하였고 다음 날 1월 4일 서울이 다시 적의 수중에 들어갔다. 아군은 1월 9일 반격을 시작하여 3월 14일 서울을 재탈환하였다.

왜 피난민들은 그토록 목숨을 걸고 남한 땅을 찾았는가?

한이 맺혀 설움이 맺혀 이천 리 길 굶주리며 헤매 도는 수많은 피란민들의 사연은 과연 무엇이던가? 이 책에 서로 다른 두 주장을 소개한다.

* **미국놈들 때문이다.**

우리는 미국놈들에게 속았다. 미국놈들을 믿고, 공산주의 타도, 민주주의 만세를 부르다가 우리가 죽게 되있다. 너희가 차라리 오지 않았다면 우리는 이런 신세가 되지 않았을 것이다. 그뿐이 아니다. 미국의 트루먼 대통령이 원자폭탄을 투하한다는 소문이 나돌아 우리는 살기 위해서 피난을 온 것이다.

　*** 빨갱이들 때문이다.**

　위의 말은 공산당 패거리들의 행태를 모르고 한 말이다.

　왜 그 많은 사람들이 목숨을 걸었는지 아직도 모르는가.

　누구에게 속았다거나 소문만 가지고 설명할 수 있는 일인가.

　공산당은 일부러 유언비어를 퍼뜨려 그들을 반대하는 불평
분자를 북한에서 쫓아냈다. 미 해공군의 효율적인 지원도 있었
지만 인민군이나 중공군은 당시 피난민의 철수를 막기 위하여
적극적인 조치를 취하지 않았다. 이들이 한국에 내려가면 필시
사회 불안을 조성하여 남조선 혁명의 동력이 될 것이라고 믿었
기 때문이다.

　바로 이런 어려운 시기에 우리는 말하기조차 부끄러운 엄청
난 수난을 겪었다. 즉 국민방위군 사건과 거창양민 집단 학살
사건이다.

22. 국민방위군 사건

　정부는 1950년 12월 국회에서 통과된 국민방위군 설치법에
따라 12월 21일 전국에 소집령을 내렸다. 17세 이상 40세 미

만의 장정 중 경찰과 군대에 소속되지 않는 사람들을 동원, 훈련하겠다는 것이었다.

1951년 1월 8일 방위군 사령관 김윤근 준장의 담화 성명서는 다음과 같다. "우리는 좌이대사(坐而待死, 앉아서 죽음을 기다리는 것)할 위험한 길을 취하지 말고 늦기 전에 죽음을 각오하고 총궐기하자. 우리 앞에는 국민방위군 50만이 있고 그 뒤에는 몇백만 장정이 있다."고 호언하였다.

1·4 후퇴로 휴회 중이던 국회 제6차 본회의가 1월 15일 부산 국제극장에서 속개되었다. 이재형, 김종회 양 의원은,

"국가의 운명을 짊어지고 나선 국민병들이 천 리 길을 걸어다니며 3, 4일씩 굶고, 입은 옷과 신발을 팔아서 끼니를 때우고 있다. 그들은 강화, 평택 등지에서 출발한 이후 제주도로 갔지만 받아 주지 않았다. 부산, 구포, 김해 등으로 전전하였으나 아무런 지시가 없다 하면서 수용하지 않으므로 다시 부산으로 돌아가 명령을 대기하고 있다."[30] 하였다.

당시 전주에서는 이들을 전주중앙초등학교 교정에 집결시켜 남쪽으로 향하였다. 인솔자의 복장은 대개 순경과 비슷하였고 그가 사병인지 장교였는지도 알 수 없었다. 막연히 쌀 한 되(一升)씩을 나누어 주고 언제 어디서 무엇으로 어떻게 먹으라는 지시도 없었다.

---

30) 해방 30년사, 공동문화사, 1975, pp.573-574.

오수에 있는 우리 마을에서도 노인 24명을 제외하고 마을 남자 모두에게 영장이 배달되었다. 나의 사촌형(김봉영, 교장)은 또다시 6·25가 오는 줄 알고 대개 몇 벌의 옷가지와 미숫가루 등을 장만하여 출발하려고 하였다. 1951년 1월 16일의 일이다. 그날 빨치산들은 마을 앞 철도를 끊었고 19일 밤에는 큰집(봉영 형의 집)에 들어와 소와 이불 큰형의 책 등 일용품을 모두 털어 갔다. 그들은 살림살이 하나라도 빼앗기지 않으려고 버티던 나의 백모님(당시 62세)을 총대로 때리고 구둣발로 찼다.

한편 다음 날 국민방위군이 지나가면서 수백 명의 밥을 지으라고 또 야단을 떨었다. 국민방위군의 민폐는 그 후 며칠간 계속되었다. 이토록 남으로 내려가던 도중 방위병들이 끼친 민폐는 우리 마을뿐 아니라 도처에서 행하여졌다. 수십만을 헤아리는 방위병들은, 아무런 예산도 행정조치도 없이 거리와 골목을 헤매며 부락에 들어가 거지처럼 구걸을 하였다. 일정한 거처도 침구도 없이 엄동설한 매서운 추위에 내몰린 장정들은 기아와 질병, 동상에 시달려 사망자가 속출하였다. 이들은 도중에 낙오되어 정처 없이 헤매다가 혹은 도둑으로 몰려 매를 맞기도 하고 그냥 거리에 쓰러져 의식을 잃은 사람들도 있었다. 죽은 시체 위에 가마니만 덮어 방치한 경우도 있었으며, 사망자의 수가 9만 명을 넘었다고 한다. 이렇듯 거리의 참상을 목도한 국민들의 비난이 빗발치자 드디어 이 문제가 의정단상으로 비화되었다. 그 비리의 대강은 다음과 같다.

국민방위군 사령관 김윤근 등 고위 장교들은 거액의 국고금과 방대한 물자를 부정 착복하여 장정들을 아사하게 하고 수많은 희생자를 속출케 하였다. 이들은 1950년 12월 17일부터 1951년 3월 31일까지 유령병력 12만 명을 증원하여 식량 52만 석을 20억 원에 팔았다. 그중 3억 원을 행정기관, 감찰위원회 등에 증여하고 정치인들에게도 상납하였다.

1951년 4월 30일 김의준 의원 외 109명의 의원은 '국민방위군 설치법 및 비상시 향토방위령의 폐지에 관한 법률'을 국회에 상정하여 152명 중 88대 3으로 통과시켰다. 5월 5일 신성모 국방장관의 사표가 수리되었고, 5월 7일 돌연 이승만 대통령은 이기붕을 국방장관에 임명하였다.

5월 9일 부통령 이시영은 국회의장에게 사표를 제출하였다. "시체 위에 앉아 국록만 축낼 수 없다."고 한탄하면서 이 사건의 공정한 처리를 촉구하였다.

1951년 7월 19일 중앙고등군법회의에서 김윤근, 윤익현 등 5인에게 사형을 선고하였고, 8월 12일 하오 3시 이들은 대구 교외의 야산에서 공개 처형되었다. 이 사건으로 국민들이 입은 정치적, 사회적, 도덕적 충격은 매우 컸다.

23. 거창 양민학살

1950년 12월 5일 지리산 패잔병 출신 빨치산들이 거창군 신원면 경찰지서를 습격하였다. 이들은 경찰관을 사살하고 마을로 들어가 밥과 옷을 달라고 요구하였다. 이어서 경찰, 군인 공무원 가족들을 사살하였다. 이 보고를 받고 창령지서 경찰관들이 출동하였으나 중과부적으로 철수하고 대신 국군 11사단 9연대 3대대가 출동하였다. 국군과 빨치산의 전투과정에서 11사단(사단장 최덕신 준장) 3대대장 한동석 소령은 9연대장 오익균 대령의 지시를 받고 1951년 2월 11일과 12일 양일간에 걸쳐 거창군 신원면 주민 570명을 빨치산과 내통하였다는 죄목으로 집단 학살하였다. 다이너마이트를 폭발하여 대부분을 죽이고 살아남은 자들은 총살하였다. 그중에는 젖먹이로부터 16세까지의 어린 아이가 327명이고 나머지도 노약자나 부녀자들이 대부분이었다. 군인들은 이들을 죽인 뒤 증거를 없애기 위하여 휘발유를 뿌려 시체를 태우고 그 옆에 있는 산을 폭파하여 묻었다.

이 사건의 진상을 밝히기 위하여 국회 진상조사단(신중목, 이충환, 김종순 의원)이 나섰다. 당시 경남지구 계엄사령관 김종원 대령과 관계관들은 그 길목에 미리 공비를 가장한 국군을 매복시켜 의원들의 진로를 방해하였으며 사건 호도를 위한 위증조작극을 꾸미는 데도 서슴지 않았다.

국군 제11사단은 그 이틀 전인 2월 8일에도 경남 함양, 산청 등 12개 마을 주민들을 대거 학살한 일이 있다.

1951년 12월 오익균과 한동석은 무기징역형을, 김종원은 3년 형을 선고받았다. 하지만 이 대통령은 이 천인공노할 거창사건의 주모자들을 모두 풀어 주었다. 특히 김종원은 치안국장에 기용되었다. 그는 백주 대로에서 야당 국회의원을 때려잡은 일로 유명하다. 4 · 19혁명 후 유가족 70여 명은 사건 당시의 신원면장 박영보를 산 채로 화장하여 분풀이를 하였다.[31] 아무리 오랜 세월이 흘러도 그들의 만행은 역사에서 지워지지 않을 것이다.

최덕신(1914~1989)이 11사단 사단장으로 있을 때 그는 예하 3개 연대를 이끌고 지리산, 회문산, 덕유산, 변산반도를 휩쓸며 공비 토벌을 지휘하였다. 그 과정에서 민폐가 극심하여 악명이 높았다. 서남지구에서 11사단이 주둔하다 떠난 자리는 항상 뒷말이 많았다. 심지어는 초등학교에 있는 풍금까지 집으로 운반해 갔다고 하였다. 그 후 그는 제1군단장을 지내고 중장으로 예편하였다.

5 · 16 직후 최덕신은 외무부 장관, 주서독대사, 통일원 고문을 역임하였다. 그 후 공금횡령의 혐의를 받자 그는 박 정권

---

31) 해방 30년사. pp.570—573.

에 불만을 품고 1977년 미국으로 망명하였다.

그런 인물이 북한을 방문하여 김일성의 환대를 받았다. 1986년 8월 16일 5번째 평양방문에서 김일성으로부터 영구귀국을 권유받았다. 그곳에서 조선 천도교 청우당 중앙위원장, 조국 평화통일위원회 위원장, 북한최고인민회의 대의원, 조선 골프협회 회장을 역임하였다. 1989년 11월 16일 사망하여 유해는 북한의 '애국렬사릉'에 안장되었다.

부인 유미영은 2000년 이산가족 상봉 때 북측 방문단장으로 남한을 방문하였다. 혈육인 두 아들은 현재 한국에 살고 있다.

24. 학원으로 돌아오라

1951년 2월 1일(목)

9 · 28 수복 후 10월 4일부터 학교의 문을 열었으나 본격적인 수업은 다음 해(1951년) 2월부터 시작되었다. 2월 1일, 학급담임이 정해지고 학생들의 등교를 촉구하였다. "현역 군인을 제외하고 학도의용대, 향토방위대, 국민방위군, 의용경찰 등에 소속된 모든 학생들은 학원으로 복귀하라."고 하면서 등록 기한을 2월 20일로 정하였다. 그 이후 등록하는 학생은 학부모를 모시고 와야 복교허가를 하겠다고 하였다. 2월 24일(토) 현재

130여 명의 학생이 등록하였고, 그 후 5월에는 거의 6개 반이 모두 채워졌다. 그동안 학교에 11사단이 주둔하여 전주중학교 (남중학교)에서 수업을 받았으나 5월 19일 이들이 모두 철수하여 20일부터 본교(북중학교)로 돌아왔다.

25. 유엔의 중공탄핵결의안

1951년 2월 1일 유엔에서 중공을 탄핵하는 결의안이 44 : 7 의 압도적인 다수로 통과되었다. 우리 학교 공민교사는 머지않아 또 소련이 참전할지 모르니 유엔 참전국들이 하나로 단결하여 북진통일을 이룩해야 한다고 강조하였다.

사실 유엔결의안의 실제 내용은 다음과 같다.

1950년 8월 1일부터 메링 소련대표가 의장이 되면서 절차문제로 미국과 소련 간 갈등이 생겼다. 이후 미국의 희망대로 안보리가 움직이는 것은 불가능하게 되었다. 중공의 참전에 따라 11월 28일부터 중국대표(오수권)의 참석이 승인되고 회의는 진전이 없었다. 1951년 1월 31일 안보리는 전원 일치로 한국문제의 심의 자체를 의사일정에서 제외시켜 버렸다. 한국문제 심의의 중심이 총회로 넘어간 것이다.

1950년 10월 7일 제5차 유엔총회에서는, 유엔군이 안보이

사회의 권고에 따라 한국에서 작전 중임을 유의하여,

"유엔군은 한국의 안전을 위하여 행동할 수 있다."는 이른바 '38선 돌파승인 결의'를 통과시킨 바 있다. 찬성 47, 반대 5(소련권 국가), 기권 7, 투표불참 1로 376[V]를 채택한 것이다. 이 결의로 언커크(UNCURK, 유엔 한국통일부흥위원회)의 설치를 결정하였다.

미국 측은 1951년 북한과 중공이 서울을 다시 점령한 사실을 강력히 비난하였다. 1951년 2월 1일 유엔총회는 중국의 한국 침략을 규탄, 이에 대한 집단적 조치를 검토하는 추가조치위원회 설치에 대한 결의를 통과하고(찬성 44, 반대 7, 기권 9), 중국, 북한에 대한 무기금수(武器禁輸) 등도 결의하였다. 그동안 한국 전선에서는 유엔군의 반격으로 3월 14일, 서울이 탈환되었다.[32)]

유엔의 결의에 대하여 중공 당국은 다음과 같이 반응하였다.

"1951년 2월 1일 국제연합 총회가 미국의 제안을 불법적으로 통과시켰다. 우리(중공) 중앙인민정부의 주은래 외교부장이 이에 대하여 특별 성명을 발표하였다. 미국의 조종과 위협 아래에 있는 국제연합의 다수 국가들은 소련과 체코, 폴란드, 인도, 이집트 등 국가들의 노력과 평화를 사랑하는 세계인민의 염원에도 불구하고 1월 30일 국제연합 총회의 제1위원회에서

---

32) 민관치 외, 앞의 책, pp.71-72.

12개국의 제안과 소련의 수정안을 거부하였다. 우리나라(중공)와 북한을 침략자라 모함하고 무시하는 내용의 미국 제안을 2월 1일 국제연합총회에서 통과시켰다. 이러한 일련의 사태는 미국 정부와 그 공모자들이 원하는 것은 전쟁이고 결코 평화가 아니라는 사실을 증명하였고, 평화적으로 제반 문제를 해결할 수 있는 방안을 막아 버렸다."[33]

국제 정치의 외교 무대에서 쏟아 낸 전략적 발언은 예나 지금이나 신빙성이 없다.

26. 중학교 졸업 — 1951년

1951년, 2월 7일(수), 임동욱 형(나의 동기생, 북중 3학년)이 공비 토벌 중 전사(戰死)하였다는 비보를 듣고 우리 모두 일어서서 고인의 명복을 빌었다. 2월 22일 내무부장관, 외무부장관, 농림부장관, 체신부장관이 전주에 온다고 해서 우리는 2시간 수업만 하고 환영을 나갔다. 약 2시간을 더 기다려서 오후 2시에 도청광장에서 강연을 들었다.

그동안 물가가 많이 올랐다. 6·25 이전에 쌀 한 말에 1,700원(圓)이던 것이 3,700원이 되었다.

---

33) 행정자치부 정부기록보존소, 『한국전쟁과 중국 1』, 2002, p.138.

학교 당국은 6·25 이전의 납부금 미납자들을 모두 불문(不問)에 부치고 등록을 받아 주었다. 내가 중학교에 입학한 이후 처음으로 납부금의 부담에서 해방된 것이다. 나는 뛸 듯이 기뻤다. 공부가 저절로 되는 것 같았다.

당시 나의 담임선생님(진종현)이 영어 교사였는데 내 영작이 제일 잘되었다고 칭찬을 해 주셨다. 국어 교사는 이철균 시인이었다. 나는 그동안 책을 보지 않아서 이 선생님의 수업내용을 잘 소화해 내지 못하였다. 마침 같은 반 친구 곽우종 형이 내 이웃에 살고 있어 그를 찾아가 배웠다. 곽우종은 2학년 때 1등을 하였는데 머리가 명석하였다. 그때 친구는 이미 일본어로 된 프랑스 작가 빅토르 위고의 '레미제라블'이나, 러시아 작가인 톨스토이, 도스토예프스키 등의 소설을 읽고 있었다. 그의 아버지가 교회 목사님이고 어머니가 인자하셨다. 그분들은 나를 언제나 따뜻이 맞아 주셨고 나는 너무 고마워서 한때 교회도 열심히 나갔다.

학년 말 시험에서 나는 드디어 1등을 하였다. 하지만 아버지는 나의 성적에 별로 관심을 보이지 않았다. 학교의 우등생이 결코 사회의 우등생이 아니라고 하셨다. 아버지는 내가 자신처럼 가난한 선비가 되는 것을 원하지 않으셨던 모양이다. 아버지는 학년 말 고등학교 입시준비를 위한 과외수업도 못 받게 하고 나를 시골로 보내 농사일을 돌보라고 하셨다.

제6부

고등학교 시절

(1951~1954)

내가 고등학교에 다니던 3년간은 6 · 25의 연장선에서 나라가 가장 불안했던 시기다. 전선에서는 치열한 전투가 계속되었고 후방도 '낮에는 국군 밤에는 빨치산'이라는 말이 유행할 정도로 공비들의 출몰이 무상하였다. 그 와중에도 정치권은 이승만 대통령을 당선시키기 위하여 지방자치제를 실시하고 헌법을 고쳤다.

1. 낮에는 국군 밤에는 빨치산

지리산 빨치산의 역사는 8 · 15 이전으로부터 시작한다.

이에 관한 장명수 명예교수(전북대 총장)의 글을 요약하면

다음과 같다.[34)]

남도부(본명 하준수, 1921~1955년), 박갑동(1919~) 등 항일운동 중 일본 경찰의 감시를 피하여 지리산으로 피신한 사람들이 있다. 남도부는 유격대 활동 중 부하의 배신으로 특경사에 체포되어 처형되었다. 박갑동은 북한 당국으로부터 미제 스파이로 몰려 1953년 사형선고를 받고 일본으로 망명하여 생존하고 있다.[35)] 그 외에 구빨치, 신빨치가 있다.

'구빨치'는 6·25 이전 빨치산으로 이들 활동은 대개 대구폭동 이후 소백산맥에 숨어들어 야산대를 조직하면서 시작된다. 이들은 처음 산에 은신하여 식량조달을 하는 수준이었다.

1947년 9월 북한은 평양에 강동정치학원을 설치하고 남한의 당원을 월북시켜 유격대 교육을 실행하였다. 한때는 1,200명 정도에 이르렀는데(그중 3분지 1은 여학생이었음) 이들이 남한 유격대로 투입되어 게릴라전을 폈다. 그 후 1948년 여순반란을 일으킨 김지회 일당 1천여 명이 남파된 유격대에 합류하였다. 1949년 7월부터는 대규모 유격대를 편성하여, 오대산, 지리산, 태백산에, 3병단을 설치하였다.

이현상(1906~1953)은 이 3병단의 사령관이었다.

'신빨치'는 9·28 이후 국군에 쫓겨 입산한 빨치산으로 공산당 기관원, 여맹원, 인민군 낙오병 등을 규합한 사람들이다.

---

34) 장명수, '구빨치, 신빨치', 전주문화재단, 앞의 책, pp.362-369.

35) 위의 책, pp.362-363.

이들은 도, 군, 면 단위로 유격대를 구성, 활동하였다.

전북의 경우, 가마골을 중심으로 회문산 일대에 전북도당과 장성, 정읍, 순창 군당, 3개의 면당이 있었다. 도 사령부 산하에는 보위병단, 여성중대, 무전분소, 후방부, 노령학원(당 학교) 등이 있었고, 기간전투 부대로는 기포병단, 보위병단, 탱크병단이 있었다. 임실군 운암리 뒷산 걸개골에는 병기공장을 세워 실탄, 수류탄, 폭탄 등을 제조하였고 기타의 무기들을 수리하였다. 선동 선전에 필요한 인쇄시설을 갖추고 신문도 발간하였다. 그곳에서 직접 발전을 하여 전깃불도 켜고 회의도 자주 하였다. 빨치산들은 주로 회문봉, 장군봉, 엽운산, 미성산 등을 거점으로 활동하였다. 그 안에서 잉크병을 모아 병 속에 화약을 넣어 수류탄을 만들고, 연초제조창처럼 담배도 제조하였다. 일손이 부족하면 이들은 주로 동네 사람들을 끌고 가서 작업을 시켰다. 9·28 수복 후 산으로 들어간 빨치산의 수는 1만 명에서 1만 5천 혹은 2만 명으로 추산된다. 이들은 1950년 말경에 5천 명으로 줄었다.

1951년 3월 4일, 11사단과 2개 경찰전투대 1만여 명이 회문산을 포위, 포격을 가하였다. 이때 전북도당(공산당)은 소백산맥을 향해 동쪽으로 빠져나갔다. 1953년 말에 이르러서 이들은 모두 궤멸되었다. 이현상은 1953년 9월에 시체로 발견되었다.

9·28 이후의 신빨치 중에는 별다른 사상적 배경 없이 국군의 횡포에 반발하여 산으로 들어간 사람들도 있었다. 그에 관

련된 예를 들면 다음과 같은 진술이 있다. 즉 박남재 씨는,

"9·28 수복 후 빨치산 소탕과정에서 11사단이 사람을 많이 죽였다. 이에 겁을 먹거나 불만을 품고 평범한 사람들도 사상을 떠나서 산(빨치산)으로 들어갔다. 그때 동네 집들이 불타 없어져서 지금도 순창군, 덕치면 골짜기에 가 보면 집이 없는 마을이 있다. 국군들이 불태운 것이다. 군인들은 절도 태우고 문화재도 태웠다. 순창 노일환(국회의원) 씨의 보물 같은 집과 많은 귀중한 책들을 모두 태워 버렸다."36)고 하였다.

나의 재종 매형(순창군 동계면)은 자신의 마을이 모두 국군에 의하여 불타 버린 것을 보고 산으로 들어갔다. 그러던 어느 날 정신없이 빨치산의 뒤를 따라가다가 문득 술 생각이 나서 하산했다고 하였다. 그분은 그 후 바로 군에 입대하여 화를 면하였다.

한편, 빨치산의 만행에 관한 다음 이야기도 귀 기울일 필요가 있다. 즉 김형채 씨는

"9·28 이후 산외면(전북 정읍시)에 빨치산 부대가 남아 있었다. 남로당 김제군당과 17개 면당, 전북 도당도 그곳에 있었다. 빨치산들은 참으로 잔인하였다. 그들이 밤에 부락(상두리)에 오면 궐기대회를 한다고 사람들을 모았다. 이들은 대회를 하기 전에 미리 잡아 온 우익 인사들을 5, 6명씩 묶어 놓았다. 사실 이들은 이미 몽둥이에 맞아 죽은 시체였다. 빨치산들은

---

36) 박남재, '전북도당 회문산에 집결', 전주문화재단, 위의 책, pp.371-372.

부락민들을 일렬로 세우고 이들에게 돌을 던지라고 강요하였다. 동네사람들을 공모자로 만들기 위해서였다.

이들은 사업을 나간다고 하면서 상두산이나 칠보산 쪽으로 넘어갔다. 사업이란 사람을 죽이고 쌀이나 소 등을 약탈하는 일이다. 전쟁할 때만 실탄을 쏘고 사람은 짐승처럼 때려서 죽였다."[37]고 하였다.

2. 오수 열차습격

1951년 10월 19일(금) 오후 2시경의 일이다.

나는 그날도 아버지 심부름으로 금산동 큰집을 다녀오는 길이었다. 쌀자루를 어깨에 메고 왼손에는 채소 다발을, 오른 손에는 동생(김초영)의 손을 잡고 오수역에서 서성이고 있었다. 얼마 후 기차가 들어와 나는 쏜살같이 달렸지만 경찰관의 저지로 차를 놓쳤다. 팔에 안고 있던 어린 동생이 위험했던 것이다. 그날 전주에 올라가지 못하고 다시 큰집으로 돌아오는 길이었다. 웬일인가! 약 30여 분 전에 나를 두고 떠난 기차가 불길에 휩싸여 다시 오수 쪽으로 굴러 오고 있었다.

빨치산의 습격을 받은 것이다.

---

37) 김형채, '미수복 지역은 인공치하', 위의 책, pp.401−402.

사실 그 기차는 미군 부상병들을 싣고 가는 중이었는데 그것이 공비들의 표적이 된 것이다. 습격을 받은 열차가 한 칸씩 분리되어 불길에 휩싸여 되돌아오는 것을 보고 마을 사람들은 전쟁이 재발되었다고 경악하였다. 이 사건으로 승객 200여 명이 빨치산들에게 납치되었으며 백여 명의 사상자가 생겼다. 할머니가 마을 앞 텃밭에서 그 광경을 보셨다. 할머니는 손에 호미를 들고 신도 벗겨진 채 오수 쪽으로 달려오시다가 우리와 마주쳤다.

처음에는, "우리 재영이 못 보았냐."고 하시며 놀라시더니, 나를 확인하신 후 겨우 마음을 되찾으셨다. 나의 사촌형(김봉영)은 오수역으로 달려가 일일이 사상자의 얼굴을 확인하며 우리 형제를 찾았다고 하였다.

3. 오수, 임실역 방화

열차습격 사건이 일어나고 20일이 겨우 지났다. 나는 시골 심부름을 다녀오는 길에, 나를 어머니처럼 사랑해 주시던 초등학교 은사님(지바후꾸고 선생님)을 찾았다.

그분은 앞에서 말한 대로 해방 후 일본에 돌아가지 않고 한국에 남아 시집살이를 하고 계셨다. 선생님은 남편이 오수초등학교 교장이 되어 내외가 교장 관사에 살고 계셨다. 나는 선생님이 지어 주신 점심을 먹으며 그동안 밀렸던 이야기들을 나누었다. 그날도 나는 기차를 놓쳐 쌀자루를 오수역사에 맡기고 다시 큰집으로 돌아갔다.

밤중에 갑자기 오수 쪽에서 폭음이 울리며 따발총 소리가 요란하였다. 오수역 역사가 모두 잿더미로 변하였다. 1951년 11월 9일 밤이었다.

전라선의 초라한 역사들은 그로부터 계속 공비들의 습격을 받아 불탔다. 남관, 오류, 임실역 역사(驛舍)가 모두 소실되었다. 당시 나의 족형(김태영, 당시 순천역 근무)으로부터 들은 말에 의하면 다음과 같다.

"임실역 방화의 주범은 김정기란 사람이다.

그는 6·25 전쟁 전에 임실역에 근무하였는데 역장과 사이가 좋지 않았다. 역장은 북한 출신으로 철저한 반공주의자였고, 김정기는 남로당원으로 지목되어 6·25 전에 투옥, 광주 형무소에 복역하고 있었다. 김정기는 6·25 후 출옥하자 단숨에 임실로 달려와서 역장을 찾았다. 그는 이미 부산으로 피란을 떠나고 없었다. 김정기는 인공치하에서 임실역장이 되었다.

운명은 또다시 바뀌었다.

9·28 수복으로 김정기는 빨치산이 되어 산으로 들어갔다. 그 후 그가 임실역을 습격하여 역사가 불타고 있을 때 역장과 그 가족들은 마침 출타중이어서 다행히 목숨을 구하였다. 빨치

산이 해체될 무렵 김정기는 '나 홀로 빨치산'이 되어 임실 근교 야산에 은신 중 체포되었다."고 하였다.

9·28 수복 후 휴전이 성립될 때까지 산간지역 사람들은 하루하루를 공포 속에 떨어야 했다. 나의 재당고모(고모부 이교석)는 남편을 숨겼다는 죄로 빨치산에 의하여 너무 잔인하게 살해되었다. 빨치산들은 한밤중에 죄 없는 부녀자를 뽕나무 밭에 끌고 가서 차마 입으로 표현할 수 없을 만큼 잔혹하게 죽였다. 당시 그들은 피가 낭자한 시신을 나무에 걸어 놓고 인공가를 부르며 떠났다 한다.

나의 외당숙은 면장을 했다는 죄로 역시 잔혹하게 살해되었다. 어머니의 친척 한 분은 새장가를 들어 처가에 묵고 있던 중 빨치산을 만났다. 그는 빨치산들이 약탈한 물건을 지게에 지고 산으로 따라갔다가 그 길에서 사살되었다.

4. 빨치산 총사령관 이현상

안재성의 『이현상 평전』[38)]에 나오는 그의 연보를 대강 살펴보면 다음과 같다.

이현상은 1905년 충남 금산군 군복면에서 4백 석 지주의 6

---

38) 안재성, 『이현상 평전』, 실천문학사, 2007.

남매 중 막내아들로 태어났다. 부친 이면배와 두 형, 이현기, 이현석이 차례로 군복면장을 지냈다. 16세에 무주 무풍 출신의 최문기와 혼인하고 17세(1921년)에 금산초등학교 4학년에 편입하였다. 19세(1923년)에 고창고보, 그 후 중앙고보를 다녔다. 22세(1926년)에 6·10 만세운동 사건으로 중앙고보에서 퇴학당하였다. 24세(1928년)에 보성전문학교 법과에 입학, 고려공산당 청년연맹에 가입하였다. 김삼용, 이재유 등과 노동운동을 벌이던 중 투옥되었다.

1945년(41세) 8월 18일, 명륜동 김해균의 집에서 박헌영 휘하 공산당 재건 모임에 참석하였다. 9월 19일, 통일재건조선공산당이 출범하면서 박헌영, 김삼룡, 김형선과 함께 조직국 정치위원으로 선출되었다. 1946년(42세), 남조선 노동당(남노당)을 결성하고 중앙위원, 노동부장이 되었다.

1948년(44세)에 월북, 평양의 남북연석회의에 남노당 대표로 참석하여, 3개월간 강동정치학원에서 군사훈련을 받았다. 8월 초 김일성과 면담 후 이주하와 함께 남한으로 돌아왔다.

여순사건이 진압되어 가던 10월 22일 반란 지도자들로부터 지휘권을 인수받아 본격적으로 무장 유격전을 시작하였다. 11월 중순 600여 명의 반군을 규합하여 지리산 유격대를 결성하였다. 1949년 4월 8일(김지회가 잡히던 날), 피아골 구례군당에 합류하였다. 9월 9일 9·9투쟁에 총력을 기울였다. 9월 16일 국군 15연대를 기습, 600여 명을 살상하고 7백 명의 포로를 교육 후 석방하였다.

1950년(46세) 6월, 무주근방에서 6·25 전쟁을 확인하였다. 유격투쟁을 계속하여 낙동강 전투에서 미군 수백 명을 사살하였다. 1950년 10월 초 이승엽은 그에게 남한 유격대 총지휘권을 수여하였다. 11월 10일, 860명 대원으로 남부군을 창설, 총사령관으로 취임하였다.

1952년(48세) 1월 18일, 대규모 군경토벌대에 쫓겨 2천여 명의 좌익 피난민이 포위되었다. 그중 1천여 명이 죽거나 체포되고 대원은 150명으로 줄었다.

1953년(49세) 3월 하순경,

북한 당국이 이승엽을 비롯한 남로당 출신들을 체포하였다. 이승엽 등은 일제 강점기부터 전향, 미국의 간첩으로 남한의 혁명역량을 고의로 파괴시켰다는 혐의로 조사를 받았다.

1953년 7월 27일, 휴전협정이 체결되었다. 이현상은 산중에 있는 도당 소속당원들과 일부 무장 유격대원들의 하산을 지시하였다. 이현상의 아이를 임신한 간호요원 하수복을 하산시켰으나 화개장터에서 체포되었다. 8월 3일, 북한은 이승엽 등 8명의 남로당 지도부를 미제의 간첩이라는 명목으로 처형하고 연금 중인 박헌영도 정식으로 구속하였다.

1953년 8월 26일, 이현상은 "미제 간첩 이승엽의 지령에 따라 남부군을 결성하고 정규군식 부대 운영으로 대원들을 소모했으며 당 간부로서 모범을 보이지 않고 하수복과 연애하였다."는 등의 비판을 받았다. 이현상의 제5지구당은 해체되고 이현상은 평당원으로 하산하여 지하에서 활동하라는 결정이 내려졌다.

1953년 9월 18일 오전 11시.

경찰 수색대가 빗점골 합수내 옆에서 이현상의 시신을 발견하였다. 이에 대하여 국군 수색대는 전날 밤 8시에 자신들이 사살하였다고 주장하였다.[39]

이현상의 행적에 관하여, 차길진(차일혁의 아들)의 저서 '빨치산 토벌대장 차일혁의 수기'를 보면 다음 기록이 있다. 즉 "차일혁이 경찰 18전투대장일 때, 장수 경찰서장과 함께 이현상과 휴전회담을 가진 일이 있다. 이현상 부대는 1951년 7월 11일 장수군 명덕리 출장소를 습격하고 이어서 장계 지서를 위협하였다. 그는 장수경찰서 소속 27명의 경찰을 포로로 붙잡고 정전회담을 제의하였다. 그 내용은 경찰의 석방 대가로 명덕지구를 해방구로 달라는 것이었다. 회담은 물론 결렬되었다. 하지만 이현상은 의경 20명을 석방하고 8명의 경찰을 총살하라는 지시를 내렸다. 다행히 처형지시를 받은 빨치산 중대장이 명덕리 사람이어서 거짓 총소리만 내고 살려 주었다. 하여튼 이현상은 사람을 함부로 죽이지 않았다고 알려져 있다. 당시 이현상과 회담 대표로 참석한 장수 경찰서 박원 경위의 진

---

39) 위의 책, pp.596-603.

술 내용은 다음과 같다.

이현상의 말, '우리는 이승만과 미제를 이 땅에서 몰아내고 민족을 통일, 노동자 농민이 고루 잘사는 사회를 이룩하기 위하여 투쟁하는 인민군대입니다. 당신들 경찰은 이승만과 미제의 하수인이 되어 우리들을 토벌하고 있소. 우리와 힘을 합쳐 이승만과 미제를 몰아냅시다.'

박원 경위의 답, '당신들은 소련의 사주를 받은 김일성에게 속아서 동족을 학살하는 전쟁에 무고한 피를 흘리고 있소. 당신들은 말로는 인민의 군대라고 하지만 실제로는 무고한 양민을 죽이고 그들에게서 곡식과 물건을 빼앗고 있습니다. 어찌 인민의 군대라고 하겠습니까.'

이현상이 다시 '우리가 인민들의 신세를 지고 있음은 사실이오. 그러나 남한이 완전히 해방되면 그들에게 모두 보상할 계획이오. 지금도 우리는 주민들에게 차용증을 쓰고 곡식과 물건을 빌리고 있습니다.' 하였다.

이현상은 방준표와 달리 인민의 약탈을 삼갔고 물자를 징발할 때는 차용증을 써 주었다고 한다. 하여튼 이현상의 인민을 위한 열의는 얼마 가지 못하여 비극적인 종말로 끝났다.

이현상의 시신은 경찰수색대가 발견하였다. 그는 미제 사지 군복바지와 군용 농구화를 신고 있었다. 군복 안에는 그의 수첩과 가래(호두 비슷한 열매), 염주가 있었고 허리춤 깊숙이 소련제 권총(탄환을 구하지 못하니 무용지물이었다)이 들어 있었다.

국군 56연대 수색대는 경찰과 함께 수색작전을 하였는데, 자신들이 이현상을 사살하였다고 주장하였다. 이현상의 사살에 관한 공을 두고 경찰과 군대가 치열한 경쟁을 벌였다.

사실 국군 56연대 수색대장 안진구는 인민군 소좌 출신이고 수색대원들은 귀순 공비들로 구성되어 있어서 이현상의 얼굴을 한 번쯤 보았을 가능성이 있다. 그렇다면 그들은 이현상을 사살하고도 왜 그 시체를 그냥 두고 갔을까가 의문이다.

그래서 다음과 같은 상상이 가능하다.

박헌영과 이승엽의 몰락으로 이현상의 제5지구당이 해체되고, 이현상이 평당원으로 강등되어 그는 호위병과 격리되었다. 이현상의 주위에는 일부 자신의 추종자들을 제외하고는 온통 그의 적(敵)들뿐이었다. 북한에서도 박헌영을 숙청하였는데 그의 심복이었던 이현상을 그냥 둘 수 없다고 판단하는 사람들이 있었을 것이다.

하지만 이미 시체가 되어 버린 이현상의 죽음을 정확히 알고 있는 사람은 아무도 없다. 그의 시체는 서울 경찰병원에 안치되어 있는 동안 보성전문 동창들이 확인하였다. 고향 친구인 유진산 의원이 찾아와 그의 시체를 보고, '현상아, 너도 늙었구나.'라는 한마디를 남기고 돌아갔다. 그의 시체는 화장되어 스님의 독경 소리와 함께 섬진강 백사장에 뿌려졌다. 물론 그의 염주도 같이 ……"40)고 썼다.

1994년 북한의 「금수강산」 10월호에 게재된 기사에 따르면 당시 북한에는 이현상의 4남매(1남 3여)를 비롯하여 그들의 아들, 딸, 손자며느리 등 42명의 자손들이 살고 있다고 하였다. 이현상의 막내딸 이상진은 여성으로는 처음으로 일등서기관이 되었는데, 김대중 대통령의 평양방문 시 평양의 만수대 의사당을 안내하였다.[41]

참고로 이현상이 들어간 강동정치학원이란 평남 강동군에 있는 대남 공작원 양성소를 말한다. 미군 당국이 남로당의 활동을 불법화하자 대거 월북한 남로당 간부들을 그곳에 집결, 이들을 대남공작, 유격전 요원으로 양성하였다. 1950년 6월 25일 전쟁이 일어나면서 폐쇄되었다.

＊ 이현상은 한국의 체 게바라인가.

1980년대만 해도 쿠바의 혁명가 체 게바라(Che Guevara, 928~1967)가 누구인지 아는 사람은 많지 않았다. 요즘 그는 티셔츠에 얼굴이 새겨질 정도로 패션 스타가 되었다. 사람들은 흔히 이현상을 말하면서 그를 체 게바라와 비교한다.

과연 그는 누구인가.

체 게바라는 아르헨티나 출신 지식인(의대 졸업)으로 게릴라 활동을 벌이며 혁명에 몸 바친 사람이다. 그는 1954년 멕시코에서 카스트로(Fidel Castro)와 합류하여 쿠바의 독재자인 바띠

---

40) 차길진, 『빨치산 토벌대장 차일혁의 수기』, 기린원, 1990, pp.248-258.
41) 안재성, 앞의 책, 그림.

스타(F. Batista)를 축출하고 카스트로 정부의 산업부장관 (1961~1964)을 맡았다. 그 후 1965년 쿠바에서 사라졌다가 볼리비아의 반군지도자로 활동 중 1967년 10월 9일 총살되었다. 체 게바라는 라틴 아메리카의 반미 공산주의자로 미국의 제3세계에 대한 영향력에 강력 저항한 급진주의 혁명가였다.

한편 이현상은 민족주의자로 항일투쟁의 연장선상에서 공산주의자가 되었다. 그는 분단된 조국에서 반미, 공산주의 사회의 실현을 위하여 게릴라 활동에 종사하다가 국군에 의하여 사살되었다. 지식인 출신으로 반미, 친공의 혁명을 위해 싸우다가 사살된 것은 서로 비슷하다. 다만 두 사람은 혁명의 기치와 활동 범위가 큰 차이가 있다.

5. 신출귀몰의 외팔이 부대

빨치산 중에 외팔이 대장이 있는데 그가 동에서 번쩍 서에서 번쩍 하면서 축지법을 쓴다는 말이 나올 정도였다. 그만큼 외팔이 부대의 활약이 컸던 것 같다. 사실은 외팔이가 세 명이기 때문이었다.

첫 번째 외팔이는 팔로군 출신 인민군 중좌 최태환이고 또 한 사람은 전남북 일대에서 활동하던 이상윤, 그 역시 팔로군 출신 인민군 대위이다. 세 번째는 가마골 기포병단을 이끌던 문남호(본명 오복덕)였다. 빨치산 토벌대장 차일혁 총경 역시 완주군 구이면 경각산 전투에서 왼팔에 부상을 입어 외팔이 대장이 되었다. 차일혁 총경은 1920년 전주출생으로 중국중앙군 관학교를 졸업, 해방 후 귀국하여 일경(日 警, 三輪)을 저격했던 애국 청년이다.

이상윤은 9 · 28 후 산으로 들어갔다. 남원군당 군사부장, 향미연대 참모장으로 두 번의 기차 습격과 크고 작은 차량습격 등 빨치산 활동을 하다가 다리에 총상을 입고 성수산 부근에서 죽었다.[42] 차일혁 대장은 1953년 9월 21일 제5지구당 부책 문남호(당시 27세)를 생포하였다. 그는 서전사 사령관 김종원과 초등학교 동창이어서 화제가 되었다.

문남호가 쓴 자서전에 의하면 그의 본명은 오복덕이다.

그는 경북 경산군 경산면 소작농의 차남으로 태어나 1939년 경산초등학교를 졸업하였다. 1941년 흥남제련소에 취직되어 석탄을 운반하였다. 기술자가 되겠다는 꿈과는 달리, 석탄 운반을 계속하여 불만이 컸다. 경산공립청년 훈련소에서는 일제의 황국신민 교육을 받았다. 해방 후 1946년 10월 1일. 대구 폭동에 가담하여 경산유치장에서 23일 동안 구금되었다. 그곳에서 독서회에 가담하여 1947년 6월 남로당 세포원이 되었다.

---

42) 강신갑, '외팔이 부대와 사생결단', (편집자 주) 전주문화재단, 앞의 책, pp.418-419.

1948년 2·7 폭동에 참여하였고 6월, 당의 지시에 의하여 월북하였다. 평양의 강동정치학원에서 교육을 받고 유격대원이 되어 남파되었다.[43]

최태환은 1951년 지리산 토벌대에 의하여 생포되었다.

1957년, 차일혁 총경은 공주경찰서장 재임 중 2주일에 한 번씩 형무소를 찾아가 빨치산들의 전향 교육을 실시하였다. 그때 최태환이 자신의 신분을 밝히면서 이들 두 사람은 서로 다시 만났다. 사람의 운명은 참 아무도 알 수 없는 일이다.

토벌대장 차일혁 총경은 그다음 해 세상을 떠났다. 빨치산 대장으로 생포되어 죽음을 기다리던 최태환은 40년 후 차일혁 총경의 아들이 쓴 고인(차일혁)의 수기에, '추모의 글'을 기고하였다. 여기 최태환 사장이 쓴 글 한 구절을 소개해 보자.

6. 차일혁 총경을 추모하며

"나는 1951년 칠보발전소 공방전(국가 재물을 서로 보호하자던) 때 서신을 교환한 이후 6년 만에 차 서장을 직접 만났다. 우리는 이념적으로 보면 서로 적이었다. 하지만 그와 진지하게 토론을 하면서 그의 애국심과 인품에 깊은 감동을 받았다. 우

---

43) 차길진, 앞의 책, pp.249-251.

리는 각기 다른 방법으로 조국을 염려하였지만 결국은 서로에게 상처만 남긴 외팔이었다. 나는 그의 말을 충분히 이해한다.

새벽부터 들판에서 일하는 농부가 공산주의가 무엇이고 민주주의가 무엇인지 알았겠는가. 만일 전투에서 죽은 수많은 군경과 빨치산들에게 묻는다면 과연 그들 중 민주주의나 공산주의를 위하여 목숨 바쳤다고 대답할 자가 몇이나 될까.

나는 40년 만에 전북도당(공산당)의 탱크 병단장이었던 황의지와 감격적인 해후를 하였다. 나는 전북도당 사령부에서 밤새워 조국의 미래를 이야기하던 그때의 황의지와, 빨치산 토벌을 하며 민족의 비극을 고민하던 차일혁 총경이 모두 근본적인 차이가 없다고 느꼈다. 낙동강 전선에서 피를 흘리며 죽어 간 인민군과 백마고지 전투에서 쓰러진 국군이 결국은 하나였듯이 그들에게 있어서 조국은 하나였다. 그때의 은원(恩怨, 은혜와 원한)일랑, 오늘까지도 변함없이 흐르고 있는 섬진강 물에 흘려보내고, 모든 사람이 행복하게 자유를 누리고 살 수 있도록 지하에서나마 지켜보시기를 바란다.”

최태환 씀[44]

---

44) 차길진, 앞의 책, pp.8-9.

차길진 법사는 나이 11세 때 그의 아버지 임종을 지켜보며 다음과 같이 기술하였다.

"1958년 8월 9일 오후 2시 30분경 나는 아버지와 함께 공주 금강에 물놀이를 갔다. 아버지는 전례 없이 나를 데리고 나왔다. 아버지는 원래 수영을 잘하셔서 금강을 건너는 것은 쉬운 일이었다. 몇 번 물속에 들어갔다 나오신 뒤 강 옆 바위 위에 앉아 골똘히 생각에 잠기더니 다시 물속으로 들어갔다. 아버지는 다시 나오지 않았다. 나는 무서워서 엉엉 울며 아버지를 불렀다. 아버지의 시신은 그로부터 4㎞ 떨어진 곳에서 19시간 20분 만에 발견되었다. 언론에 보도된 사망 원인은 심장마비였다."[45]

7. 지방자치제 선거와 발췌개헌안 통과

거창양민학살 사건은 그 후 약 1년 이상 정쟁의 이슈가 되어 국회와 정부를 정치의 소용돌이로 몰아넣었다. 이런 와중에서 이승만 대통령은 국회의 간접선거로 대통령이 될 수 없음을 알고 1951년 11월 30일 대통령 직선제를 골자로 하는 개헌안을 국회에 제출하였다. 정부개헌안은 1951년 1월 18일 제12회 국

---

45) 위의 책, p.10.

회 9차 회의에서 무기명 비밀투표에 부쳐져, 재적 175명 중 가(可) 18표, 부(否) 143표, 기권 1표로 폐기 처리되었다.

이승만 대통령은 자신의 패배를 인정하지 않고 앞으로 영구 집권을 위하여 혈안이 되었다. 그는 우선 원외 자유당과 국민회, 대한청년단 등 18개 단체의 지방 조직에 지시하여 정부 측 개헌안의 부결 반대 민중대회를 개최하였다. 그리고 아직 공비들의 준동으로 치안조차 불확실한 상황에서 지방자치제를 실시하였다. 1952년 4월 25일 시, 읍, 면 의회 의원 선거, 5월 10일에 도의회 의원 선거를 실시하였다. 그 결과 자유당과 그 기간 조직인 국민회, 노총, 농총(農總), 청년단이 낸 후보가 전체 시읍면 의원 당선자 17,544명 중에서 56%, 도의회 의원 과반수 의석을 확보하였다.

한편 국회 주변에서는 백골단, 땃벌떼, 민족자결단 등 정체불명의 불법단체 명의의 유인물이 부산 거리를 휩쓸었다. 이들 폭력단체들은 경남도청에 있는 국회의사당을 포위하고 국회의원 소환과 국회해산 등을 외치면서 국회를 협박하였다. 5월 25일 정부는 부산지구를 포함한 경남, 전남 등지의 23개 시·군에 비상계엄령을 선포하였다. 그다음 날인 5월 26일 통근버스로 국회 등원을 서두르던 국회의원 47명을 국회의사당 정문 앞에서 견인차로 끌어다가 헌병대로 압송하였다.

이 정권은 1952년 7월 4일 대통령 직선제를 규정한 「발췌 개헌안」을 통과시켰다. 이 안은 토론 없이 기립투표로 표결하였다. 그 결과 재적 185명 중 출석 166명, 가 163명으로 통과되었다. 계엄군은 야당의원들을 이틀씩이나 연금하고 삼엄한 감시와 경비를 강화하였다. 의원들은 화장실조차도 자유로 왕래하지 못할 정도로 억압된 상태에서 발췌개헌안이 탄생한 것이다.

선거는 1950년 8월 5일(화)에 실시되었다.

하늘은 맑고 무더운 날씨였다. 나의 아버지도 투표장에 나가셨다. 하지만 투표장에 나갔던 시민 모두가 우울하고 희망이 없어 보였다. 누가 대통령이 될 것인가는 너무나 분명한 결과였기 때문이다. 사람들은 대부분 자유당이 너무 부패, 타락한 정당이라고 생각하였다. 조국의 앞날보다는 자신의 집권을 위하여 수단과 방법을 가리지 않던 대통령과 그 패거리들이 하루속히 정권을 떠나기를 바랐다.

8. 잊지 말자, 납부금 독촉을 받던 그날

내가 고등학교 2학년 때였다. 나의 동기생이며 친척인 김두영(전주고 문과 2학년 1반)이 자살하였다. 전북일보에 실린 기사를 보면 그는 담임교사의 수업료 독촉을 받고 고민 끝에 자살하였다고 했다. 그는 부모를 일찍 사별하고 형의 도움으로 학교를 다녔다. 그의 작은형(김학영, 재미)이 남문 밖에서 화장품 행상을 하면서 형제들을 교육시켰으며 이모가 집안 살림을 하였다. 아마도 그는 자신의 고민을 호소할 상대를 구하지 못하고 방황하다가 결국 목을 맨 것이라 생각된다.

하여튼 납부금은 당시 학생들을 괴롭히는 가장 고통스런 문제였다. 수업료 외에도 납부해야 할 잡부금이 너무 많았다. 수업료, 후원회비, 각종 부교재, 복장검사비(모자, 모표, 학교마크, 학년마크 등), 상이군인 위문금, 졸업생 송별대금, 선생님 부친 조문금 등 부지기수였다.

내가 2학년이 되어 처음 실시하는 중간시험일이 다가오고 있었다. 담임선생님은 며칠 전부터 납부금 미납자는 응시 자격이 없다는 것을 수없이 경고하였다. 나는 부득이 큰집으로 달려가 예전처럼 할머니에게 사정을 하였다. 때마침 백부님께서 쌀 한 말을 구하여 주었다. 당시 쌀 한 말에 42,000원(圓)이었으며 쌀은 바로 현금이었다. 그 돈만 있으면 수업료 미납을 면할 수 있었다.

나는 이 사실을 어머니에게 말하고 수업료를 지불할 예정이었다. 하지만 어머니의 입장은 달랐다. "지금 당장에 먹을 양식이 없는 판에 수업료 내고 굶어 죽으라는 말이냐."고 하면서 화를 냈다.

나는 학교를 그만두겠다고 떼를 썼다. 그 말에 어머니는 더욱 격분하여 동생 셋을 앞세우고 어디론가 나가 버렸다. 아버지는 물론 어머니 편에 손을 들어 주면서 나를 호되게 꾸짖었다. 어머니를 찾아가서 용서를 빌고 모셔 오라는 명을 받았다. 결국 나는 중간시험을 치를 수 없게 되었다. 그런 상황에서 시험공부를 할 마음도 나지 않았다.

다음 날, 1952년 6월 2일(월), 중간고사가 시작되었다. 나는 낙제라도 면해야겠다는 심정으로 학교에 갔다.

학교 당국은 6 · 25 이후 처음으로 수업료 미납자의 응시를 제한하는 조치를 취하였다. 들리는 말에 의하면 3학년 선배들의 응시생이 50%에 못 미칠 것이라고 하였다. 하지만 우리 2학년은 대부분 미납금을 납부하고 몇 사람만 비참하게 교실 밖에서 서성이고 있을 뿐이었다. 처음 3시간은 응시를 못 하였고 남은 6시간은 시험을 치렀다.

후일 나의 친구 이상협은 졸업 마당에서 나에게 의미 깊은 말 한마디를 토해 냈다.

"우리 죽어도 죽어도 잊지 말자 납부금 독촉을 받던 그날을!"

그는 자신의 말대로 약제사가 되어 큰돈을 벌었다.

9. 애정산맥

1952년 6월 17일(화)

전북 도청 광장에서 영화 「애정산맥」을 상영하였다.

당시 전주에는 피란 온 연예인들이 집단적으로 몰려 있었다. 그들은 당장 의식주 문제를 해결하기 위하여 군과 경찰의 선무 공작대에 소속되어야 했다. 그들은 대개 전주에 주둔했던 11사단 정훈대 문관이나 군속 신분으로 군복을 입고 활동하였다. 가끔씩 악극단을 이끌고 유료공연을 하였으나 일이 없는 경우 다방에 모여 소일하였다. 이들 중 후일 인기 스타가 되어 우리나라 연예계의 주역을 담당한 사람들이 많다. 변기종, 김승호, 이예춘, 허장강, 김진규, 주선태, 황해, 박노식, 전택이, 노경희, 도금봉, 김희갑, 현인, 김정구 등이다.[46)]

영화 「애정산맥」은 박동섭이 제작하고 이만흥이 감독한 영화다. 박동섭은 전주와 익산 등지에서 경찰서장을 지냈다. 그 인연으로 전주에 우주영화사를 차리고 경찰국 추천을 얻어 냈다. 출연은 이집길(요절했음), 구종석(악역), 이희숙(여주인공), 김유희 등이었다.

하여튼 당시 학생들에게 영화는 그 내용이 어떤 것이든 인기가 있었다. 영화 「애정산맥」을 무료 상영한다는 소식을 듣고

---

46) 장명수, '할리우드가 된 사연', 전주문화재단, 앞의 책, pp.495-496.

도청 주변 중앙동이 메어지도록 사람들이 몰려들었다. 영화 상영 전에 간단한 뉴스가 나가고 경찰 당국의 짧은 강연이 있었다. 드디어 영화의 전편이 끝나고 후편의 클라이맥스에 이르는 순간 갑자기 어디선가 고함소리가 나더니 도청 내는 순식간에 아수라장이 되었다. 아마도 학생 간 언쟁이 싸움으로 번진 것 같다. 일단 장내가 어수선해지자 사람들은 전에 일어났던 도청 폭발 당시의 공포를 상기하며 서로 앞을 다투어 그곳을 빠져나가려고 아우성을 쳤다. 그 과정에서 마치 지진이나 발생한 것처럼 서로가 살려 달라고 외치는 비명, 고함소리, 절규, 신음소리가 뒤섞여 경찰 당국에서도 아무런 조치를 취할 수가 없었다. 후에 들은 바에 의하면 그때 모인 관객들이 벗어 던진 신이 몇 가마가 되었으며, 넘어져 다친 사람, 물건을 잃은 사람, 심지어는 여학생들의 치마를 칼로 찢은 사건까지 있었다고 하였다.

현인이 부르던 「애정산맥」 노래 한 구절을 소개한다.

애정산맥 가로막힌 인생선은 꿈속의 길
헤어지면 그립고 그리우면 가슴태고
사랑의 길목마다 날아드는 꽃송이들
아, 간밤에 맺은 꿈은 다시 필 꿈이더냐.

10. 트럭 위의 전쟁

앞에서도 말하였지만 치안이 불안했던 당시 교통은 정말 고통스러운 길이었다. 1952년 6월 25일(수), 농촌에서는 이앙(移秧)으로 한창 바쁜 시기였다. 나도 우리 집 이앙 때문에 금산골에 다녀오는 길이었다. 오수역에는 경찰들이 철통같은 경비를 하고 사람들의 출입을 통제하였다. 6·25를 전후하여 약 1주일간 일반 여객들은 기차에 태우지 않았다.

나는 부득이 헌병검문소 주변에서 트럭을 기다렸다. 이윽고 도요다 트럭 한 대가 와서 장꾼들을 태우기 시작하였다. 그날은 오수 장날이기 때문에 손님이 꽤 있었다. 나도 얼른 트럭에 올랐다. 조수가 요금을 받기 시작하였다. 조수는 황소처럼 억센 인상의 청년이었다. 내가 돈 1천 원을 주자 조수가 갑자기 고함을 치더니 나를 강제로 끌어내렸다(당시 일반 사람들의 차비는 대개 2천 원이었다).

갑자기 '오라이' 하고 트럭이 출발하였다. 나는 방심하고 있다가 도로 위에 넘어져 무릎이 깨지고, 나와 함께 던져진 쌀자루가 터졌다. 홧김에 나는 떠나는 조수에게 욕을 퍼부으며 차를 따라갔다. 아뿔싸, 트럭이 멈추더니 조수가 내려와, 마치 호랑이 하룻강아지 덮치듯 주먹으로 내 뒤통수를 치고 발로 걷어찼다. 어느새 코피가 흘러 하얀 교복을 적셨다. 앞이 캄캄하였다.

그때 어디선가 고함을 지르며 군복 입은 청년이 나타나서 그 조수를 끌고 검문소로 들어갔다. 조금 후 조수는 나에게 사과를 하고 전주까지 태워다 주겠다고 하였다. 그때 나를 구해 준 군인의 지프차가 와서 나를 태워 주었다. 그분은 전주 HID에 근무하고 있으며, 나의 초등학교 선배요 아버지의 제자라고 했다.

대개 이런 창피는 나뿐 아니라 그 시기에 시골을 왕래한 사람이면 거의 많은 사람들이 겪었던 일이다. 주말이면 학생들은 트럭 지붕 위를 타고 곡예를 하듯 왕래하였다. 그중에 남학생들보다 더 악착스러웠던 여학생 한 명이 있었다. 아마 서울 근방에서 피란 온 학생인 듯싶다. 그녀를 두고 선배들이 불렀던 노래가 있다.

* 경기 나그네

십자가 비석 아래 신들매를 고치고
남산 쪽을 바라보는 경기 나그네
오늘은 어디메뇨 내일은 어디메뇨
아, 아, 송도로 가는 길이 멀기도 하네

11. 고등학교 3학년

아무리 세상이 고달프고 힘들어도 무심한 세월은 속절없이 빠르게 흘러갔다. 우리 학생들은 그해 봄부터 휴전반대 궐기대회와 시위를 시작하였다.

1953년 4월 27일 '통일 없는 휴전반대 궐기대회'에 전교생이 참가하였다. 전주 예수병원 뒤편, 미국인들이 운영하던 양관(洋館) 앞에 가서 항의를 하였다. 시위는 약 두 달간 계속되었다. 그때부터 학생들은 거리에 나가 시위를 벌이는 궐기대회를 배웠다.

1953년 6월 18일, 이승만 대통령은 북한 출신 반공포로 2만 7,092명을 석방하여 국민들의 박수갈채를 받았다. 후에 그의 정적이 된 장면 박사도 "이 박사의 용단이 아니고는 아무도 따를 수 없는 것"이라고 칭찬하였다.

1953년 7월 27일, 드디어 휴전이 성립되었고 그로부터 이 땅에 총성이 멈추게 되었다.

12. 전주고등학교 장학회 발족

9 · 28 수복 후 중3 때와 같은 행운이 또다시 나에게 찾아왔다. 그때는 전쟁 덕분에 미납금 문제가 모두 해결되었는데 이번에는 아버지의 덕을 보았다. 즉 3학년 학기 초부터 교직자 자녀들의 납부금 면제 제도가 생겨서, 내가 그 혜택을 보았다. 나는 다행히 공부에 전념할 수 있게 되었다. 1학기 수업이 거의 끝나갈 무렵이었다. 우리 학교 배운석 교장선생님의 결단으로 개교 이래 처음으로 장학회가 설립되었다. 사친회장은 명예회장이 되고, 교장선생님이 회장을 맡아 우수학생을 선발하여 공납금을 면제해 주었다.

그 규정을 보면, 96점 이상 자를 전교특대생, 90점 이상으로 학급 석차 1위인 사람을 학급 특대생으로 선발, 그들에게 특대생증을 수여하고 1학기간 공납금 일체를 면제한다는 내용으로 되어 있다. 이 제도는 3학년 2학기부터 첫 시행되었는데 나는 처음이자 마지막 수혜자였다.

나는 그동안 소홀히 하였던 영어, 수학 등 기본 과목 공부에 나름대로 전력을 쏟았다. 그 결과 3학년 6반의 특대생에 뽑혔다. 당시 3학년 특대생 명단은 다음과 같다.

전교 특대생 김춘영(전북대 교수), 3학년 1반 황태청(특허청 국장), 2반 조황영(공군대령), 3반 이연교(동아일보 사회부장),

4반 김영상(우석대 교수), 5반 구기석(우석대 교수), 6반 김재영(전북대 교수).

나는 교직원 자녀로 수업료(사친회비 포함) 면제를 받았지만 이 제도로 다시 나머지 공납금을 모두 면제받았다.

내가 아는 후배로 특대생이 된 사람은 32회에 조신광(전북대 교수), 33회 한상진(서울대 교수), 김상원(경기대 교수) 등이 있다.

13. 대입 시험 준비

고등학교 3학년이 되자 학교 당국은 과외수업을 시작하고 모의고사를 실시하였다. 학기 초에는 과외수업에 대한 학생들의 호응이 저조하였다. 나는 아직 진로에 대한 확실한 계획이 없어서 과외수업을 받지 않았고 모의고사에서도 좋은 성적을 올리지 못하였다.

몇 달이 지난 뒤 아버지는 처음으로 나의 성적에 관심을 보였다. 과외비와 참고서 값도 주고 앞으로 대학 등록금도 챙기겠다고 약속하셨다. 아버지가 너무 고마웠다. 한 달 후 2차 모의시험에서 나는 반에서 수석을 차지하여 당장 아버지 마음을 기쁘게 해 드렸다. 마침 약무장교 훈련을 받고 귀대하던 담임

선생님(서정상 우석재단 이사장)이 이 소식을 알려 주면서 나를 격려해 주셨다.

당시 전주고등학교는 우수 교사들이 많았다. 고교 3학년 과목 담당 교사들을 소개하면(괄호 안은 그 이후의 직장임), 김종철(서울대 교수), 이중(고려대 교수), 김근희(한양대 교수), 백영기(한양대 교수), 한용희(숙대 교수), 이헌우(청주사대 교수), 박노선(전북대 교수, 군산교대 학장), 서정상(전북대 교수), 하희주('정통국어' 저자), 신강호(전주고 교장) 선생님 등을 열거할 수 있다. 전주고등학교는 국내 어느 일류 고등학교에 뒤지지 않는 명문이었다.

입시는 지금처럼 '입시지옥'이라고 할 정도로 치열했던 것은 물론 아니었다. 영어공부의 경우, 나는 당시 시중에 판매되던 '영문법', '영작문', '영어해석', '영어 정오문제집' 등을 모두 암기하였고, 국어는 하희주 선생님이 워낙 명강이어서 그분의 수업만 잘 들어도 좋은 성적을 올렸다. 수학은 해석, 기하, 입체기하 등 과외수업을 충실히 들어서 큰 도움이 되었다. 드디어 입학시험을 치르고 발표 순간이 왔다.

나는 교통 관계로 합격자 발표를 보지 못하고, 친구(양영환, 성균관대 교수) 편에 부탁하였다. 발표하던 날 서울에서 내려오는 기차 시간에 맞추어 가족이 모두 전주역전에 나가 기다렸다. 나의 합격 소식을 듣고 아버지께서 무척 기뻐하셨다. 우리 가족은 모처럼 즐거운 밤을 보냈다.

14. 진로 선택

당시 내가 고려한 전공들을 소개해 보면 다음과 같다.

의과대학

아버지는 원래 나에게 의사가 되기를 권하였다. 내 주변 의사
들에게 연락하여 직업의 사정을 알려 주라고 부탁까지 하셨다.

하지만 그 무렵 내가 알고 있는 의사들의 형편은 별로 매력
이 없었다. 전주 도립병원 내과 과장으로 근무하던 박건흠 선
생님은 내가 고등학교 2학년 때 우리 학교에서 독일어를 가르
쳤고 안과 의사이던 온 선생님은 생물을 가르쳤다. 박 선생님
은 사실 훌륭한 인격자였으나 다른 교사와 비교하여 유능한 분
은 아니었다. 그분은 1952년 5월 남원 도립병원 원장으로 부
임하셨다. 전주 도립병원에 양해생 선생님이 근무하고 있었다.
그분은 아버지와 친사돈(고모의 조카)이다. 오전에 찾아갔는데
환자가 거의 없었다. 점심 식사는 난로에 신문지를 태워 불을
지피고 도시락을 데워 잡수셨다. 내가 옴(피부병)에 걸려 그 집
을 방문한 일이 있었다. 선생님이 나를 반갑게 맞아 주시고는
안방 윗목에 있던 주사를 들고 항생제를 놓아 주셨다.[47] 나는
이분들의 생활에서 의사에 대한 매력을 크게 느끼지 못하였다.

---

47) 양 박사님은 후에 전주 굴지의 병원(양소아과 의원)을 세워 성공하셨다.

또한 그 시절에도 의대는 등록금, 실험실습비, 도서대금 등 학비가 많이 들고 6년제이기 때문에 설령 내가 입학한다 해도 중도에서 그만둘 가능성이 컸다. 원래 나는 의과대학에 진학하기 위해서 이과(理科)로 갔지만 3학년이 되면서 그 구분이 없어졌다. 의대를 택하지 않은 것은 아마도 내 운명이었던 것 같다.

교원의 길

당시 내가 가장 싫어하는 직업이 교사직이었다. 아버지는 평생 책을 가까이하셨으며 노년에는 특히 한시(漢詩)를 즐기셨다. 그리고 집안 살림에 대해서도 나름대로 최선을 다하셨다. 하지만 나는 우리가 가난하게 사는 것이 아버지의 직업 때문이라고 생각하여 공부를 될수록 멀리하였다.

나는 공부할 형편도 아니었고 평생 공부하는 직업에도 별로 관심이 없었다. 사실 50년대 상황에서는 대학 자체가 부실하였다. 서울의 경우 서울대, 연대, 고려대를 제외하고 다른 대학들은 대개 지금의 학원 규모의 수준에 불과하였다. 특히 지방에 있는 대학들은 사정이 더욱 열악하였다. 우리 지역의 유일한 국립대학인 전북대학교는 전주고등학교 내에 교실을 빌려 강의를 하였으며, 사립대학들은 졸업장을 팔아서 재정을 유지한다는 소문이 파다할 정도였다.

15. 정치학과

당시 정치학과는 모든 사람들이 선호하는 인기학과였다.

서울대학교에서도 가장 들어가기 어려운 학과가 공대의 화공학과, 문리대의 정치학과, 사대의 교육행정학과라 하였다.

서울대 정치학과의 인기에 대하여 조선일보 김태익 논설위원은 「만물상」에 다음 글을 썼다.

"1950년대 서울대 정치학과를 나온 어느 원로 언론인은 자서전에서 자기가 다니던 과(科)를, '당시 모든 젊은이들에게 우상(偶像)의 학과였다. 우러러보아 더 턱이 치켜질 데가 없는 곳, 거기에 정치학과가 있었다.'고 하였다. 광복 후 새 나라를 세울 인재가 필요할 때 대학의 정치학과는 인재의 산실이었다. 이런 이유로 서울대뿐 아니라 거의 모든 대학이 정치외교학과를 필수적인 것처럼 여겼고, 거기에 우수한 학생이 몰렸다."[48]

내가 입학하던 1954년도 정치학과의 합격점은 물론 서울대학교에서 최고였다.[49] 내가 정치학과를 선택한 이유도 바로 이와 가까웠던 것 같다. 하여튼 나는 별로 원하지 않던 정치학과를 선택하여 '친구 따라 강남 가는' 격이 되었다.

나는 진로 선택에서 전공학과에 대한 충분한 정보나 나의

---

48) 조선일보, 2009.12.31, A30.
49) 김태승, '54학번 현황, 『서울대학교 정치학과 60년사』, 2009, p.659.

재능 및 현실 여건, 폭넓은 안목이나 앞으로의 전망 등을 고려하지 못하였다. 정치학과를 지원하게 된 구체적인 목표나 계획, 졸업 후의 진로에 대한 별다른 고민이나 상담도 없이 막연히 서울로 향한 것이다.

1954년 2월 27일 전주고등학교를 졸업한 339명 중 서울대학교에 입학한 사람은 공대(5명), 농대(6명), 문리대(10명), 법대(12명), 사범대(2명), 상경대(8명), 의대(3명), 치의대(2명), 약대(3명) 등 50여 명이었다.

동기생들의 사회 진출상황을 보면 대개 다음과 같다.

의사(6명), 치과의사(2명), 약사(6명), 변호사(6명), 교수(18명), 교원(19명: 교장 9명, 교감 2명), 회계사(1명), 법무사(5명), 종교인(5명), 언론인(2명), 작가(1명), 서예가(1명), 공무원(41명: 장관 1명, 차관 1명, 군수 4명, 서장 3명), 국회의원(1명), 군인(8명), CEO(44명), 회사원(18명) 등이다.

1954년 2월 27일, 우리는 새로 작사 작곡한 졸업가를 부르며 모교를 떠났다.

학창에 비추인 눈 반딧불 모아
진리의 좁은 문을 드디어 열고
오늘은 새로운 길 떠나시는 날
가시는 천릿길에 꽃이 피소서.

제7부
후회뿐인 대학생활
(1954~1958년)

아무리 살기가 힘들고 어려워도 사람이 한번 뜻을 세우고 서울에 온 이상 보다 강하고 알차고 지혜로운 삶의 태도가 필요했다. 나는 그에 부응하지 못하고 세월을 낭비한 일이 평생 후회스럽다.

미친 듯이 공부에 열중하지도 못하였고 또한 사람들을 만나 필요한 정보나 의견을 자주 듣고 세상을 바라보는 안목을 넓히지도 못하였다. 나는 당시 나이에 비해서 너무 어리석고 소심하고 몽매하여 험난한 세파를 견디지 못하고 그저 바람처럼 떠밀렸던 일들이 안타깝다.

흘러가 버린 옛일들을 회상하면 너무 부끄럽고 한스러울 뿐이다. 여기 그 고난의 길 고비 고비를 회상해 본다.

1. 험하고 긴 기찻길

서울 길은 정말 험난하고 길었다.

우선 서울을 가려면 그 전날 차표를 구입해야 한다.

아침 10시에 열을 서면 오후 3시에 차표를 팔기 시작한다. 판매 창구가 열리면 갑자기 새치기하는 사람이 몰려 아무리 일찍 열을 서도 표를 사지 못하는 경우가 있다. 차표 한 장 구입하기 위해서 청탁을 하고 종일토록 열을 서야 하며 또 악착을 부려 싸워야 한다. 이런 과정은 서울에서 전주로 내려오는 경우도 마찬가지다.

상경(上京) 열차가 들어오면, 양손에 짐과 보퉁이를 들고 있어 혼자 힘으로는 기차에 올라타기조차 힘들다. 가족들이 모두 나와 섰다가 깨진 유리창으로 내 몸을 물건 던지듯이 들어 올려 밀어 넣는다. 내가 기차 안으로 떨어지면 초만원을 이루고 바닥에 앉아 있는 승객들이 잠깐 몸을 피하는 사이, 나는 얼른 발 하나를 그 틈에 꽂는다. 기차가 출발하고 그다음 역에서 덜커덩거리며 정차하는 사이 또 하나의 발을 세워 드디어 자리를 잡는다. 이렇게 해서 오전 10시경에 전주를 출발한 기차는 약 13시간 반을 달려 서울역에 도착한다. 대개의 경우 통행금지 시간이 임박할 때가 많다.

2학기가 되어(1학년) 등록금을 가방에 넣고 서울역에서 내려

신촌까지 걸어가는 길이었다. 도중 아현동 근처에서 갑자기 불량배들이 나타나서 하마터면 그 돈을 몽땅 빼앗길 뻔했는데 다행히 내 옆을 지나가던 행인의 기지(奇智)로 화를 면하였다. 당시 서울대학교의 등록금(1학기)은 15,000환(입학금 3,000환), 사립대학의 절반 액수였다. 1954년도 전주고등학교 입학등록금 6,550환의 3배다.

언젠가 전매청 트럭을 얻어 타고 서울을 간 일이 있다.

아직 폭격으로 파손된 공주대교가 통하지 않아서 나룻배에 차를 싣고 건너야 했다. 각종 차량들이 밀려 하룻밤을 트럭 위에서 지새웠다. 서울행 버스는 50년대 후반 공주대교가 복구된 후 신영여객에서 처음으로 운행하였다. 전주에서 서울까지 약 8시간 정도 소요되었다. 도중에 공주터미널에서 약 30분 정도 휴식하였다. 휴전 후 상이 용사들의 생계가 어려워 그들이 물건(잡지 등)을 들고 거리로 나와 행상을 하였다. 특히 비좁은 기차나 버스 안을 헤치고 다니면서 노인이나 어린 학생들에게 물건을 강매하고 이에 응하지 않는 경우 욕설과 폭력 등 행패가 극심하였다.

2. 무일푼의 대학생

서울 동숭동의 서울대 본부와 문리대의 캠퍼스는 정말 고풍스럽고 상아탑의 위엄을 지닌 학문의 전당이었다. 하지만 나는 이 엄숙한 진리의 전당에서 학문을 닦을 형편이 아니었다.

우선 우리 몇 친구들은 대학을 도보로 통학할 수 있는 지역에 방을 얻었다. 처음에 미아리 버스 종점 근방에 방을 정하고 계약금을 지불하려고 하는데 '고향이 전라도'라고 하여 거절을 당하였다. 혹은 방이 좁고 혹은 돈이 부족하여 결국 돈암동에 방을 얻어 4명의 학생[50]이 한방에서 자취를 하였다.

보통 학생들이 돈암동 근방에서 하숙하려면 점심 없이, 한 달 하숙비가 1만 1,000환인데, 우리는 각자가 월 1,500환씩을 갹출하여 자취를 하였다. 식사는 압맥(壓麥, 납작보리)을 삶아 소금국에 양배추(당시 한 포기 20환)를 넣고 끓여 먹었다. 연료는 석유난로를 사용하였고 점심은 대개 굶었다. 하지만 그 정도의 행복한 생활도 꿈처럼 지나고 우리(정금암과 나)는 다른 곳으로 이사를 가야 했다. 그곳은 정릉 산마루에 있는 작은 집이었다. 우물이 없어서 아래 신흥사까지 내려가 물을 길어 왔다. 이렇게 1학기가 끝났다. 2학기에 들어와서 우리 집 형편은 더욱 어려웠다. 아버지의 박봉에 어머니는 매일 병원 응급환자

---

50) 강신영, 김용섭, 정금암, 김재영.

로 실려 갔고 밑의 세 동생들은 영양실조에 걸릴 정도였다.

우선 신촌의 3종형(김창영, 당시 연대 학생) 집에 숙소를 정하였다. 그때 재당숙모는 두부와 떡을 팔아 끼니를 연명하고 계셨다. 단칸방에 형의 식구들도 하루살기가 힘든데 내가 그 속에 끼어든 것이다. 여러 식구가 한방에서 같이 먹고 사는 일이 얼마나 고통스런 일인지 요즘 젊은 세대들은 이해하지 못할 것이다.

이에 관하여 1951년 혼자서 38선을 넘어와 그의 아내와 두 아들을 극적으로 만난 오운기 씨(88세)의 말을 들어 보자.

"우리는 수원 인계동에 작은 방 한 칸을 얻어 피란 살림을 꾸렸다. 어느 날 19세의 여동생이 5세의 남동생을 데리고 집으로 찾아왔다. 만남의 기쁨은 곧 생활고로 이어졌다. 좁은 단칸방에서 힘든 생활이 계속되자 동생들이 말도 없이 집을 나갔다. 오빠에게 짐이 되는 것이 부담스러워 아내가 집을 비운 사이 동생들은 말도 없이 떠났다. 부모가 계신 연백(황해도 지방, 6·25 전에는 한국 땅이었음)에 다시 돌아간 것이다.

전쟁이 끝나고 두 동생들이 있는 연백은 북한 땅이 되었다. 그동안 부모님은 돌아가셨고 두 동생은 소식을 알 수 없다.

언젠가 동생들을 만나게 되면 그 옛날 함께 굶어 죽지 못한 내 죄를 빌고, 우리 3남매가 서로 끌어안고 목 놓아 울고 싶다."[51] 하였다.

다행히 나는 재종매형(이승효)의 도움으로 회현동 이병주 씨

댁 행랑채 창고 방에서 거처하게 되었다. 그곳에서 매형은 종업원을 고용하여 전기 소켓, 도시락 저분, 밥공기 등을 만들었다. 나는 그 물건들을 시내 음식점에 돌아다니면서 팔았다. 내 물건을 가장 많이 사 준 곳은 국회 구내 음식점이었다. 나는 틈 있을 때마다 주인 할아버지의 부르심을 받아 많은 이야기를 나누었다.

3. 이 대통령과 양녕대군 종손

이병주 씨는 양녕대군의 차남인 함양군의 종손(사실상 양녕대군의 종손임)이다. 그분이 내게 말해 준 이승만 대통령에 관한 이야기는 대개 다음과 같다.

그분은 이 대통령과 같이 공부하였다. 이 대통령은 원래 황해도 출신으로 양녕대군의 서자 장평부정의 자손이다. 이 대통령이 어렸을 때, 그의 아버지가 아들(이 대통령)을 공부시키려고 회현동 자기 집에 와서 일을 돌보아 주었다. 같이 공부한 사람은 이승만, 이병주, 오 씨 세 사람이다. 이 대통령은 고집이 세고 힘이 장대하였다. 언젠가 오 씨와 싸움이 벌어져 이 대통령이 당한 일이 있었다. 그 일로 두 사람은 서로 말을 하

---

51) 조선일보 2010년 3월 24일(수), A6. 나와 6 · 25.

지 않았고 해방 후 오 씨가 이 대통령을 한번 만나 보고 싶어 하였으나 끝내 거절당하였다 한다. 이 대통령이 미국에 갈 때는 이미 기혼자였다. 부인은 6·25 후까지도 서울에 살았었다.

이 대통령은 장관 조각을 할 때마다 이병주 씨를 찾아 자문을 구하였다. 내가 그곳에 있을 때도 이 대통령 방문 지시가 오면 그 전날부터 집에 들어오지 못하게 하였다.

이 대통령은 특히 양녕대군의 종손 싸움에서 이병주 씨 입장을 옹호해 주었다. '종손싸움'이란 다음과 같다.

양녕대군의 장남 순성군(이개)은 본처에서 아들이 없고 후처(재취)에서 오천군(이사종)을 낳았다. 후처는 정포은 선생의 아들 정종성의 딸이다. 세조 때 정종성의 아들 정보(鄭保)가 사육신 사건에 연루되어 온 집안이 모두 반역 법조문에 적용되어 순성군의 처(정종성의 딸)는 하루아침에 첩(妾)으로 강등되었다. 양녕대군의 제사는 당연히 둘째 아들 함양군의 자손이 모시게 되었다.

이 문제는 조선조 500년 동안 논의가 거듭되었다. 중신들은 양녕대군이 정포은 선생의 손녀를 며느리로 맞아들인 일은 극히 칭찬할 만한 일이며 따라서 그녀(혹은 순성군)의 아들 오천군은 서자(庶子)가 아니라고 하였다.

하지만 고종은 "뒷날 자손들이 만약 제사 지내는 일로 다투는 것은 내 뜻이 아니다."라고 말한 오천군의 유훈(遺訓)을 되새겨 "양녕대군의 제사는 함양군 자손들이 지내도록 하라."는

명을 내렸다.[52]

갑오개혁으로 적서의 차별이 없어지고 특히 해방 후 민주주의가 이 땅에 도입되면서 이 문제는 다시 수면 위로 올라 싸움판이 시작되었다. 싸움은 단지 제사가 문제가 아니고 그 이면에 막대한 종중 재산이 있어서 더욱 치열하였다. 이 대통령은 함양군 편에 적극 협조해 주었다.

현재 순성군의 자손들은 전국 각 지역에 번창하여 살고 있다. 부안출신 이병훈(전주대) 교수도 순성군의 자손이다.

나는 회현동 이병주 씨 댁에서 다시 서울대학교대학병원 창고로 장소를 옮겼다. 그곳에서는 간장을 제조하여 팔았다. 그동안 나는 가정교사나 기타 여러 부업을 알아보았으나 수복 후 서울의 살림은 모두 어려워 일자리가 쉽게 나오지 않았다. 한때는 사진 활인권을 팔아서 생활비에 보탰다. 나는 당시 서울 시내에 있는 중고등학교는 모두 찾아다녔다. 특히 이발소나 식당 등에서 활인권을 많이 팔았다. 방학이 시작될 무렵에는 시골 학교를 찾아가 책꽂이 사진을 팔았고 입학시험 때는 예상문제집을 만들어 수험생 예비소집 때 대학의 교문에서 팔았다.

서울에서 거처할 곳이 없어서 우리(나와 김우영 형)는 심지어 해방촌(후암동 창녀촌)에 있는 친척 대부(大父, 조부 항렬)를 찾아간 일이 있었다. 대부가 서울에서 구두 수선 일을 한다

---

52) 고종실록 제40권, 고종 37년 5월 19일 2번째 기사.

고 해서 그의 방에 같이 거처하고 싶었다. 마침 대부가 외출 중이어서 기다리고 있는데, 경찰관이 순찰을 돌면서 검문을 하였다. 아무리 우리가 학생이라고 학생증까지 제시해도 도대체 믿지를 않았다. 다행히 그때 대부가 오셔서 해명이 되었지만 하마터면 경찰서에 끌려가 억울하게 매질을 당할 뻔하였다.

이렇듯 나름대로 최선을 다하여 학업을 계속하려 하였지만 아버지도 나도 가난을 이기지 못하였다.

또 지금껏 나의 버팀목이 되어 주셨던 할머니가 병고와 치매에 시달려 나는 하늘이 무너지는 절망에서 헤어나지 못하였다. 결국 한 학기 휴학을 했고 그 여파로 다음 해 6월에 입영 영장이 나왔다.

4. 체중미달로 귀가

6월 25일, 서대문 구청 앞에 집결하라는 영장이 나왔다.

당시는 휴전 직후여서 군대에 가면 모두 죽는 것으로 알았다. 내 주변 학생 중 군대 3년의 만기를 마치고 제대한 사람은 드물었다. 무슨 사유인지는 몰라도 대개는 6개월 안에 위병제대 되어 귀가하였고 아예 면제를 받은 사람들이 대부분이었다. 정부는 학보병이란 제도를 만들어 재학 중 입대한 사람은 1년

6개월의 단축 혜택을 해 주겠다는 신문보도가 매일 나왔다. 하지만 아무도 그 제도를 믿지 않았고 아직 확실치 않은 상태에서 나는 일반인(학생의 혜택이 없는) 입영통지서를 받았다. 우선 과목 담당 교수님들을 뵙고 조기 시험을 치렀다. 그때는 신촌(노고산동)에서 사촌형(김우영, 재일 CEO)과 같이 자취를 하던 중이었다.

마치 먼 곳으로 유배되어 떠나는 사람처럼 주변 사람들과 작별 인사를 하였다. 주인(이선봉 씨, 당시 통장) 댁에서 술상을 차려 왔다. 멀리서 허세욱(고려대 교수), 허재욱(농협 지점장), 김춘영 형(전북대 교수), 김용문(고교 동창) 형 등이 일부러 찾아와 환송 인사를 해 주었다.

1957년 6월 24일 아침

서대문 구청으로 향하였다. 그곳에서 화물트럭에 올라타고 양정고등학교 교정에 집결하였다. 그날 나와 같이 논산으로 떠날 장정은 총 1,700명이었다. 각 동별로 인원 파악을 하는 데 상당한 시간이 흘렀다. 운동장은 그야말로 인산인해를 이루었다. 가족, 친지, 친구, 애인 등이 나왔다. 이들은 대개 나무 그늘이나 파라솔을 받고 마지막 작별을 준비하고 있었다. 먹을거리를 파는 장사들의 수도 가족들의 수만큼이나 많았다. 나의 사촌형(김우영)과 고종형(심창무, 약국)도 나와서 나를 위로해 주었다. 우리는 점심으로 빵과 주스를 먹었다.

학교 운동장에서 문득 아래를 굽어보니 서울 시내가 한눈에 보였다. 유난히 조용한 집 한 채가 시야에 들어왔다. 정원 장독대 주변에는 오색이 영롱한 채송화, 백일홍, 서광꽃 등이 만발하고 그 옆에 바둑이 한 마리가 깊은 잠에 취해 있다. 그 평화로운 정경이 나에게는 마치 꿈속의 그림과 같아 나는 얼른 고개를 돌려 버렸다. 마지막으로 서울대 각 단과대학의 학생과 직원들이 찾아와서 빵과 사이다 등을 주고 갔다.

때를 맞추어 군복을 입은 사람들이 갑자기 호루라기를 불기 시작한다. 나는 제12소대로 배속되었다. 총 90명이다. 경찰과 헌병, 기마병들이 인수인계를 마치고 물러나자, 논산 수송중대 선임하사가 우리 앞에 나타났다.

그들의 본격적인 임무가 시작되었다.

"일어서, 앉아, 이 자식들, 백지로 돌아가라!" 등 같은 말이 계속된다. 벌써 오후 6시가 넘었다. 우리는 석탄 먼지가 수북이 쌓인 화물칸으로 인솔되어 들어갔다. 인솔자가 나타나더니 우선 돈부터 걷었다. 선임하사관에게 주어야 할 수고비라며 50환씩을 가져갔다. 기차가 달리기 시작하면서 우리 장정들은 서로의 등에 기대고 잠을 청하였다. 밤 12시가 넘었다. 술 먹고 노래 부르는 사람, 떠들고 고함치는 사람, 화물차 소리보다 더 큰 소리로 코를 고는 사람들 모두가 지쳐서 조용해졌다. 이윽고 보리밥 한 뭉치와 새우젓이 나왔다.

대전에 도착한 것은 다음 날 아침이었다. 장정들은 밤새도록 석탄 가루를 마시고 뒹굴며 잠자는 동안 아예 거지가 되었다.

그 얼굴을 씻기 위하여 조그만 수도 구멍에 사람들이 빨랫줄처럼 열을 섰다. 화장실도, 식당도 초만원이었다. 화랑담배 10개비와 건빵 3분지 1봉이 나왔다. 잡상인들이 벌떼처럼 몰려와 김밥을 팔았다(김밥 한 줄에 60환, 우동 한 그릇에 100환이었다). 오후 3시, 강경역에 도착하자 50환을 또 걷었다. 이번에는 상품부족 충당비라 하였다. 이렇게 해서 서울에서 논산까지 불과 200km도 되지 않는 거리를 24일 밤 8시에 출발하여 25일 저녁에 도착하였다. 약 24시간이 소요된 셈이다.

다음 날 신체검사가 시작되었다.

나는 체중 미달(174cm의 키에 50kg), 탈장, 치루, 충치 등 네 가지 병을 가진 환자라는 것을 처음 알았다. 입대하기 위해 병을 감추고 다음 날 재심을 받겠다고 사정을 하였다.

얄궂은 운명 같은 일이 벌어졌다. 마침 서울대 선배란 분이 찾아와 집요하게 나의 귀가(歸家)를 설득하였다. 지금 나의 입장에서 입대할 시기가 아니라고 하였다.

*** 수용부대 생활**

논산 훈련소의 수용부대 생활에 대하여 당시 같이 귀대한 친구의 글을 소개하면 다음과 같다.

"인간이 개자식인가, 자갈 돌멩인가,

개자식, 개자식이란 말만 계속 되풀이 뱉어 낸다.

나 보기엔 개자식이 아니라 행렬을 지어 가는 모 없는 자갈

돌멩이 돌이다. 화강암, 석회암, 뻘돌, 청석 등등.

　물 돌이 함께 뒹굴어 모 잃고 빛 잃고 그리하여 퇴적된 모 되기 돌들."(서대문구 염리동 2가 297−51 박두용)

　"과거 선배들로부터 듣던 수용소 생활보다는 어느 정도 향상된 편이다. 일반적으로 수용소 기관 사병들의 무지와 저속한 욕설, 폭행은 우리 장정들뿐 아니라 민족의 병폐라고 느꼈다." (충북 청원군 현도면 류목리 35 오성진)

5. 할머니가 하늘나라로 가시다

　1958년 3월 5일

　할머니가 오랜 병석에서 고생하시다가 세상을 떠나셨다. 할머니의 상여가 금산골 정든 마을을 떠날 때 동네 사람들 모두가 소리 내어 통곡하였다. 나는 할머니의 운구가 마지막 땅속에 묻히고 봉분이 끝난 뒤까지도 할머니 곁을 떠나지 못하고 오열하였다.

　그동안 할머니가 장수하셔서 나의 영혼을 지켜 주신 데 대하여 나는 신께 무한한 감사를 드린다. 나에게는 너무 섭섭한 나이지만 당시 80세면 대개 장수하셨다고 보았다. 할머니는 나의 믿음이요 신앙이요 영원한 마음의 안식처였다. 비록 할머니는 이 세상을 떠나셨지만 할머니가 베풀어 주신 그 지극하신 사랑은 내 가슴속 깊이 영원히 살아 있다.

6. 동숭동 캠퍼스

문리과 대학은 동숭동 서울대 본부 캠퍼스 안에 있었다. 봄이면 황금빛 개나리가 피고 여름에는 정원 곳곳에 샐비어가 만발하여 아름다웠다. 남쪽 구름다리를 건너가면 법과대학이 있고 서쪽 도로 건너편에 대학병원이 있다. 전차를 타면 종로 5가나 혜화동에서 내려 걸어왔다. 우리는 입학하자마자 서울대 교복이라 하여 검은색 훈련복을 입고 다녔다. 웬만한 학생들은 그 교복이 편하여 즐겨 입었다.

정치학과 학생은 모두 남학생으로 구성되었고 한때 경기여고 출신 여학생이 청강생으로 다니다가 그만두었다.

도중에 전과해서 편입한 학생도 있었는데 김우창 형(고려대 명예교수)은 영문학과로 전과해 갔다. 당시 정치학과에서 다른 학과로 가는 것은 쉬워도 우리 학과로 전과해 오는 일은 쉽지 않았다고 했다.

7. 강의실 노트

우리는 '교수님'이나 '박사님'이란 호칭을 사용하지 않았다. 대개는 그냥 '선생님'이라 불렀으며 교수님들의 말씨도 항상 품위 있고 정중하였다.

강의는 두 시간 연속으로 하였고 보통 15분 늦게 시작하여 15분 일찍 끝나는 것이 관례였다. 어떤 교수는 30분 늦게 들어와 30분 먼저 강의를 끝냈다. 입학 당시에는 출석부를 돌려 가면서 사인을 했기 때문에 대리 출석이 많았다. 그 후 출석 카드제를 실시하였으나 역시 대리 출석은 여전하였다. 강의는 교수에 따라 달랐다. 카드에 강의 내용을 적어 와서 읽어 주는 교수, 절반은 이야기로 채우는 교수, 한 주제를 놓고 토론을 벌이는 교수님 등 다양하였다. 김성희 교수는 『근대 서양정치사』, 『정당론』 등 저서가 있었고, 이용희 교수는 자신의 저서인 『국제정치원론』을 시험시간에 펴 놓고 쓰라는 '오픈 테스트'를 실시하였다. 나는 책을 구입하지 못하여 낭패를 보았다.

당시 교수진으로 이선근, 민병태, 이용희, 김두희, 김성희, 박준규, 황산덕(법학개론), 한태연(헌법), 박종홍(철학), 이병도(국사) 교수들이 기억난다. 이선근 교수는 내가 입학할 때 정치학과 주임 교수를 맡았다. 그분은 6·25 발발 직전 국방부 정훈국장, 전쟁 중 정훈감을 겸임하였다. 해방정국에서 열렬한

반공투사로 활약하였으며, 직접 학도의용군을 조직하여 인민
군과 대적해서 싸웠다. 휴전 후 그는 육군 준장으로 예편하였
다. 내가 등교할 때 그분이 군인 지프차에서 내려 지팡이를 짚
고 연구실에 들어가는 것을 본 일이 있다. 나는 그분의 강의를
듣지 못하였다. 내가 입학하자마자 곧 문교부장관이 되어 학교
를 떠났기 때문이다. 그분은 1953년 10월 한국정치학회를 조
직하여 초대회장이 되었다.

이용희 교수는 강의 시간에,

"돈 없이 학문할 생각을 하지 말라."는 말을 몇 번이고 되풀
이하였다. 나는 처음에 그 진의를 이해하지 못하였으나 후에
생각하니 그 말은 정말 옳았다. 언젠가 신도성 교수로부터 사
적인 자리에서 들은 이야기인데 이 교수는 만주에서부터 귀중
한 책을 수집, 소장해 왔다고 하였다.

나는 이용희 교수의 댁을 찾아간 일이 있다. 그분은 두 번이
나 나의 간청(수업료 면제)을 들어주었다.

사회학과 최문환 교수의 '사회사상사'와 박종홍 교수의 '철
학개론' 강의는 학생들 간에 인기가 많아서 늘 강의실이 만원
이었다. 나는 지금도 최 교수의 '민족주의 이론'에 관한 진지한
명강 장면을 잊을 수 없다. 박종홍 교수의 철학 강의 역시 그
의 진심이 담긴 명강이었다.

박준규 교수는 당시 최초의 해외 유학파였다. 그분은 항상
부드러웠으며 웃음으로 학생들을 대하였다. 후에 연대 정치학

과의 서석순, 조효원 교수가 강의를 나왔다. 그분들은 미국서 학위를 취득하였는데 특히 서석순 교수는 강의 중 교통질서를 유난히 강조하였다. 자동차가 거리에 없던 시절이라 정말 웃기는 이야기라고 서로 수군거렸다.

8. 54학번의 동기들

나의 정치학과 동기 중에는 훌륭한 친구들이 많다.

동기생 60명은 모두 내 평생 가장 소중한 친구로 영원히 잊을 수 없다. 서울에 있는 동기들은 매월 두 번째 수요일 모인다. 나는 요즘 거의 참석을 못 한다. 가끔씩 여가가 있어서 참석하면 친구들 모두가 반가워해 주고 그동안의 밀렸던 이야기를 나누며 시간 가는 줄을 모른다. 현재 국내에 생존하고 있는 우리 동기들은 거의 30여 명에 불과하다. 대개 서울에 거주하는 친구가 많고 전북에는 나 혼자 살고 있다.

우리 동기생들의 사회 진출은 주로 언론계가 많다. 고등고시에 합격한 사람은 사법, 행정 각각 1명에 불과하였고 교수 출신도 많지 않다. 당시 대학교수는 대개 관심 밖의 직업이었고 특히 우리가 대학에 진출할 시기에 5·16이 일어나 정치학과 폐과 문제가 제기되고 있었기 때문이다.

김태승 동문의 분석에 의한 54학번 동기들의 현황은 다음과 같다.[53]

언론계: 최서영(코리아 헤럴드 사장), 남시욱(문화일보 사장), 손세일(국회의원), 최영철(체신부장관), 이자헌(체신부장관), 류한열(올림푸스 전자사장), 계창호(일간스포츠 편집국장), 구기석(우석대 교수), 이억순(세계일보 부사장), 이정윤(동아일보 출판국장), 이규은(삶과 꿈사 주간), 이대환(한국교육신문 편집국장), 전우성(대한훼리), 정태성(매일경제신문 전무), 박희선(세계일보 논설위원), 박민흠(한일스포츠 고문), 이택희(국회의원)

관계: 전석홍(보훈처 장관), 홍기주(서울지방법원 판사), 김태승(조달청장), 김철용(해운항만청장), 최동진(영국대사), 전순규(포르투갈 대사)

금융계, 재계: 정춘택(산업은행 총재), 박채훈(외환은행 이사), 이창규(한국은행 감사), 은병기(남강고등학교 이사장), 이동렬(코카콜라 사장), 김성집(정한 실업 대표), 차희원(토털오토메이션 대표), 박민흠(한일스포츠 고문), 황경호(원자력 아카데미 이사), 권원중(유엔공업개발기구 전문위원). 김영석(캘리포니아은행 동경지점장)

학계: 황인정(서울대 행정대학원 교수), 이동우(국민대 대학원장), 이상구(경기대 교수), 이규삼(충남대 교수), 이춘기(부산

53) 김태승, '54학번 현황,『서울대학교 정치학과 60년사』, 서울대학교 출판부, 2009, pp.657─658.

대 행정대학원장), 김재영(전북대 행정대학원장), 최영(국방대
학원 교수), 이상흡(경주대 학장), 김인배(남강고등학교 교장),
김우창(고려대 교수), 이준덕(총신대 교수), 정운학(북한문제연
구소 소장), 지주선(북한문제 연구소 소장) 등이다.

같은 무렵에 정치학과를 졸업한 나의 고등학교 선배로,

송주인(전북은행장), 최규봉(변호사), 이봉원(한국산업렌탈감
사), 김주태, 양정형이 있고, 후배로 백완기(고려대 교수) 명예
교수가 있다.

9. 학생운동

내가 대학에 다니던 50년대 중반(1954~1958년)에는 별다
른 학생운동이 일어나지 않았다. 휴전은 성립되었지만 아직도
전쟁의 깊은 상처가 가시지 않았고, 살아남은 자들은 폐허가
된 도시를 복구하는 데 여념이 없던 시기였다.

정치적으로는 이 대통령의 영구 집권을 위한 4사5입(四捨五
入)개헌(1954년 11월)과 3대 대통령 선거(1956년 5월)가 있었
다. 이 어처구니없는 일이 국회 안에서 벌어졌지만 역사는 이
불행한 정치적 사태를 다음 단계로 미루고 넘어갔다.

선거가 끝나고 이 대통령은 한발 더 나아가 이기붕의 아들

이강석을 자신의 양자로 들이고 그를 서울 법대에 편입시키려 하였다.

1957년 4월 9일의 일이다. 이 사건을 계기로 서울 법대 1, 2학년 약 200여 명이 학생총회를 개최하고 동맹휴학을 결의하는 등 이강석 편입학을 반대하는 시위가 이웃 법대에서 일어났다. 결국 이강석이 스스로 편입학을 포기하여 이 사건은 끝이 났다.

1957년 12월 9일, '류근일 필화사건'이 일어났다.

당시 문리대 '신문연구회'는 「우리의 구상」이라는 신문을 발간 배포하였는데 정치학과 2학년(신진회 회원) 류근일이 '보배'라는 글을 발표한 내용에 문제가 생긴 것이다.

참고로 신진회는 지도교수로 정치학과 민병태 교수를 모시고 요즘 대학 내의 '동아리'처럼 독서와 발표, 정기 토론회, 초청강연 등의 활동을 하였다. 그 멤버로는 김지주(정치, 53학번), 하태돈(53학번), 유한열, 이자헌, 최서영, 최영철(정치, 54학번), 이문규(정치, 55학번), 김형렬, 류근일(정치, 56학번), 서정균, 고건(정치, 56학번) 등이었다. 이 모임의 성격은 이념적으로 반제 민족주의 성향을 가지고 민주사회주의 내지는 온건 사회주의 노선을 지지하였다.

류근일의 글 속에, '새로운 형태의 조국', '무산대중의 단결' 등 내용이 문제가 되어 '우리의 구상'이 폐간되고 류근일은 구속되었다. 이 사건은 당시 학생운동의 이념적 지향 및 이에 대한

언론들의 과잉반응을 보여 주는 사례였다고 지적되고 있다.[54]

후일 어디선가 문리대 동문들이 서로 만나면 다음 마로니에 노래를 흔히 불렀다. 동숭동 캠퍼스 안에 우리나라 최고(最古)의 마로니에 나무가 있었기 때문이다.

> 그 사람 이름은 잊었지만(김희갑 작곡, 박건 노래)
> 지금도 마로니에는 피고 있겠지
> 눈물 속에 봄비가 흘러내리듯
> 임자 잃은 술잔에 어리는 그 얼굴
> 아, 청춘도 사랑도 다 마셔 버렸네
> 그 길에 마로니에 잎이 지던 날
> 루루루루 루루루 루루루루루
> 지금도 마로니에는 피고 있겠지.

10. 교외 활동

고달프고 가난하고 바쁜 와중에도 친구를 사귀고 사람들과 어울리며 더불어 사는 활동은 필요했다. 내가 참여한 조직 몇 가지만 소개하면 다음과 같다.

구궁(龜宮)

당시 사회의 기본 조직은 역시 동문회, 종친회, 향우회 등이

---

54) 김세균, '서울대 정치학과 학생운동사', 1946–2006. 정치학과 60년사, 2009, pp.228–231.

었다. 내가 상경할 무렵 전주고등학교 졸업생 중 몇 명이 모여 '구궁(龜宮)'이란 모임을 만들었다. 매월 종로2가, 백화양조, 서울 출장소 등 편리한 곳에서 모여 우정을 다지며 저널(Journal, 간행물)도 발간하였다. 당시는 인쇄술이 발달하지 않아 등사로 써서 간단한 논문과 소식을 실었다. 회원은,

양영환(성균관대 교수), 이연교(동아일보 사회부장), 김준호(NCR 이사), 김영석(광명전기 사장), 김재영(전북대 교수), 이경로(건국대 부총장), 이기종(우석대 교수), 최선근(신성금속 회장), 이영준(백화양조 부사장) 등으로 이미 세 사람(김준호, 이연교, 최선근)이 고인이 되었다.

운향회

재경 운수골(임실) 대학생 모임으로 운향회(雲鄕會)를 만들었다. 1957년 5월 5일 서울 신촌에서 정식 출범하였다. 모임의 취지는 오수, 삼계, 동계 지역 선비 집안 후세들이 선조의 선비정신과 세의(世誼)를 이어받아 친목을 도모하고 각자 맡은 일에 성실을 다하자는 것이다. 이 모임에서도 저널을 발간하였다. 우리는 방학 때 고향 마을들을 번갈아 찾아다니며 서로의 세교(世交)를 다지자고 맹세하였다. 아마 오늘의 삼계면 박사골 인물들이 바로 여기서 비롯되었다고 본다.

운향회 창립자는 김우영(在日, CEO) 형이다. 회원으로 허세욱(고려대 교수), 안준영(조달청 부장), 김춘영(전북대 교수), 안

준태(전북 부교육감), 이용현(군산대 교수), 심창무(약국), 심흥재(중등 교장), 심윤재(서울교육위 과장), 허광욱(석유공사 부사장), 허진욱(자영업), 허재욱(농협 지점장), 한중수(은행 지점장), 노상훈(자영업) 등이다. 이들은 지금도 향수를 달래며 해마다 모여 그때의 우정을 나누고 있다.

재경 전북학생회에는 정치인들도 참여하여 성황을 이루었는데 회장 선거에 타 지역 학생을 동원하는 등 물의가 일어난 경우도 있었다.

11. 종친회 — 의친왕비를 모시고

내가 대학 3학년 때인 1956년 9월 30일, 덕수궁에서 연안 김씨 종친 약 190명이 모여 제1회 연안 김씨 화수회 총회를 열었다. 그중에는 의친왕비도 나오셨다. 의친왕비는 촌수는 멀지만 항렬로는 나의 고모할머니가 된다.

당시 의친왕비는 덕수궁에 거처하셨다. 의친왕비는 자녀가 없고 다만 서자로 장남 이건을 포함하여 12남 9녀가 있다. 전북 전주의 한옥마을에 현재 이석이란 황손이 거주하고 있다. 의친왕비(1880~1964)의 부친이신 김사준(1855~1918) 공은 광해군 때 참화를 입은 연흥부원군(인목대비의 부친)의 11세손이다.

부원군은 자손들에게 '왕실과 혼인하지 말라'는 유언을 남겼다. 하지만 김사준 공은 명성왕후의 간곡한 청혼으로 부득이 딸의 혼인을 승낙하였다고 한다. 김사준 공은 진사시험에 합격하고 현감, 군수직을 역임하다가 중추원 의관, 규장각 지후관이 되었다. 그 후 일제의 강요에 의하여 받은 작위를 반환하고 독립운동에 가담하여 옥고를 치렀다. 경기도 소재 땅을 팔아 독립군 자금으로 보냈고 '신한혁명당 사건'에 참여하여 광무황제를 당수로 추대, 북경에 망명정부를 수립하려 하였다. 그 후 궁중에 감금된 의친왕과 내통하였다 하여 사촌형제 등 집안이 큰 화를 입었다.

제8부
방황의 세월 3년

나는 졸업 후 내 인생에서 가장 귀중한 3년 세월을 방황하면서 큰 교훈을 얻었다. 지금도 가정을 떠나 어디선가 방황하고 있는 사람들이 많다. 이 책을 통하여 나의 어두웠던 치부(恥部)를 솔직하게 고백하고 싶다.

1. 나의 집

모든 일은 가정에서부터 비롯된다. 가정이 안정되지 않으면 아무리 큰 뜻을 세워도 빗나갈 가능성이 크다.

대학을 졸업하고 한두 달간은 서울에서 족보 교정 일을 하였다. 항상 고시(考試) 준비를 해야겠다는 초조감에 시달리며 어느 한곳에 마음을 정처하지 못하였다. 나는 우선 고향으로 내려갔다. 내가 대학에 다니는 동안 나는 집안 살림을 염려하여 동분서주(東奔西走) 뛰어다니며 돈을 벌었다. 어머니도 나의 심정을 이해하고 나를 특별히 챙겨 주셨다. 그런저런 사정으로 당분간 나는 집에서 공부를 시작하였다.

한동안 조용하던 우리 집에 형의 혼사를 앞두고 큰 분란이 일어났다.

1958년 11월 3일 일요일이었다. 아버지가 돈 2천 환을 주면서 신부에게 보낼 화장품을 사 오라고 하였다. 나는 곧바로 남문시장으로 달려갔다. 남문시장 입구에서 김학영(족형, 현재 미국 거주) 형이 손수레를 끌고 다니며 화장품 행상을 하고 있었다. 학영 형은 일찍 어머니를 사별하고 동생(나와 고교 동창)이 자살한 뒤, 우리 형제에게 유난히 친절하였다. 형의 혼사가 있다는 말을 듣고 학영 형은 몹시 기뻐하면서 액수에 해당한 화장품 외에 값비싼 머플러 한 장을 더 주었다. 아마도 혼인 축하금으로 대신한 듯싶었다. 나는 화장품을 사 들고 콧노래를 부르며 귀가하여 어머니에게 그 물건들을 내놓았다.

아뿔싸, 어머니의 화가 하늘을 치솟았다. 어머니는 자신도 억제할 수 없을 정도로 엄청난 배신감, 증오(憎惡)와 분노에 떨고 있었다.

지금 생각하면 어머니의 분노는 당연했다. 새 며느리의 화장품 구입은 물론 어머니의 소관이다. 특히 어머니는 지금껏 자신은 구경도 못한 고급 머플러를 보고 놀라지 않을 수 없었다. 물론 옛날 아버지들은 이러한 아내의 마음을 헤아릴 형편이 아니었다. 결국 내가 심부름을 잘못한 결과가 되었다. 만일 내가 이러한 사정을 헤아려 부모님의 심정을 배려하도록 노력하였으면 당시로서는 최선의 해결방법이었을 것이다. 하지만 나는 내 잘못이 아니라는 생각만 앞세우고 집을 나왔다. 다니엘 데포우(Daniel Defoe, 1660~1731)의 로빈슨 크루소(Robinson Crusoe)처럼 아무도 없는 무인고도(無人孤島)라도 떠나고 싶은 심정이었다. 막연히 버스 정류소로 가서 내 호주머니에 있는 돈 모두(당시 40환)를 주고 표를 샀다. 창구 직원이 '연장'이라고 써 주었다. 나는 차비만큼 연장(延長)해서 타고 가라는 뜻으로 해석하였다. 이윽고 버스가 떠났다. 버스는 초만원이어서 두 다리를 움직이기조차 힘들 정도였다. 승객들의 대화로 보아 진안행이었다. 한창 버스가 달리는데 조수가 '만덕산 입구'라고 외쳤다. 언젠가 그곳에 절이 있다는 말을 듣고 나는 얼른 내리려고 하였다. 율곡 이이가 서모 권씨와 뜻이 맞지 않아 절로 들어갔다는 생각이 떠올랐기 때문이다. 그런 동안 버스는 이미 그곳을 통과하여 곰티재를 올라가고 있었다. 11월 초이지만 단풍이 몹시 아름다웠다. 버스가 고개를 넘어가자 사람들이 모두 자신의 보금자리를 찾아 하나하나 내리기 시작하였다. 때마침 조수가 '연장'에서 내릴 손님을 찾고 있었다. 나는 그때 진안에 '연장'이라는 지역이 있다는 것을 처음 알았다. 그곳에서 사람들이 꽤 많이 내렸다. 나도 그들과 같이 내려 마치 내 집을 찾아가는 사람처럼 그들을 따라갔다. 마침 그날이 진안 장날이었던지 사람들이 여기저기에서 몰려오고 있었다. 나는 방향을 바꾸어 장꾼들의 뒤를 따랐다. 사람들의 수가 점차 줄어들었다. 사람들은 중도에서 각자 자신의 마을로 들어가고 마지막 마령 가는 사람 서너 명이 남았다. 나는 결국 이들의 친구가 되어 어느 한 사람의 집으로 들어가 밤을 새웠다. 다음 날 아침 전주행 트럭을 타고 상관에 있는 사촌형 집으로 들어갔다. 당시 형(김봉영)은 상관초등학교 교장 관사에 거주하고 계셨다.

나는 형의 서재에 꽂힌 『로빈슨 크루소』를 읽었는데 그중 다음 구절이 있었다.

"그가 최초로 이 섬에서 사람의 발자국을 발견하였을 때 공포와 놀라움은 이루 말할 수 없었다. 실로 인생살이란 참 기묘한 것이다. 오늘 사랑하는 것을 내일 미워하고 오늘 원하는 것을 내일 싫어한다. 오늘 바라는 것을 내일 또 두려워하는 것이 인간인가 보다. 아니 그 일을 생각만 해도 몸이 떨린다.

나는 하나님으로부터 버림을 받고 살아 있는 사람으로 동료들 사이에 끼어 살 가치가 없는 자가 되었다. 만일 그렇다면 내가 나와 같은 사람을 한 번 본다는 것은 내가 죽음에서 생명의 세계로 되살아나는 것이요 그것은 하느님의 구원이요 축복이다. 그런데 왜 나는 사람을 본다는 생각만으로 이처럼 불안하고 내가 마치 땅속에 가라앉는 느낌일까. 인간이 만사의 진정한 의미를 깨닫게 되면 그것은 곤궁으로부터의 구원보다 훨씬 큰 축복이다. 세상이 모두 나를 버린다 해도 하느님께서 나를 버리지 않는 한 나는 결코 불행하지 않다."

참 감명 깊은 글이다.

하지만 솔직히 나는 하느님을 독실하게 신앙하지 못하였다. 그리고 내가 부모님의 뜻을 헤아리고 효도하는 일은 그 후에도 많은 세월과 노력이 필요했다.

다음 해 1월 28일, 형의 혼사를 치른 후 나는 흑석동 사촌형(김우영) 숙소로 갔다. 중단했던 공부를 다시 시작하였다.

2. 고시, 선거운동, 취업, 대학원

* 고시준비

나는 사촌형이 거처하는 자취방에서 나름대로 열심히 고시준비를 하였다. 나는 당시 고등고시를 너무 가볍게 생각하고 겨우 6개월 동안 준비에 양과를 응시하였다. 적어도 고시에 응시하려면 한 과목당 기본서 2권씩을 정독하고 서브 노트에 모범답안을 작성, 준비하는 것이 기본이다. 하지만 나는 책과 노트도 없이 문제집만 몇 권 사 들고 공부를 시작한 것이다. 설상가상으로 그 무렵 위장염이 심하여 결국 고사장에서 탈진되어 쓰러졌다. 한참 후 눈을 떠 보니 내가 고사장 옆 빈 교실 마루 위에 앉아 있었다. 그것이 나의 처음이자 마지막 고시 경험이었다.

나는 그 후 사촌형(김우영)의 도움으로 고향 마을 암자(임실군 청웅면 백련사)에 들어가 본격적인 고시준비에 들어갔다. 그곳에서 류태영(건국대 교수), 박철식(농림주, 국장), 한광연(재미 사업) 등과 같이 공부하였다. 부족한 책들은 서로 교환하며 보았다. 약 6개월 동안 한창 진도가 나가고 있는 중에 4·19 혁명이 일어났다. 그 여파로 사촌형이 직장을 잃었고 결국 나는 고시공부를 포기하였다. 나는 절을 떠나 선거판에 뛰어들었다.

* 선거운동

1960년 7월 29일 제5대 국회의원 선거 때였다.

당시 임실군에는 득표순으로 한상진, 이정우, 김판산, 홍춘식, 김상진의 5명이 입후보하였다. 내가 지지한 김상진 씨는 임실의원 원장으로 민주당 공천을 받았다. 그분은 연세대를 졸업, 오수 병원장으로 계실 때 나의 아버지와 친하셨다. 나는 그 인연으로 그분의 오수면 책임자로 활동하였다.

당시 사정으로 선거는 씨족 기반이 가장 기본이었는데 김상진 원장은 이 지역 출신이 아니고 가까운 친척이 거의 없었다. 반면 한상준 의원은 청주 한씨의 대성으로 우리 집안과도 인연이 깊었고 그분의 부친이 오수에서 주장과 목재소 등을 운영하면서 덕망이 높았다. 이정우 씨는 경주 이씨의 기반과 고검 검사 출신으로 그 위세가 높았다. 홍춘식 씨 역시 남양 홍씨 기반을 가진 서울대 정치학과 출신으로 나의 선배였다. 이런 상황에서 나는 초등학교 동기동창들을 조직 기반으로 최선을 다하였으나 애당초 가능성이 없는 게임이었다. 전국적으로 민주당이 압승하였지만 우리 임실군은 예외가 되었다. 선거에서 참패했다는 소식을 듣고 나는 차비만 겨우 챙겨 상경하였다. 선거 때 가장 고통스러웠던 것은 선거운동원들의 금전 요구였고 타 후보 측으로부터의 유혹이었다. 나는 그 후부터 될수록 선거를 멀리하며 살아왔다.

* 직장을 찾아서

신문 광고에서 사람을 모집하는 곳이란 잡지사, 신문사뿐이었다. 몇 군데 신문사에 합격은 하였지만 대개 견습기간이 3개월 내지는 6개월이었다. 견습기간이 가장 짧은(1개월) 신문사에 약 보름 동안 근무한 일이 있다. 그 무렵 고교 동기생(김정곤, 교장)의 추천으로 체신부에 이력서를 제출하였다. 그의 부친이 장관(조한백)의 처남으로 총무과장이 되었기 때문이다. 며칠 후 장관 면접을 갔다. 창밖에서는 상이군인, 제대군인들이 빨강 머리띠에 플래카드를 높이 들고 '병역 기피자, 미필자를 색출하라'는 구호의 시위가 한창이었다.

과장님은 나의 병역증명서를 첨부하라고 하셨다. 나는 그냥 집으로 돌아왔다(당시 민주당의 추천으로 체신부에 들어간 사람들은 모두 5·16 후 면직되었다).

나는 그때의 잘못된 판단을 되새겨 본다. 당시 몇몇 중등학교에서 나에게 교섭이 왔고 또 대학에도 진출할 기회가 있었다. 하지만 교원은 나의 길이 아니라고 생각하고 전혀 무관심했던 일이 후회스럽다.

그 무렵 고교 동기생 박영호 형(변호사)의 도움으로 사직동 서복환 씨(일한도서 출판사 사장) 댁에 가정교사로 들어갔다. 서 사장의 장남 서재인은 보성중에 재학 중이었고 밑으로 남매가 있다. 모두 내 말을 잘 들어서 성적이 꽤 올랐다. 나는 대학원 진학을 위하여 틈틈이 독일어 공부를 하였다. 서 사장은 호탕하고 성격이 활달하였다. 어느 날 오후 사장 부인이 한 여대생으로부터 온 편지를 들고 내 방에 들렀다. 나는 깜짝 놀랐다. 그 내용은 이들의 사생활이기 때문에 더 이상 말하지 않겠다. 다만 나는 그 부인에게서 전통시대 여인의 비애를 느꼈다. 불행히도 서 사장 부자(父子)는 지금 이 세상 사람이 아니다.

내가 가르쳤던 서재인 씨는 아버지 서 사장의 뒤를 이어 익산 이리상고의 이사장이 되었다. 한창 교원노조 가입교사를 해임시킬 때 서재인 이사장은 나에게 심사위원을 맡아 달라고 부탁하였다. 해임 대상자 김철 교사도 나의 제자(동산고, 전북대 졸업)로 모범생이었다. 나는 부득이 병을 핑계로 위원회에 출

석하지 않았다. 이제는 그 두 사람도 모두 세상을 떠나 고인이
되었다.

다시 그 집 이야기로 돌아가서 나는 더 이상 서 사장 집에
머무를 수 없다고 판단하였다. 짐을 정리하고 잠시 고향을 다
녀오는 도중 5·16 쿠데타의 소식을 들었다. 그 길로 임실군
청에 들러 군 입대를 지원하였다.

6월 26일, 나는 입영 준비를 하고 정읍농고 운동장으로 갔
다. 하지만 지원자가 너무 많아서 입영 순번에 들지 못하였다.
비에 흠뻑 젖어 마치 거지꼴이 되어 돌아온 내 모습이 나 자신
도 보기 역겨웠다.

나는 절망의 나락에서 헤어나지 못하고 집을 나와 거리를
방황하였다. 당시 한 달 동안 겪은 고통은 내 생애 가장 견디
기 힘든 세월이었다. 마침 나의 고교 동기인 이원식 형이 항상
곁에 있어서 나를 격려해 주고 용기를 주었다. 그 친구는 나의
평생 은인이며 가장 가까운 친구다. 그다음 달 7월 26일 남원
역에 집결하여 드디어 군에 입대하였다.

당시 군사정부는 병역 미필자를 모두 휴직시켜 나의 형도
직장을 잃었다. 갈 곳이 없는 형은 결국 처가의 약방(전주 회춘
당 약방)에서 한약 배달을 하면서 하루하루의 고된 생활을 보
냈다.

* 대학원 진학의 일

1960년대 한국의 대학들은 너무 엉망이었다. 내 듣기에 학교 교문도 들어가지 못한 사람, 초등학교만 나온 사람도 대학 졸업장을 받은 경우가 많았다. 그만큼 대학은 무질서했고 희망이 없어 보였다.

사실 나의 정치학과 동기 60명 중 당시 대학원에서 석사학위를 받은 친구는 이상구(1962년, 경기대 교수), 지주선(1965년, 북한문제 연구소), 구기석(1966년, 당시 언론인) 등 몇 사람에 불과하였다. 그 부실한 대학들이 오늘날 빌딩 숲을 이루고 우뚝 서 있는 명문이 될 줄을 전혀 예측하지 못하였다.

우리나라는 당시 행정번폐(行政煩弊)가 너무 심하여 호적초본 한 통 발급받는데 뇌물(양담배 한 갑)을 쓰고도 약 두세 시간을 기다려야 했던 상황이었다. 이런 풍토에서 대학원 입학도 힘들거니와 전 과정을 수료하고 박사학위를 받으려면 보통 7년 혹은 8년 이상 교수들의 비위를 맞추며 기다리는 것이 상례였다. 나의 친구 중 이런 일로 과도한 스트레스가 원인이 되어 결국 젊은 나이에 세상을 떠난 자도 있다.

나는 정치학 분야에 별로 관심이 없었다. 우선 다른 전공으로 석사를 받은 뒤 도미(渡美)하여 학업을 계속하고 싶었다. 다른 전공이란 주로 심리학, 교육학 등 어린이 발달과정에 관한 분야였다. 불행인지 다행인지 4 · 19, 5 · 16 등 나라의 큰 사건들이 내 인생의 고비마다 나타나 전기(轉機)를 마련해 주었다.

3. 4 · 19 혁명

* 4 · 19 혁명과 역사의 흐름

역사란 우연의 연속이냐 아니면 이미 운명 지워진 길을 따라 진행되는 필연적 과정이냐 논의가 많다.

독일 철학자 헤겔(Friedrich Hegel, 1770~1831)에 의하면, 세계사는 세계정신, 즉 자유의 발전과정이라 하였고, 이태리 사학자 크로체(Croce, Benedetto, 1866~1952)는 역사가 선(善)에서 선으로 발전하는 과정이라 했다. 하여튼 정치적 사건이란 역사적 흐름을 타고 변화하는 것이며 그 속에 인류의 자각과 반성이 내재되어 있다고 말할 수 있다.

인간은 외부의 부당한 구속으로부터의 자유를 추구하고 권력의 개입을 본능적으로 싫어한다. 인간들은 인간이 인간답게 살고 건강하고 행복한 삶을 누리기 위하여 끊임없이 고민하고 노력하고 있다. 선과 자유, 평등, 인간성 회복은 역사가 지향하는 방향이요 순리다. 4 · 19 혁명은 바로 이러한 역사의 흐름을 타고 진행된 것이며 그것은 순리에 따른 변화의 성취였다. 변화에 관한 학문적 틀과 그 요인에 관하여 편의상 몇 개의 줄거리로 묶어 이야기해 보자.

* 헌팅턴의 정치발전 이론

헌팅턴(Samuel, P. Huntington, 1927~2008) 교수는 개발도상국 대부분이 겪고 있는 정치적 무질서를 정치적 제도화와 유동성 증대의 요인 등을 들어 분석하고 있다. 개도국들에서의 정치적 불안은 사회변동으로 인하여 급격하게 진행되고 있는 유동성의 증대와 이동기회(移動機會)에 대한 욕구를 경제발전이나 정치제도가 충족시키지 못하고 있기 때문이다. 이러한 현상은 결국 정치참여의 폭발을 가져오고 정치를 심히 불안하게 한다고 하였다. 그렇다면 유동성의 요인들은 무엇인가.

* 유동성 증대의 요인과 3 · 15 부정선거

해방과 6 · 25를 겪으면서 한국 사회는 급격한 변화를 겪었다. 그중에서도 특히 유동성의 증대를 들 수 있는데 학자들은 그 요인으로 다음 다섯 항목을 들어 설명하고 있다.

① 6 · 25 전쟁

6 · 25 전쟁 중 한국은 사실상 계급투쟁을 벌였다. 양반과 하인, 주인과 머슴, 지주와 소작인, 좌익과 우익 등의 피를 튀기는 싸움이 방방곡곡에서 행하여졌다. 그 과정에서 수많은 사람의 인명과 막대한 재산 피해를 가져왔다.

당시 민간인 사상자는 약 1백만에 달하고,[55] 해방 후 북한으로부터 내려온 피란민의 수는 150만, 1951~1953년 휴전이 성립될 때까지 국내 피란민 총수는 550만, 1945~1951년의 인구 증가율은 30%에 이르렀다. 재산 피해액(개인주택, 관청, 교회, 병원, 기업체 등)은 미불(美弗)로 약 30억 달러에 해당된다.[56] 또한 그동안의 경제 과정에서 생긴 물가등귀율은 1945~1955년의 10년 사이 100%를 상회하였다. 이런 상황에서 사람들은 기회의 땅을 찾아서 혹은 고향이 싫어졌거나, 그저 막연하게 친구 따라 너도나도 서울 등 도시로 향하였다. 전쟁 중 피란길에서 돌아오는 사람들도 이에 가세하였다.

② 토지개혁

인구의 8할이 농민이던 당시의 정부에서, 농지개혁의 문제는 경제구조의 일대 변혁이라 할 수 있다. 농촌의 소작인들은 양반 지배층의 토지겸병과 특히 일제 강점기 동양척식회사, 일인 지주, 조선인 지주들에 의한 경제적 착취로 반노예생활을 면치 못하였다. 정부 수립 당시 이승만 대통령은 국가 형편이 위급하다는 이유로 농지개혁법 실시를 유보(留保)할 뿐 아니라 총선거조차 거부하려는 태도를 보였다. 미국의 국무장관 애치슨(Acheson Dean, Gooderham, 1949~1953)은 만일 한국 정부가 총선거(정치적 민주화)와 토지개혁(경제적 민주화) 실시를 미룰 경우 원조를 중단하겠다는 내용의 각서를 전달하였다. 이

---

55) 한국은행, 경제연감 1955, 통계편, p.17.
56) 한국은행 연감, 위의 책, p.16.

승만 대통령은 미국의 압력에 의하여 1950년 4월 농지개혁법 시행규칙을 실시하고 5·30 총선거를 단행하였다.

농지 분배는 유상매수(有償買收), 유상분배(有償分配)를 원칙으로, 농가의 토지 소유 상한선을 3정보로 하였다. 농지 분배 시 농민이 부담해야 할 상환금(償還金)은 수확량의 3할로 책정하고 지주의 보상금도 똑같이 3할로 책정, 그 기간은 10년으로 정하였다. 그 외에 농지를 매수당한 지주들에게 국가 경제발전에 도움이 되는 사업에 우선참획권을 부여하였다.

당시 한국의 경작면적 수는 207만 1,000정보였고 농민 호수(戶數)는 247만 4,000호였다. 농지 소유의 이동 상황을 보면 1950년 미 군정이 관리했던 귀속농지 24만 5,546정보를 72만 7,632가구에 유상 분배하였고, 경자유전(耕者有田)의 원칙에 의하여 16만 9,803명의 지주로부터 33만 1,766정보의 전답을 유상 매수하여 91만 8,548가구에 장기 연부로 유상 분배하였다.

이 법은 그 실시 과정에서 농지의 전매, 소유권의 위장변경, 혹은 가족, 친지들에게 사전 분할이 이루어져서 적어도 3할 이상의 농지가 개혁 대상에서 누락되었다.

개혁 후 지주들은 6·25 이후 지가증권의 보상지연(遲延), 전쟁 인플레, 사업전환 우선권 미흡으로 그들 토지자본의 몰락을 촉진하는 결과를 가져왔다.

농지개혁으로 독립적 자영농민층이 형성되었고, 촌락사회의 민주적 역량 제고와 안정에 기여하였다는 긍정적 평가도 있다.

이에 대하여 토지개혁의 결과 농지 경영규모의 영세화, 농업구조의 취약성, 부재지주의 잠행 등에 의하여 농민들이 다시 영세 소작인으로 몰락하였으며 토지개혁의 역현상이 일어났다는 비판이 있다.

6·25 전부터 우리 사회는 인플레의 격화, 부정부패의 만연, 치안부재, 정부재정의 막대한 적자 등으로 사회불안이 심화되었는데 이런 현상은 전쟁으로 더욱 가속화되었다. 특히 농민들은 과중한 부채와 1백여 종이 넘는 잡부금 등에 시달리면서 막연히 살길을 찾아 도시로 향하였고 이들은 다시 도시의 빈민층을 형성하였다.

한편 정부는 전쟁 복구와 국민의 생존유지를 위하여 그에 필요한 경제적 자원을 미국 원조에 의지하였다. 그 배분과정에서 권력이 개입되고 기업은 필연적으로 정치와 결탁하였다. 여기서 투기, 특혜, 뇌물 등이 성행하고 시중에서는 '빽'이란 말이 유행하였다. 당시(1960년) 실업률은 완전실업률 8.2%, 잠재실업률 26.0%, 사실상 총실업률 34.2%로 직장을 구하기란 하늘에서 별 따기였다. 이런 현상이 서울 도처에서 거대한 저항세력을 형성하였다.

③ 교육열의 점화

전쟁을 겪고 거듭된 선거를 치르는 동안 사람들의 의식은 크게 달라졌다. 누구나 열심히 공부하면 훌륭한 사람이 되어 잘살 수 있다는 평등에 대한 신념이 점차 높아졌다. 마을 서당이 없어지고 대신 상급학교(당시 중등학교)에 진학하는 사람들의 수가 점차 증가하였다.

토지개혁으로 더 이상 그들의 권위를 유지할 수 없게 된 지주들은 남은 자산을 투자할 돌파구를 찾지 못하고 결국 자녀교육에 모든 관심을 집중하였다. 지주들의 이러한 행태는 소작인들에게도 파급되어 조만간 한국은 교육 천국이 되었다. 사람들은 논밭을 모두 팔아 교육비에 충당하고 그래도 미치지 못하면 거리를 떠돌며 일감을 구하였다. 이에 따라 도처에 학교가 세워지고, 적수공권(赤手空拳)으로 학원 사업을 시작하여 오늘의 학원재벌이 된 자도 있다.

당시 학생 수의 증가는 1945년 147만 명에서 10년 동안 380만 명으로 233만 명이 늘어났다. 그중 초등학생이 138만 명에서 295만 명으로, 중고등학생이 8만 5천 명에서 74만 8천 명으로 대학생이 8천 명에서 무려 8만 1천 명으로 증가하였다.

해마다 쏟아져 나오는 고등교육 수료자들에게 국가가 제공할 수 있는 직장은 거의 전무(全無)하였다. 그런 와중에도 각급 학교에서는 졸업장을 무더기로 발급하였고 이에 따른 부정도 상상을 초월할 정도였다. 신성한 교육은 학원 모리배, 가짜 졸업생, 가짜 학위증 성행 등 각종 불법 부정에 의하여 오늘의 교육부실과 불신을 가져왔다. 이와 관련하여 앞서 언급한 헌팅턴 교수가 쓴 저서, 『전이사회의 정치질서(Political Order in

Transitional Society, 1968)』에 나오는 글 한 구절을 인용하면 다음과 같다.

"1950년대 한국의 서울은 세계에서 가장 규모가 큰 교육중심의 도시 중 하나였다. 1960년 한국의 법과대학은 이 분야가 흡수할 수 있는 양(量)보다 무려 18배나 많은 학생 수를 방출하였다. 초중등학교의 팽창률은 이보다 훨씬 더 방대하여 문자 취득률은 1945년의 20%에서 1960년 초 60% 이상으로 증가하였다. 일반적으로 실업자, 소외자 기타 불만을 가진 자의 교육수준이 높을수록 비안정적인 행동이 가져오는 결과는 과격해진다. 소외된 대학 졸업자는 혁명을 조작하고, 소외된 고등학교 졸업자나 기술계통 졸업생은 쿠데타를 계획하며 소외된 초등학교 졸업생은 작은 힘이나마 정치적 불안을 조장하는 행동에 가담한다."

④ 군대의 성장

우리 국군은 6·25 당시 단 한 대의 경탱크도 없는 빈약한 경비대에서 현대적 중무장을 갖춘 60만 대군으로 성장하였다. 연 수백만의 농촌 출신 군인들은 억울하게 희생된 사람도 많았지만 살아남은 자들은 군부대에서 갖가지 근대적 기술과 행정능력, 민주적 가치를 터득하였다. 하지만 휴전 후 이들이 군복을 벗고 나와 지향한 사회는 결코 어제의 향촌사회가 아니었다. 그들은 어떤 형태든 농촌의 가난과 질곡에서 벗어나고자

하였다. 결국 농촌을 떠나 도시로 발걸음을 옮겨야 했고, 이승만 정부는 이들을 위한 아무런 계획이나 희망을 제시하지 못하였다.

또한 당시 군대사회의 장교집단(하사관 포함) 규모는 우리나라 교직원 총수에 거의 맞먹을 정도로 성장하였다. 이들은 나름대로 국가적 사명감을 가지고 사병들을 지도하는 교육자 역할을 수행하였다.

다만 불행하게도 6·25를 겪는 동안 이들 장교집단의 인맥이 낙동강을 따라 형성되었고, 그곳에서 정부의 권력층과 맺은 인간관계는 5·16 이후에도 그대로 이어져서 오늘날 지역감정 유발의 동인이 되었다.

⑤ 도시화의 물결과 3·15

토지개혁과 교육열, 6·25 이후 제대군인들의 도시진출과 기대수요의 폭발 등 사회적 유동 욕구의 증대는 도시화를 더욱 가속화하였다. "망아지는 제주도에 보내고 사람은 서울로 보내야 한다."는 속담처럼 당시 서울은 많은 사람들에게 기회의 땅이요 선망의 도시였다. 어쩌다가 시골에서 서울을 다녀온 사람들은 말씨부터 달라져서 웃음을 샀다. 서울로 향하는 기차는 언제나 초만원을 이루어 기차표 구입하는 것조차 힘들었다.

이들 시골에서 올라온 사람들은 대개 서울역 주변이나 한강변 혹은 근교 산기슭 아무 곳에나 판잣집을 짓고 일터를 찾았다. 이 정권은 이들의 폭발적 욕구를 외면하고 단지 자신들의 정권유지에 급급하였다. 1952년의 정치파동, 1954년의 사사오입 개헌에 이어 자행한 1960년 3월 15일 부정선거는 한국 정치사에 치욕적인 오점을 남겼다. 1956년 5월 2일, 신익희 대통령 후보는 한강 백사장에서, "못살겠다. 갈아보자."라는 유명한 연설을 하여 국민의 절대적인 지지를 받았지만 불행히도 그 사흘 후인 5월 5일 새벽, 호남선 열차 안에서 숨을 거두었다.

4·19 혁명은 3·15 부정선거가 그 직접적인 원인이었다. 하지만 그 저변에는 오랫동안 광범하게 확산된 민중들의 불만이 누적되어 이 사건이 기폭제가 되어 폭발하였음에 불과하다.

운명적으로 평하자면, '다행히도 이 대통령이 연로한 정치가였기에 그분이 쉽게 정권에서 물러났고, 한국의 정치사가 역사의 흐름에 순행할 수 있었다.'는 생각이 든다.

4. 5·16 군사쿠데타

군대는 국가 유지의 수단이지만 역사적으로 외적을 방어하는 일 외에 여러 다른 역할을 수행해 왔다.

고대 그리스 도시국가는 원래 군사적 목적에서 결속된 하나의 전사공동체였다. 방패와 장창으로 무장된 파랑슈(phalanx)

라는 보병 밀집대는 국가적 충성심과 전열(戰列)을 흩트리지 않는 질서, 협동, 단결심, 전사(戰士)들 상호의 유대감이 강했다. 이들은 모두 폴리스(polis)의 평등한 구성원으로 엄격한 집단 규율을 지키면서 자신의 자유를 추구하였다. 국가에 대한 충성을 대가로 자기완성을 성취할 수 있는 자유를 누렸다고 말할 수 있다.

영국의 청교도 혁명에서 의회군의 크롬웰(Oliver Cromwell, 1599~1658) 장군은 혁명에 가담하여 호민관이 되었다. 그의 독재정치는 아들에게까지 계승되었으나 결국 좌절되었다.

알프스 산을 넘은 명장 나폴레옹(Napoleon, Bonaparte, 1769~1821)은 '브뤼메르 18일의 쿠데타'로 정권을 장악하였고 그 후 인민의 절대적인 지지를 얻어 프랑스 황제가 되었다. 오늘날 대영제국은 그 나라의 막강한 해군의 힘이 바탕이 되었고, 미국의 민주주의는 미국의 군사력과 밀접한 관련이 있다.

한국의 군대는 6·25를 겪는 동안 급속히 성장하였고 그 과정에서 새로운 장교계급이 생겼다. 전쟁 중인 1952년, 미국 웨스트포인트(West Point)를 본뜬 4년제 사관학교를 설립하였고 1956년 국방연구원을 세워 3군의 영관급 이상의 장교들을 교육시켰다. 이들에 관한 교육내용은 군사과목뿐 아니라 정치외교, 경제정책, 전시동원, 장기 전략계획 등 다양하였다. 국가정책 형성 과정에서의 군사적, 비군사적 제 요인 간의 상호 관련성 특히 군사적 요인의 정치적, 경제적 요인과의 관련성이 강조되었다.

군사교육제도는 당시의 미국 제도들을 모형으로 하였다. 1961년 수천 명의 장교들을 선발하여 미국에 파견하였는데 이들은 귀국 후 각종 국내 군사교육 기관에서 교관으로 활동하고, 상급사령부의 참모 혹은 지휘관이 되었다. 이런 차원에서 50년대 말 국군은 한국 사회에서 그 업무의 템포나 스타일에 있어서 가장 서구화된 영역의 하나가 되었다.

1946년 초급장교로 임명된 육군 장교 100명 중(군번 1번에서 100번까지) 65명이 1960년 이전에 장성이 되었고 1960년경 고급장교의 평균 연령은 30대에 불과하였다. 당시 국군장교들은 가난한 가정의 유능한 자제(子弟)들로 나름대로 참신성, 비특권적 민주성에 대한 자부심을 갖고 있었다. 그들은 국내외에서 훈련을 받고 지식인이나 관료들의 선진적 인사들과 접촉할 기회가 많았다. 또한 이들은 조직, 관리, 행정 등에 관한 과학적인 방책을 폭넓게 수용하여 국가 업무를 담당할 충분한 정책 역량을 갖고 있었다. 이러한 장점을 가지고 미국의 조직 규율과 행정체제를 도입한 한국 군대는 당시 일제 잔재를 이어받은 관료조직에 비하여 훨씬 민주적이었다. 자신들은 군대야말로 애국적이며 양심의 편에 서서 부패와 부조리를 막아 낼 수 있는 유일한 조직이라고 믿었다.[57]

---

57) 이한빈, 『사회변동과 행정』, 박영사, 1968, 제8장.

군에 대한 이상의 긍정적인 평가는 물론 그에 못지않은 부정적 측면을 갖고 있음이 분명하다. 또 군이 참신하고 민주적일 수 있다는 주장이 군의 쿠데타를 정당화해 줄 수 있는 것도 아니다. 다음 장 '군생활 34개월'에서 군대의 실체를 좀 더 자세히 알아보자.

제9부

군생활 34개월

군대는 인생의 재생창이라고 한다. 나의 군대생활 34개월은 내 인생에 있어서 가장 값지고 귀중한 세월이었다. 군대생활이 화제가 되면 대개 상대방 입장을 고려하지 않고 자신의 이야기에 도취되어 열을 올리는 사람들이 많다. 나도 그들 중 한 사람임이 분명하다.

정읍에서 군 입대가 좌절되어 방황하던 나는 다시 임실군청으로 갔다. 그곳에는 나를 항상 염려해 주시던 최장범 형(3종 자형)이 과장으로 계셨다. 나는 자형의 도움으로 입영 확인을 받고 7월 25일 전주역을 떠났다. 그곳에 종형(김우영) 내외가 나와서 환송해 주었다. 형수씨(고예숙 선생님)가 500환을 호주머니에 넣어 주었다. 나는 그 길로 남원으로 향하였다.

남원 시내에서 약국을 경영하고 있던 고교 동창(김좌상)의 집에서 하룻밤을 지내고 이튿날 남원역 광장에 집결하였다. 그날 나의 재종제(김장영)도 입대하여 군의학교에서 후반기 교육을 같이 받았다.

나는 논산훈련소, 마산군의학교에서 훈련을 마치고 육군3병원, 미군4기갑부대, 제2여단본부, 다시 대구1병원으로 돌아와 34개월 만에 만기 제대를 하였다.

1. 논산훈련소

징집된 장정들을 태운 기차가 남원역을 떠나, 약 30여 분 후 금산골 우리 마을 앞을 통과하였다. 나의 백모님은 당숙모님, 동네 아주머니들과 같이 나와서 손을 흔들며 옷소매로 눈물을 닦고 계셨다. 평소 담담하고 말이 적으시던 큰어머니의 눈물을 보니 어머니가 돌아가셨을 때 통곡하시던 옛날 생각이 문득 떠올랐다.

열차는 좌석이 모두 구비되어 질서 정연하였다. 이윽고 점심 식사 시간이 되었는지 새우젓 반찬에 주먹밥이 나왔다. 나는 목이 메어 밥을 삼키지 못하고 멍청히 창밖을 바라보았다. 기찻길 따라 철없이 뛰놀던 어린 시절이 주마등처럼 내 머리를 스쳐 갔다. 하지만 내 마음은 의외로 차분하고 평화스러웠으며 이제 새로운 인생을 시작한다는 결심으로 설레었다.

논산훈련소의 분위기는 내가 4년 전(1957년 6월 25일) 그곳에서 무종판정을 받고 돌아왔을 때와는 판이하게 달라졌다. 나는 그때의 질병(탈장, 치루, 충치)을 모두 가지고 있어서 군의관들은 역시 불합격 판정을 내렸다. 나는 부득이 아는 사람을 찾아다녔다. 마침 초등학교 후배(정영만 하사)를 만나 그의 도움으로 겨우 군번을 받았다. 논산 제2훈련소 제26연대 제19중대 제5소대에 배치되어 M.I. 총을 인수받았다.

아침 기상나팔이 불면 연무대 언덕에 올라 남쪽을 향해 고향예배를 한 뒤 간단한 팔다리 운동부터 시작하였다. 지금 그곳에는 호남 고속도로가 건설되어 수많은 차량들이 달리고 있다. 당시는 신영버스가 가끔씩 먼지를 내며 벌판을 지나갈 뿐이었다.

훈련기간은 정확히 36일차였다. 훈련 첫날 교관이 칠판에 36-1이라고 크게 써 놓고 이미 하루가 지났다고 하였다.

훈련 도중, 무더위로 온도가 30도 이상 올라가면 사이렌이 불고 훈련을 중지하였다. 식사도 충분하였고 담배와 건빵도 정확하게 분배해 주었다. 나는 원래 담배를 피우지 않았기 때문에 내 몫은 가까운 친구들의 차지였다. 다만 물탱크가 바로 우리 중대 앞에 있으면서도 흙탕물이 나오거나 물이 부족하여 고통을 받았으며 심지어는 사이다를 사서 양말 빨래를 한 친구도 있었다.

훈련소의 규율은 아직 엉망이었다. 개방된 화장실에서 용변

중 모자를 훔쳐 가는 자가 있는가 하면, 일부러 선임하사들이 우의(雨衣)나 주전자를 감추고 불쌍한 훈련병들에게 배상을 강요하던 일, 무고한 훈련병들을 트집 잡아 군화발로 차고 때리며 공포 분위기를 조성하던 기간사병들의 행패 등 아무리 억울해도 당시 분위기로서는 대개 예사로운 일처럼 받아들이고 참아야 했다.

훈련 기간 중 잊히지 않는 것은 사격시합과 PR 6단계 훈련이다. 나는 그때 중대(19중대) 사격 선수로 뽑혀 연대 내(26연대) 사격 경연대회에 출전하였다. 다행히 우리 중대가 1등을 차지하여 중대장 이하 모든 대원들이 즐거운 주말을 보냈다. 연무대 주변 방죽의 흙탕물에 들어가 목욕을 하고 배낭 속에 자갈과 모래를 가득 넣어 짊어지고 돌아왔다. 훈련소 주변에는 탄피 주우러 모여든 사람들, 막걸리, 고구마 장수들이 언제나 따라다녔다. 훈련병들은 집에 보낼 편지를 써서 이들에게 몰래 부탁하는 경우도 있었다.

사격 조준 때 나는 너무 개머리판에 눈을 밀착하여 눈두덩이 퉁퉁 부어 며칠간 고생을 하였다. 다만 체육을 못하는 내가 사격선수가 되었다는 사실은 내 평생 잊지 못할 기록적인 일이었다. 훈련 마지막 날 PR 6단계의 포복은 정말 힘들었다. 팔꿈치와 무릎이 깨지고 피가 흘러 훈련복이 땀과 기름때, 피로 범벅이 되었다.

훈련병들이 가장 궁금해하는 것은 부대 배치의 일이다. 당시 아버지의 제자(최석남 장군)가 논산훈련소 부소장으로 있어서 아버지가 만리장성으로 쓰신 편지를 우송하였지만 별로 도움이 되지 못한 것 같다. 훈련소 측에서는 기간사병에 충원할 훈련병을 구하기 위하여 매일 몇 사람씩을 호출해 갔다. 하지만 훈련소가 워낙 살벌한 곳이어서 모두들 자충(훈련소 충원)되는 것을 기피하였다. 나도 여러 번 호명을 받았으나 그때마다 피해 다녔다. 후반기 훈련으로 나는 마산에 있는 군의학교로 배치 명령을 받았다. 어떤 기준으로 그곳에 갔는지 지금도 알 수 없다. 군의학교는 훈련병들이 가장 선호하던 곳으로 5·16 이전만 해도 웬만한 배경이 없으면 배치받기 어려운 곳이었다.

우리가 서로 헤어질 때는 모두가 얼싸안고 눈물지으며 영원한 전우애를 다짐하였다. 나의 재종제(김장영), 신용진(전북대 교수) 형, 김용문(고교 동기) 형은 군의학교까지 같이 배치받았다.

9월 14일, 배출대에서 우리는 처음으로 이등병 계급장을 달았다. 그곳에 고교 동기(김현)가 있어서 하룻밤 당번도 면제해 주었다. 9월 15일 논산을 출발하여, 다음 날 나는 처음으로 경상도 땅 마산에 도착하였다.

9월 17일은 일요일이었다. 외출이 허용되어 모처럼 마산의 해변을 돌며 여유를 즐겼다. 군의학교는 원래 제5육군 병원으로 결핵환자들을 수용한 곳이었다.

2. 마산 육군군의학교

육군군의학교에 도착하자마자 선배들은 환영의 말로, '배고 프다 군의학교'란 말을 되풀이하면서 '각오하라'고 경고하였 다. 부대 배치가 끝나고 나는 키가 크고 나이가 많아 분대장을 맡았다. 이제 나는 그동안 할머니의 그늘에서 형들의 뒤만 따 라다니던 소극자(消極者)의 입장에서 비록 낙오 대열이지만 인 생의 고초를 경험한 연장자로서 적극자(積極者)가 되어 서서히 조직의 앞줄에 나서게 되었다. 인생의 선배로서 가끔씩 후배들 의 고민을 듣고 그들의 어려움을 상담해 주면서 나는 '인생복 덕방'이란 말을 들었다. 그곳에서 마침 군산 출신 젊은 후배들 이 나를 지켜 주어 도움이 되었다.

우리 중대는 기초반으로 콘센트 안 양쪽 침상에 영, 호남 출 신들이 분대를 이루고 6주간 훈련을 받았다. 강의는 주로 군의 관, 간호장교, 의무장교들이 들어와서 정훈, 생물, 영양, 응급처 치, 환자수송 등을 가르쳤다. 일과 시간 외의 규율이 심하였고, 내무사열, 정비검열, 사역 등 날마다 중노동이 연속되었다. 또 한 터무니없는 이유로 원산폭격, 토끼뜀 등 기압을 받고 혹독 한 몽둥이찜질을 당하였다. 주말이면 외출을 허용하였으나 주 로 인솔 영화를 나갔고 50~80환의 입장료를 챙기지 못한 사 람들은 남아서 사역을 하였다. 돈 있는 사람들은 기간사병들과 친하여 매주 외박(1박) 혹은 특박(2박)을 나갔다.

두 번째 휴일(9월 24일)은 마침 추석이어서 나도 동생(김장영)과 진주의 매형(이승효 형) 댁에 다녀왔다. 고향에서 아버지의 편지가 왔다. 휴직을 당하여 속수무책으로 놀고 있던 형님 내외의 편지도 왔다.

이곳 군의학교는 소문대로 식사가 너무 적어 끼니때마다 전쟁이 벌어졌다. 배고픈 사람들의 추태란 마치 동물과 같았다. 식욕이 왕성한 청년들이 몇 숟가락 정도의 밥을 먹고 훈련을 받는다는 것은 정말 고통스러운 일이다. 식사가 와서 배식 때가 되면 훈련병들은 순식간에 야수처럼 변하여 당번들을 노려보고 밥투정을 부린다. 때로 감정이 폭발하면 원색적인 욕설과 함께 식기를 뒤엎고 스푼이 날아가며 식사시간은 수라장이 된다. 나는 그럴 때마다 부득이 식사를 포기하고 이들의 분노를 진정시켜야 했다.

고깃국이 나오는 경우가 있다. 하지만 돼지 한 마리를 잡으면 살코기는 중대장의 몫이고 내장은 하사관, 비지껍질은 취사반 사병들이 먼저 먹고 나면 훈련병들은 겨우 국물 맛만 볼 뿐이었다. 당시 군대 내에서, "장군은 트럭으로 물건을 빼돌리고, 장교는 지프차로, 하사관은 등에 짊어지고, 사병은 밥그릇에 담아(군대 물건을) 가져간다."는 말이 떠돌 정도였다.

식사 외에 물 구하기도 힘들었다. 아침이면 산골에서 흐르는 몇 방울의 물을 구하기 위하여 장사진을 이루어 열을 섰고, 그

물로 세수를 하고 빨래도 하였다. 물 부족과 기아에 허덕이는 인류의 참상을 나는 이곳에서 스스로 체험하였다.

모처럼 봉급이 나왔다. 비록 몇백 환에 불과하지만 처음 받은 돈이어서 쓰기가 아까웠다. 이윽고 인사계 하사가 호출하더니 '차용증(봉급을 포기한다는)'을 써 달라고 하였다. 기가 막혔다. 하지만 나는 얼른 그 돈을 몽땅 그에게 주어 버렸다. 우리가 졸업할 무렵 이 일은 상부에 보고되어 정보처에서 그 하사를 인사 조치하겠다는 연락을 받았다.

이런 과정을 거쳐서 마지막 주초(10월 23일)에 시험을 치렀다. 점수가 나쁜 사람은 다시 유급시킨다고 계속 엄포를 놓았다. 사실 대학을 나와서 고등학교 졸업생보다 성적이 나쁘면 그것도 창피한 일이었다. 그래서 일부러 선배(김남현)의 보초도 대신 서 주고 공부를 하였다.

며칠 후 시험 결과가 고시판에 붙었다. 내 성적은 8등이었다. 후방(2군 소속) T.O.가 10명, 그중 논산훈련소가 2명이고, 육군 3병원에 8명이 배정되었다. 성적순으로 선택권이 주어졌는데 들리는 말에 의하면 1~5등까지는 이미 상부에서 지정해서 내려온 사람들이라 했다. 그렇다면 나는 사실상 3등이다. 6등과 7등은 공주사대 생물과 출신의 김용석(전북대 사대 부속 고등학교 교장), 박정래 선생이었다. 나는 전방에 가겠다고 우겼으나 나를 돌보아 주던 중대장이 특히 권해서 부산 3병원을 지원하였다.

훈련 마지막 날 환자후송을 실시하였다. 서로가 환자와 위생병이 되어 들것을 들고 험한 산을 오르내리는 일은 가장 힘든 훈련이었다. 우리는 땀과 피로 범벅이 된 그동안의 모든 때를 씻고 육군군의학교 노래를 불렀다.

> 뒤에는 백두산 앞에는 대양
> 우적하다 넓은 들 이름도 부평
> 창공에 휘날리는 태극깃발은
> 신세기 신대한의 약진의 기상
> 순국열사 흘린 피 씻어 가면서
> 이 나라를 지키는 군의학교다.

당시 우리는 서로 '싸인장'을 돌리는 것이 유행이었다. 여기 몇 친구의 글 중 둘만 소개하겠다.

싸인장 1

"재영 형, 이렇게 험준한 고갯길을 그래도 웃음을 잃지 않으면서 같이 넘었다는 것이 마냥 기쁩니다. 내가 찾고 있던 '참된 벗'을 만나 무엇보다도 자랑스럽습니다. 그 갸륵한 뜻이 무언가 굵직한 보람을 이루리라고 믿습니다. 신의 가호를 빕니다.

1961년 10월 14일, 경북 금릉군 봉산면 신동 490. 박희무"

(박희무 형은 경북교육청 장학관으로 중등과장, 교장을 역임하였다.)

싸인장 2

"재영 형, 형을 생각하게 된 동기는 우리가 군의 부패, 타락을 비판하는 이야기에서 비롯됩니다. 형은 우리 동생들과 콘센트 안 55명의 의견이나 불평들을 모두 수용하여 좋은 분위기로 이끌어 갔습니다. 밥 많이 달라고 손 내미는 동생들의 아우성을 감당하기에 너무 힘드셨죠. 다음엘랑 제발 밥은 굶지 마세요."

(최인호, 군산시 신영동 926번지)

3. 육군 3병원

마산은 아름다운 추억의 도시가 되었다.

우리 형제(나와 김장영)는 군의학교를 졸업하고 각자 임지로 떠나는 길에, 삼랑진역 구내에서 찰떡 한 쪽을 나누어 먹으며 헤어졌다.

부산 3병원은 당시 동래 거제리에 있었다. 10월 31일, 전차를 타고 그곳에 도착하니 철조망 안을 오가는 환자들의 모습이 유난히 처량해 보였다. 나도 역시 그 안에 들어가 바야흐로 감옥살이를 시작하려는 것이 아니던가.

처음 내가 배속된 곳은 후처실(지금의 중환자실)이었다. 그

곳은 간호장교 박경숙 중위, 이안훈 소위 또 한 명의 간호장교
와 선임하사 그리고 내가 유일한 졸병이었다.

나는 환자들에게 지극 정성을 다하였다. 하지만 내 한 몸으
로 그들의 요구를 모두 들어주기에는 역부족이었다. 가끔씩 사
역으로 동원되어 부산 시내를 돌면서 석탄, 기름, 김치용 배추
등을 운반하였다.

일과 후 내무반 하사들의 행패는 정말 엉망이었다. 밤이 되
면 화투판, 술판을 벌이거나 듣기 거북한 욕설을 퍼부으며 싸
운다. 혹은 잠자리에 든 졸병들을 일일이 깨워서 시비를 걸고
걸핏하면 구둣발로 걷어찬다. 내가 보고 있던 콘사이스를 감추
자 어떤 선임자가 그 책을 난로(아직 불을 피우지 않음) 속에
던지더니 그 위에 소변을 깔겼다.

사병들 중에는 내무반 하사들의 이런 행패를 견디지 못하고
탈영을 하거나 자살한 자도 있었다.

실제로 내가 근무하던 후처실에 자살하려다가 실패하고 척
추 관통으로 입원한 환자가 있었다. 그가 의병제대 되어 전주
의 고향집으로 가게 되었다. 부대에서는 내가 전주 출신이기
때문에 나에게 호송명령을 내렸다. 그의 집에 도착하자 척추마
비가 되어 들것으로 실려 온 동생을 보고 형 내외가 부들부들
떨고 있었다. 왜 죽지 못하고 살아 돌아왔느냐는 눈치다. 그 모
습을 보고 나는 집에도 들르지 않고 바로 병원으로 귀대 보고
하였다. 집보다 군대가 편안하다고 생각한 탓이다.

3병원도 역시 주말마다 외출을 허가해 주었다. 부산 송도에는 나의 재당숙(김종실)이 계셨다. 당숙은 천마산 중턱에 판잣집을 짓고 외롭게 투병(척추결핵)생활을 하고 있는 중이었다. 아무리 병마에 시달려도 피는 물보다 진했던가. 좁은 방, 가난한 살림이지만 당숙은 모든 정성을 다하여 나를 대접해 주었다.

3병원에는 내가 좋아하던 사람들이 많았다.

우선 신경외과 과장, 문명선 대위(고교 선배)가 나를 자신의 소속과에 발령을 내고 도와주었다. 송명희 중위는 봉동 출신으로 나를 친절히 보살펴 주었고, 운봉 출신 박영자 소위 역시 정답게 대하여 주었다. 이안훈 소위는 내가 제대할 무렵 대구 1병원에서 다시 만났는데, 치루 수술 전에 나의 척추 마취를 담당하였다.

내가 군에 있는 동안에도 나의 종형(우영 형)은 용돈을 송금해 주고 나를 위해 늘 염려해 주었다. 어느 날 3병원 행정실에서 나를 불렀다. 육군본부 의무감실에서 보낸 전통(미군부대 전속 발령의 건)이 행정실에 도착하였다는 것이다. 그때 종형의 친구가 육본 간부에게 나의 전속을 부탁했다는 전갈이 왔다. 당시 육본 의무감실 행정과장 김낙제 소령이 3병원 정상봉 행정과장에게 나의 카투사(KATUSA) 전속 명령을 부탁하였다고 하였다. 정 과장이 나를 특별히 불러 이 사실을 나에게 전하였다.

나는 행정실을 나와 우연히 3병원 내 출판부에 들렀다. 그런데 이미 다른 사람의 이름으로 된 명령이 인쇄 중이었다. 다행

히 출판부 책임자 심중사가 고향 마을(오수면 대명리) 선배로
내 이름을 그 속에 삽입해 주었다. 나는 거듭 감사의 인사를
드리고 나왔는데 지금껏 그분을 찾지 못하고 있다.

이런 과정을 거쳐서 나는 3병원 근무 3개월 만에 카투사 전
속 명령을 받았다. 그동안 해외참전 전우회 사무총장을 역임하
신 김낙제 대령님께 거듭 감사의 말씀을 올린다.

4. 제2보충대

나는 카투사 명령을 받고 구로동 벌판 제2보충대로 향하였
다. 서울행 12열차 군용 칸에 몸을 실었다. 과거와는 달리 좌
석은 있으나 물론 우리 훈련병 차지는 아니다. 나는 부득이 출
입구 바닥에 웅크리고 앉아 밤을 새웠다. 열차가 추풍령을 넘
어가자 밤의 제왕들이 나타나기 시작하였다. 군복은 모두 입었
으나 그들은 치외법권을 지닌 무법자 같았다. 끊임없이 열차
칸을 왕래하며 이유 없이 사람을 치고 욕하고 싸움을 걸어 난
동을 부린다. 하지만 이들을 단속해야 할 헌병들은 밤새도록
단 한 번도 나타나지 않았다. 그들 무법자의 소속이 어느 부대
이며 그들은 어떤 특권을 가지고 그토록 난폭하게 굴었는지 나
는 아직도 잘 모른다.

이른 새벽 열차가 용산역에 도착하였다. 그곳에도 또 다른 무법자가 나타났다. 콩나물 국밥집 호객꾼들이 농촌 출신 군인들을 골라 강제로 끌고 갔다. 일단 방에 들어가면 터무니없는 가격을 부르며 시비를 건다. 대개 한 그릇 먹고 두 그릇 값을 치러야 빠져나올 수 있는 정도였다. 나는 친구(김동원)와 같이 들어갔다가 기어이 30환을 깎고 나왔다. 그날이 음력으로 선달 그믐이었다. 나는 3종형(창영 형) 집에 여장을 풀고 다음 날(설날, 2월 5일, 월요일), 구로동 제2보충대에 신고를 했다.

그곳 분위기는 마치 장사꾼들이 물건 값을 거래하는 시장 같았다. 엄동설한에 내복도 모두 벗어 던지고 기성 부대에서 지급한 군복만 입고 온 사람들에게 첫 인사부터 '새 옷은 벗어 놓고 가라', '옷을 바꾸자', '돈만 있으면 후방 부대로 보내 준다'는 식의 흥정이 시작되었다. 이윽고 밤이 왔다. 휘몰아치는 북풍이 구로동 벌판의 기온을 당장에 영하로 끌어 내렸다. 시멘트 바닥에 취침용 장구는 두 사람용으로 얇은 담요 한 장뿐이었다. 우리는 소주병 베개에 서로의 몸을 안고 오들오들 떨면서 뜬눈으로 밤을 지새웠다. 이렇게 정월 초하루가 지났다. 이틀 후 트럭을 타고 부평 에스캄(미군 보충대)으로 달렸다.

우선 때 묻은 군복을 모두 벗어 던지고 목욕부터 했다. 기간 병들은 귀중품과 돈을 맡기라고 특히 강조하였다. 돈은 그 액수를 적어야 한다. 들리는 말에 의하면 그 돈의 액수에 따라 배치지가 정해진다고 하였다. 나는 이미 최전선에 근무할 각오를 하였고 신체검사 합격만이 내 유일의 소망이었다.

내 차례가 되자 군의관 한 분이 '175번 김재영'을 부르며 나의 신원을 확인하더니, 오 대령을 잘 아느냐고 물었다. 나는 "예, 우리 외삼촌입니다."고 대답하였다. 아마 김낙제 소령이 오 대령에게 부탁한 것 같았다. 군의관은 '합격' 하면서 내 궁둥이를 쳤다. 나는 마치 대학 입학시험에 합격한 사람처럼 의기양양하였다.

5. 미 제4기갑 카투사

* 오리엔테이션

카투사 생활 20개월은 내 군대생활 중에서 가장 유익한 기간이었다. 신체검사를 통과한 자에게는 다음 순서로 새 군복을 지급한다. 옷을 바꿔 입고 기다리는 동안 금방 우리가 맡긴 돈의 액수에 따라 부대 배치자를 방송으로 호명하였다. 후방으로 배속받은 사람들은 군용버스(SAC 버스)에 타고, 전방으로 가는 우리들은 대형 트럭(G.M.C)에 올랐다. 우리를 태운 트럭은 북풍 휘몰아치는 전선을 향하여 전속력으로 달렸다. 문산면 낙머리(봉일천)에 있는 교육장이었다. 대강 짐을 정리하고 먼저 식당에 모였다.

부대는 비록 허허벌판에 임시로 세운 콘센트 건물이지만 그 안의 욕실과 침실, 식당 등은 호텔 수준이었다. 다만 카투사들이 수세식 화장실에 익숙지 않아서 재래 화장실을 따로 만들었는데 처음 온 카투사들은 대부분 그 변소를 사용하였다.

새 군복과 따뜻한 방, 맛있는 음식에 우리들 50명 신병들은 마치 천당에 온 것 같은 표정으로 서로를 바라보았다.

다음 날부터 50시간의 교육이 시작되었다. 교육 내용은 주로 미군 군사 영어였고, 강사는 한국계 미군인 이 병장과 올간스키(Orzwanski) 일병이 담당하였다. 그 외에 목사님 교육이 이어졌다. 그분은 특히 한국인의 체면과 자부심을 강조하였다.

미군도 한국에 오면 오리엔테이션을 받는다. 그 내용은 한마디로 "한국인 남자는 모두 도둑놈이요 여자는 창녀로 보아야 한다."는 것이라 했다. 그 정도로 이곳은 도둑과 창녀가 많았다. 목사님은 병사들의 성 문제에 관하여 이곳 양부인(창녀)들은 여자가 아니라 환자(성병)이며 쳐다보거나 대화를 주고받지도 말라고 당부하였다.

약 1주일간의 교육이 끝나고 우리는 앞으로 18개월 동안 복무할 부대에 배치되었다. 손홍근(호주 퀸스랜드대학 교수) 씨가 이미 연대본부에 복무하고 있었다. 그는 나보다 대학은 2년 후배지만 군대 선임자이며 영어도 능숙하였다.

* B중대 소총병

나는 4기갑 B중대 소총병(rifle man)으로 배치되었다. B중대는 임진강가에 위치한 최전선, 최말단 부대다. 연대본부에서 김태현 병장(전북 익산 출신)이 말하기를 얼마 후에 본부로 발령을 내주겠다며 나를 위로해 주었다. 나는 오히려 말단 부대가 좋다고 하였다. B중대 본부에 들어가자 마치 고양이 눈처럼 앙칼진 인상을 가진 미군 상사 스미스(1st.Sgt, Smith)가 나를 노려보고 있었다. 그 옆에는 흑인병사들이 빨간 입술을 드러내며 농담을 하고 있었는데 가슴이 오싹하였다. 중대본부 앞에는 임진강이 흐르고 새벽이면 북한 방송이 바로 옆집에서 나온 것처럼 크게 들린다. 선임 카투사들이 우리를 맞았다. 그들은 모두 소총병으로 총 10명이었다.

첫 마디 인사로 우리가 새로 지급받은 군복을 바꾸어 달라고 하였다. 다행히 나에게는 그런 요구를 하지 않았다. 역시 가난은 숨길 수 없는 죄악이던가. 한국 군인들은 스스로 자신들을 엽전이라고 비하하였다.

나와 같이 배속된 후배 고영길(군산사범 출신) 이병(二兵)은 군복을 바꾸어 주지 않아 매를 맞았다. 그는 성격이 곧은 사람이었다. 그 분노를 참지 못하다가 며칠 후 본부 모임에서 이 일을 발설하여 문제가 해결되었다. 그 일로 우리 중대 카투사 책임자는 국편(한국군으로 전속됨)되었다.

우리 소대에 배치된 3명의 카투사는 분대장(3소대 1분대) 헴

(Sgt. Helm)의 인솔로 먼저 M.I. 총과 장비를 지급받고 앞으로 전투 일정에 대하여 설명을 들었다.

매일 아침 5시 반에 기상, 선착순으로 화장실에 간다. 한 줄로 열을 짓고 식당에 들어가 계급별로 식사를 한다. 하사 이하는 식사 전에 철봉 턱걸이를 한 번 이상 해야 한다. 나는 대학 체육시간에도 턱걸이 하나를 못 해서 D학점을 받았는데 이곳에서는 요행히 통과하였다. 식사 후 간단한 청소가 끝나면 전투훈련에 나간다. 매일 공격 훈련(everyday attack)을 실시한다.

7시 반에 부대를 출발하여 얼어붙은 논밭을 지나고 언덕을 넘어서면 산모퉁이에 이른다. 그곳에서 잠시 휴식하다가 산 정상을 향하여 기어 올라가고 '공격' 명령이 나면 총을 쏘며 고지를 점령한다. 마을 어린이와 아주머니들이 군인들 뒤를 따라 탄피를 줍는다. 나는 가끔씩 그 연습탄을 발사하지 않고 동네 어린이들에게 몽땅 주어 버린 때도 있었다. 빈 탄피 한 개를 줍기 위하여 어린이와 부녀자들이 산을 헤매는 모습이 너무 불쌍했다. 오후 4시 반이면 대개 훈련이 끝나고 귀대한다. 하지만 총을 깨끗이 닦아서 반납해야 한다.

병기 담당 미군 상병은 창고에 200촉 밝은 전등 두 개를 켜 놓고 정밀 검사를 한다. 정비가 잘 안 되어 몇 번씩 퇴짜를 당한 자가 많았다.

나는 처음 반납할 때 닦고 또 닦아서 정성을 들였다. 그 친구가 나를 힐끗 쳐다보더니 'O.K' 하고 받았다. 그다음부터 내가 총을 반납하면 보지도 따지지도 않고 받아 주었다. 첫 단추를 잘 꿴 것이다. 오후 식사가 끝나면 밤 6시부터 11시까지 5시간 동안 공부할 시간이 있다. 원래는 10시에 취침해야 하지만 미군 분대장이 내가 공부하는 것을 특별히 눈감아 주었다. 주말에 동대문 시장에 가서 '시사영어' 묶은 잡지 10권과 영한, 한영사전을 사 가지고 왔다. 고지를 공격할 때도 나는 단어집을 들고 외우며 올라갔다.

때로는 완전무장을 하고 임진강을 건너 비무장지대 25mile을 행군한 일도 있다. 마라톤은 나의 유일한 특기로 대학 체육시간에 1등을 한 일이 있다.

우리 중대에는 극장과 도서관 등이 구비되어 휴일에는 영화감상이나 공부하기도 좋은 분위기였다.

한편, 우리 중대 카투사들 중에는 매일 문산 시내에 외출하여 술에 취하거나 늦게 귀대하는 자들이 많았다. 또 보초 근무를 소홀히 하고 부대 규율을 어기는 자들이 있어, 스미스 상사와 카투사 간의 관계가 아주 위험수위에 있었다.

스미스 상사는 그동안 나의 행동을 지켜보더니 어느 날 나의 근무처를 중대본부로 옮기라는 명을 내렸다. 떠도는 말에의하면 카투사들이 밤에 몰래 스미스 상사를 감금하고 집중 구타한 일이 있었다고 하였다. 나는 이런 사정을 잘 알고 있었기때문에 양쪽의 입장을 중재하고 서로의 오해를 해소하는 데 노력하였다. 우리는 비록 짧은 기간이었지만 아주 친한 사이가 되었고, 그 후 카투사들도 그의 인간성을 이해하고 서로 협조하였다.

나는 중대본부에서 주로 작전 중 민간인 피해와 대민관계 등을 통역하고 미군 보초들의 한국말 교육을 담당하였다.

그로부터 약 1개월 후인 4월 29일 나는 연대본부(KATUSA Personal) 행정, 통역병으로 전속되었다. 내가 중대를 떠날 때 처음에 고양이 눈처럼 무섭다던 스미스 상사가 작별 인사를 하면서 눈물을 흘리며 아쉬워했다. 헴 하사(Sgt, Helm)도 부대 정문까지 나와 손을 흔들며 몹시 서운한 표정을 지었다.

* 연대본부 행정병

연대본부의 정식 명칭은 영어로 'KATUSA Liation Office' (카투사 연락 사무소)이다. 황홍렬 대위, 김수남 상사, 손홍근 일병, 김재영 일병의 총 4명이 연대 내 한미군 간 연락 사무를 보았다. 일과는 전화 통화부터 시작하여, 육군본부와 미군 연대본부 간의 서류 번역, 발송, 부대 내 1백여 명의 카투사 인사와 정신교육, 문산면 내 각급 관련 기관과의 협조, 주변 한국 부대와 합동작전 시 통역, 대민관계 통번역, 군사재판 통번역 등 다양하였다. 부대 내 미군(Newman 씨)의 국제결혼 서류도 번역해 준 일이 있다. 그 부인은 내가 대학에 다닐 때 신촌 실로암 다방 종업원으로 있었는데 미인이었다. 부대 내에 영어반을 만들어 장병들을 가르쳤고, 정, 부통령 선거 때는 사단 내

장병들을 모아 부재자 투표 요령을 설명하였다.

물자가 부족했던 당시 우리 부대는 여러 방면에서 면내 대민 봉사활동을 벌였다. 임진고교 운동장 정리, 고아원 식량 지원, 지서 통신망 설치, 기록 영화 상영 등이 생각난다.

황 대위는 유창한 영어와 고매한 인품의 소유자였고, 손홍근 씨 역시 실력과 인격을 갖춘 사람이었다. 김수남 상사는 주로 육군본부와의 연락업무를 담당하고 우리 일등병들의 방패막이가 되었다. 황 대위가 병원에 입원하고 김 상사가 육군본부로 전속한 뒤에는 나와 손홍근 씨가 모든 업무를 관장하였다.

특히 대장 운전병으로 미군 대신 카투사가 배치되면서(운전병 김기화) 우리는 지프차를 타고 파주지역을 순찰하고 다녔다. 주말에는 시간을 얻어 의정부 26사단 76연대 의무중대에 복무하고 있던 동생(김장영)을 찾아간 일도 있다. 김기화 씨는 당진군 합덕면 출신으로 파주에서 사귄 여인과 우리가 그곳에 근무할 때 결혼식을 올렸다.

연대본부에는 우리 다섯 사람 외에 공급실, 수송대, 수위실, 급수실 등이 있어 그곳에 카투사들이 배치되었다. 그때 우리가 주고받았던 우정을 다음과 같은 통신문으로 남겨 서로 나누어 가졌다.

"전우들이어, 4기갑의 추억을 잊지 맙시다.

임진강 구비쳐 흐르는 서부전선의 최전방, 대문짝만 한 말대가리 기갑사단 마크를 어깨에 달고 졸병 중 졸병으로 최말단에 밀려난 우리지만, 우리는 한국군의 긍지와 자부심을 가지고 각자 자신의 섹션(section)에서 맡은 바 직무를 성실하게 수행하였습니다.

식사 때면 한 가족처럼 식탁에 모여 앉아 그동안 겪었던 슬프고 즐거웠던 이야기들을 주고받으며 서로를 위로하고 격려하였습니다. 문산, 주내, 봉일천, 낙머리, 턱골, 하동 지역의 마을 식당, 술집, 다방을 돌아다니며 떠들었던 일, 보초, 사역, CPX 훈련, 인종차별, PX 물품구매, 헌 작업복 교환 등으로 부대 내에 야기되었던 잡음들은 흐르는 물에 떠나보냅시다. 다만 자유의 다리를 건너 비무장지대를 돌며 기진맥진했던 그때 우리 서로 주고받던 우정의 물 한 모금은 영원히 잊을 수 없을 것입니다.

이제 모두 제대하여 이곳을 떠나면 각자 세상 파도에 휩쓸려 당분간 연락이 소홀하겠지만 언젠가 여유가 생기면 우리 서로 만나 얼싸안고 환호하며 그날의 이야기들을 다시 나누자고요!"

1963년 가을 미 제4기갑연대 KATUSA병

손홍근, 임인수, 정영웅, 김재영, 손무수, 김기화, 이종구 모두 씀.

(위 이름은 군번순으로 썼습니다.)

* GI 생활

미군들은 우리나라를 도와준 고마운 사람들이다. 또한 그들 중 징집병으로 입대하여 온 사람들은 대개 선량한 자들이 많았다. 그러나 직업군인으로 한국에 파견된 군인 중에 못된 사람들이 있어 문제가 끊임없이 일어났다. 우선 이들은 입국할 때부터 한국에 대한 부정적 편견을 가지고 들어온 사람들이 많다. 이들은 행동이 거칠고 가끔씩 우리 카투사들을 혹사하였다. 또 소수이기는 하지만 술과 여자, 노름에 빠진 자, 동성연애자, 절도와 폭력전과자들도 있었다. 말단 소총병 중에는 봉급날 받은 돈을 하룻밤 노름판에서 모두 탕진하고 한국 카투사들로부터 돈을 빌려 쓰는 자가 있다. 반면 이들 주변을 서성이면서 우리보다 몇십 배의 급여를 받는 미국인들에게 고리대금업을 하는 한국 병사도 있었다.

물론 한국 카투사들도 문제는 많았다. 당시 영내 PX에서 양담배 한 통을 사면 이를 팔아 그날의 술값으로 충분했다는 말이 있었다. 나는 PX 물품 값을 잘 몰랐지만 그 안에 돈이 되는 미제품이 많아서 문산의 밤거리는 미군부대 카투사들이 판을 쳤다고 하였다.

나는 될수록 외출을 삼갔고 카투사 20개월 동안 요즘말로 어학연수를 하였다. 처음 1년간은 김치도 먹지 않았다. 한번 김치 맛을 들이면 외출을 하지 않고 못 견디기 때문이다. 어느 날 숙소에서 신문을 보니 해외 유학자격시험을 실시한다는 공고가 났다. 나는 얼른 서류를 챙겨 시험에 응시하였다. 1963년 7월 22일(월) 교육부 게시판 붓글씨로 쓴 합격자 명단에 내 이름도 있었다. 당시 미국 유학을 가려면 유학 자격시험은 필수 요건이었다. 나는 제대하고 바로 미국에 건너갈 생각이었다.

6. 다시 한국군으로

미군 부대 생활 18개월이 지나 이제 만기가 되었다.

그때 우리 부대는 대대적인 개편이 이루어졌다. 문산의 4기갑 연대에서 파주읍 주내리에 있는 2여단 본부로 옮겼다. 애써 심어 놓은 부대 앞 코스모스가 미처 피기도 전에 정든 막사를 떠났다. 때 묻은 철책상이며 타자기, 사무실 구석마다 서려 있던 기쁨과 분노, 눈물과 한숨이 뒤섞이던 감정들을 모두 놓아두고 트럭에 올라탔다. 우리를 태운 대형 G.M.C.는 붉은 먼지를 일으키며 주내로 향하였다.

그동안 내가 존경하던 황홍렬 대위가 퇴역하고 이 대위가 새 주인으로 부임해 왔다. 사무실 분위기가 당장 달라졌다.

이 대위는 체구는 작지만 미남형으로 호탕하고 자부심이 강한 분이었다. 그는 육사 출신으로 매우 활동적이었다. 하지만 미군부대는 그들이 밟아야 할 정통 코스가 아니었던지 항상 불만이 많았다. 이 대위가 오면서부터 근무 중 사무실에 맥주가 들어왔고 담배 연기가 항상 자욱하였다. 일과가 끝나면 이 대위는 관(館)으로 옥(屋)으로 다방으로 매우 분주하게 돌아다녔다. 나도 그분을 따라 파주 지역 내의 여러 군 지휘관들을 만나고 여인들이 권하는 술도 마셨다.

또한 우리 부대 내에 전에 없던 부정한 거래가 행하여지고 근무처 배치나 심지어 졸병들의 계급 승진에도 뒷돈을 요구한다는 소문이 돌았다. 나는 그 무렵 두 번이나 임기 연장을 받은 상태였기 때문에 더 이상 그곳에 미련을 두지 않고 다시 한국군으로 갔다.

1963년 11월 8일, 21개월 만에 구로동 제2보충대를 다시 찾았다. 그곳의 부패는 여전하였고 기간병들은 배치부대의 가격을 제시하면서 은밀히 사람들을 만나고 다녔다. 나는 다행히 아는 사람을 만나 대구 의무기지 사령부로 전속 명령을 받았다.

7. 의무기지 사령부

대구시 효목동에 있던 공동묘지를 옮기고 그곳에 새 부대를 세웠다. 한 울안에 의무기지 사령부, 육군제1병원과 육군군의학교가 같이 있었다. 나는 병장 계급장을 달고 군의학교 장교

중대로 배속되었다. 장교중대는 주로 의대와 간호대 졸업생들을 훈련시켜 군의관, 간호장교 등으로 배출케 하고, 승진 예정의 의무 장교들을 재교육하는 업무를 담당한다. 이들은 자존심이 강하고 대체로 질서정연하게 교육에 임하였다.

우리 사병들의 아침 조회는 공동묘지가 있던 벌판에서 하고 각자 그곳에 미리 파 놓은 호박 구덩이를 찾아가 용변을 보아야 한다. 아직도 토지 정리가 덜 되어 한쪽에서 사람의 해골과 뼈를 보았다는 사람도 있었다. 식사 사정은 여전하였다. 사병들은 빨랫줄처럼 열을 서서 스푼이 없어서 군번으로 밥을 먹었다. 보리밥에 콩나물국이 주 메뉴이고, 맹탕 국물 속에는 지푸라기가 콩나물과 섞여 나왔다.

잠자리에 들면 기름때와 땀, 피가 뒤섞인 침낭에서 악취가 코를 찌른다. 본부 기간병이 매일 교실 내 형광등과 난로, 유리창 등을 확인하기 때문에 한밤중에도 가끔씩 순행을 돌아야 한다. 겨울바람에 유리창이 덜거덩거릴 때마다 내 옆에서 자던 일등병이 소리쳐 놀라며 공포에 떨었다. 며칠 후 휴가를 얻어 집에 가더니 그는 끝내 돌아오지 않았다.

나는 기간병의 임무를 맡아 사병들의 야간 귀대를 철저히 점검하였다. 처음에는 설득이나 가벼운 벌로 다스렸으나 나중에는 나도 결국 몽둥이를 들어야 했다.

약 한 달 후 육군본부의 김낙제 소령이 교육을 받으러 우리 부대에 왔다. 나는 그분의 부탁으로 약 한 달간 병원에 입원하여 치루 수술을 받았다.

마취는 이안훈 중위가, 집도는 이상도 중위가 맡았다. 수술은 완벽하게 끝났다. 나는 뜨거운 물에 소금을 타서 15일간 아침저녁으로 좌욕을 해서 완치되었다. 위의 두 분에게 거듭 감사를 드린다. 내가 입원한 3병실에는 여러 환자들이 있었다. 아침에 수술하고 오겠다며 웃고 나갔다가 돌아오지 못한 병사가 둘이나 있었다. 주인 없는 침대를 치우면서 우리는 간단한 묵도를 올렸다. 또 우리 3병실 안에는 신장결핵으로 고생하는 환자들이 있었다. 그들은 자신의 혈뇨(血尿)를 지켜보면서 날마다 이승과 저승을 헤맸다.

하지만 우리들에게는 참을 수 없는 고통이 하나 더 있었다. 배고픈 설움이다. 병원 식사는 마산 군의학교 때보다 더 심했다. 어느 날 나를 면회 온 박희무 형이 가져온 건빵 한 봉지를 우리 병실 환자들과 서로 나누어 먹으며 눈물겨워하던 일이 지금도 잊히지 않는다. 아무리 군이 부패했다 해도, 절망의 고통 속에 허덕이는 이 가련한 환자들의 몇 숟갈 안 되는 밥을 훔치는 검은 손이 그 누구의 짓이란 말인가. 도대체 의무기지사령부와 학교, 병원이 같은 울안에 있으면서 이 천인공노(天人共怒)할 부정이 어떻게 이토록 악랄하게 자행될 수 있었던가. 개탄할 일이었다.

일각(一刻)이 3년처럼 힘들고 고통스러웠던 34개월의 세월이 흘러 나는 만기제대 특명을 받았다. 1964년 4월 27일, 마지막 작별 인사를 드리고 군의학교의 철조망을 빠져나왔다. 고향 출신 정길봉 중위와 정인성 씨가 성찬을 대접해 주었다. 평소 나를 귀찮게 하던 장교들도 모두 현관 앞에 나와 나의 제대를 축하하고 행운을 빌어 주었다. 나는 특히 병실에 신음하고 있는 모든 병사들이 완치하고 돌아갈 수 있도록 하느님께 빌었다.

제10부
가시밭길 5개월

1. 고향에 돌아와도

나는 제대 특명을 손에 들고 고향행 버스에 몸을 실었다.

희망에 들뜬 마음으로 창밖을 내다보며 장밋빛 그림을 그리고 있었다. 버스는 달성, 합천, 거창을 지나 무주의 나제통문을 통과하였다. 전북 땅이다. 갑자기 불안과 공포가 내 마음속에 엄습해 온다. 다시 철조망으로 들어가는 기분이다. 무서운 현실이 내 눈앞에 다가오고 있었다. 어디로 갈까.

나는 제대복을 입고 집 앞까지 갔다가 발길을 돌렸다. 지난 세월 역겨웠던 일들일랑 훨훨 털고 소월의 시 한 편을 일기장에 써 넣었다.

고향을 잊었노라 하는 사람들
나를 버린 고향이라 하는 사람들
죽어서는 천애일방(天涯一方) 헤매지 말고
넋이라도 있거들랑 고향으로 네 가거라.

　내 수중에 가진 것이 없으면 나의 사랑하는 가족, 친지, 친구, 정든 고향 길도 낯설 뿐, 자기 자신도 역겨울 때가 있다. 나는 아버지께서 어렸을 때 이야기해 주시던 알렉산드르 뒤마(Alexander Dumas, 1824~1895)의 '몬테크리스트의 성'을 떠올리며 그 마지막 장면의 대사, '참아라, 기다려라, 희망을 가져라'를 항상 좌우명으로 삼고 노력하였다. 하여튼 나는 바쁘게 움직였다.

　우선 인정 많은 외숙(이재훈 서장) 댁에서 여정을 풀었다.
　다음 날 어머니 산소를 찾아 제대 인사를 드렸다.
　'어머니, 당신의 둘째 아들이 국방의 의무를 무사히 마치고 돌아왔습니다.'고. 어머니가 살아 계셨다면 아들의 얼굴을 어루만지며 감개무량하셨을 터인데 무덤은 말이 없고 너무 황폐되어 있었다.

　5월 16일, 35예비사단에서 4일간 영농교육을 받고 완전히 군복을 벗었다. 요즘이라면 34개월 동안, 다이어트와 등산, 어학연수, 극기 훈련 등을 골고루 체험하고 돌아온 셈이다.

2. 형의 복직

생각하면 34개월은 오랜 세월이었다. 고향에 돌아와 보니 내가 군에 복무하는 동안 군대를 마치지 않았던 사람들도 모두 무사히 직장생활을 계속하고 있었다. 그 무렵 나에게 가장 반가운 소식은 형의 복직이었다. 형은 교육청에서 실시한 채용시험에 합격하여 5월 29일, 장수 계북초등학교에 발령이 났다. 아버지가 예상 문제를 작성하여 지도하신 것이 성과가 있었다.

형 내외가 버스를 타고 떠나시던 날 동네 아주머니들이 감격의 눈물을 흘리며 환송해 주었다. 그동안 영양실조로 쓰러지며 고생한 보람이 있었다. 누구보다도 마음씨 착한 나의 형수씨와 형의 처가 식구들이 기뻐하였다.

3. 학원 강사

내가 제대할 당시는 취직 시즌이 아니었다. 물론 요즘처럼 취직 시기가 따로 있어서 사람을 채용할 형편도 아니었다.

나는 미군부대에 근무하는 동안 영어도 가르쳤고, 유학 자격 시험도 합격하여 영어 강의에 자신이 있다고 생각하였다.

마침 종형(김우영)의 도움을 받아 학원 강의를 나갔다. 동아 학원이란 곳에서 성의를 다하였지만 예상처럼 학생들이 모이지 않았다. 그 외에 한종희 형(전북대 교수)과 황인구(전고교사) 형 등이 나를 위해 학교 교사직도 알아보고 그룹지도팀을 만들어 주었지만 역시 별 도움이 되지 않았다. 하여튼 나는 1개월 반 만에 모두 포기하고 서울로 향하였다.

신문 보도에 나오는 외무사원 모집광고를 보고 몇 군데 회사를 찾아갔다. 이들은 대개 비싼 보증금을 요구하는 외에 별다른 전망이 없어 보였다. 대학 때 고학하던 경험을 살려 장사 일을 알아보았으나 내 친구 중 상업하는 사람이 없어서 그 일도 어려웠다. 그런 와중에도 돈을 벌어 등록할 생각으로 나는 대학원을 찾아갔다. 등록금이 두 배로 껑충 뛰었다.

4. 거리의 행상

7월의 삼복더위가 시작되었지만 나는 더위를 느낄 마음의 여유도 없었다. 막연히 거리를 헤매다가 서울역으로 가서 부산행 기차표를 샀다. 그곳에서 장사를 시작할 속셈이었다. 부산 자갈치 시장에 당도하여 호주머니를 더듬어 보니 돈 10원이 남았다. 우선 시장기를 면하기 위하여 5원을 주고 고래국을 사

먹었다.

당시 부산 부두에서 팔던 고래국은 고래창자와 배추를 넣어 끓인 것으로 마치 돼지밥과 같았다. 이등병보다 더 처량한 신세가 되어 이곳에 찾아왔지만 나는 결코 좌절하지 않았다.

나는 그 길로 천마산 꼭대기 재당숙 집에 갔다. 가난과 병고에 시달리던 재당숙 내외는 시종일관 나를 위해 최선을 다해 주었다. 다음 날 내가 제대할 때 가져온 시계(430원), 내복(280원) 등 몸에 붙은 물건을 모두 팔아 장사 밑천을 마련하였다. 내복은 내가 미군부대에서 제대할 때 가져온 것으로 값이 비싼 편이었다.

국제시장에서 물건(밥공기)을 구입하여 김해, 마산장터 등을 돌며 행상을 하였다. 하루 종일 판을 벌였지만 겨우 공기 서너 개를 본전에 팔았다. 결국 모두를 헐값으로 넘기고 다시 빈손으로 일어섰다. 너무 싼값으로 팔아 차비도 챙기지 못하였다. 동무 장사들이 부러웠다. 수없이 늘어선 구멍 가게들은 마치 가축들이 우글거리는 마구간같이 보였다. 하지만 그들은 장사가 끝나면 자신들을 따뜻이 맞아 줄 사랑하는 가족이 있지 않은가. 나는 그런저런 생각을 하면서 문득 정신을 차려 보니 내 등이 따뜻했다. 내가 배추 쓰레기 더미에 쓰러져 잠이 들었던 것이다.

하여튼 나는 내 앞에 어떤 고난이 닥쳐도 결코 절망하지 않고 끊임없이 움직였다. 벌이가 없는 날은 굶고, 차비가 없으면 몇십 리고 걸어갔다.

5. 빵 장사

7월 중순, 나는 대구로 향하였다.

그곳에는 나의 친척 김동기(경찰 출신) 대부가 계셨다. 그곳에서 대부 내외분은 나에게 특별한 호의를 베풀어 주었다. 나는 그분들의 도움으로 왜관읍 석전동 미군 부대 앞에서 빵집을 차렸다. 아침 일찍이 대구 시내 제과소에서 고급 빵을 도매로 가져와 소매를 하였다. 우선 내가 정착할 곳이 생겼다. 나는 여러 군데 알 만한 사람들에게 편지도 하고(당시는 전화가 없었음) 가을 취업 시기를 기다리며 악착을 부렸다.

대부는 나를 위하여 식모까지 구하여 오셨다.

매상은 하루 50원, 60원 혹은 20원밖에 안 될 때도 있었다. 차량 통행이 번거로워 30분마다 물을 뿌리지 않으면 먼지가 상점 음식으로 날아왔다. 날씨는 무더워 38도를 기록하는데 그해 따라 가뭄이 심하여 단 하루도 비가 온 날이 없었다. 빵과 생과자가 굳거나 곰팡이가 나기 시작했다. 모기가 그 지역 인심처럼 악독하여 극성을 부렸다. 군대에서 가져온 치약이 떨어졌다. 이제 내 호주머니에는 우표 한 장 살 돈도 없는 빈털터리가 되었다.

나는 우선 식모를 귀가시켰다. 식사 대신 14원짜리 국수와 굳은 빵, 곰팡이 난 생과자를 먹고 그것도 없으면 굶었다.

나의 대학시절 감명 깊게 읽었던 헷세(Hermann Hesse, 1877~1962)의 『싯다르타(Siddhartha, 1951)』에 나오는 부처님의 '무소유(possess nothing)'에 관한 좌우명을 상기하였다. 그의 메시지를 간단히 소개하면 다음과 같다.

"나는 생각하고 기다리고 굶을 수 있다(I can think, I can wait, I can fast). 특히 사람이 굶을 수 있다는 것은 중요하다. 만일 굶을 수 있는 인내가 있으면 가장 지혜로운 행동을 할 수 있다. 차분하게 기다리고, 초조하지 않고, 궁색을 떨지 않으며, 상당기간 기아에서 벗어나 웃을 수 있기 때문이다. 굶는 행동은 아주 유용한 것이다."

위의 간단한 구절은 인도 지배계급(Bramin) 내 진보적 지식인들(Samanas)의 행동강령이기도 하다.

그렇게 여름이 가고 찬바람이 불기 시작하였다. 전주 종형(김우영)으로부터 편지가 왔다. 시내 모 사립학교에 이력서를 제출하여 9월 학기부터 근무 약속을 받았다는 내용이었다.

나는 서둘러 짐을 꾸려 우선 형(김화영)이 계신 장수 계북초등학교로 갔다. 그곳에서 며칠 동안 땔감을 해 주고 싶었다. 형은 학교 관사에 살림을 차렸는데 가끔씩 부엌에서 독사가 기어 나온다고 하였다. 불을 때지 않았기 때문이다. 나는 뒷산(덕유산)에 올라가 나무 등걸을 지게에 짊어지고 내려오다 넘어져 허리를 다쳤다. 하지만 모처럼 형제가 밥상 앞에 앉아 행복한 시간을 보냈다. 항상 천사처럼 착하신 형수께 무한한 감사를 드렸다.

제11부

교원의 길

지금 생각하면 나는 학생을 가르치고 학문을 연구하는 것이 천직이었던 것을 너무 오랜 기간 너무 먼 길을 돌아다녔다. 내가 후회스러웠던 일은 평소 교육자가 되겠다는 생각을 하지 못한 일이었다.

　졸업 직후 아버지께서 교원자격증 신청서를 가져오셨다. 사람 일을 모르는 것이니 만약을 위해서 자격증은 필요할 것이라고 하셨다. 당시 정치학과 졸업생은 누구나 구비서류만 제출하면 사회과 준교사 자격증을 발급해 주었다. 나는 교사만은 하지 않겠다고 거절하였다. 6년 후에 다가올 나의 운명을 전혀 예상하지 못하였던 것이다. 나는 사실 교사 자격증뿐 아니라 교사로서의 자세도 준비되지 않았다. 솔직히 말해서 교사는 내가 필요한 때 잠시 거쳐 가는 간이역처럼 생각하고 있었다.

　운명은 피할 수 없는 것이었던가. 아니면 상황이 부득이했던 탓이었을까. 나는 교사가 가는 길을 열심히 걷고 있었다.

왜관에서 돌아와 다섯 군데 사립학교에 서류를 제출하였다.

대개 학교들이 요구하는 과목은 영어, 수학, 국어였다. 사회과목의 경우, 교사 수는 적고 지원자는 많아서 거의 충원기회가 없었다. 나는 자격증도 없고 전공과목도 달라서 몇 군데 거절을 당하였다. 당시 나는 교사생활을 오래 할 생각이 없었기때문에 그때까지도 자격증에 별 관심을 두지 않았다.

1. 원광여고

익산에 있는 원광여고의 영어 교사가 전주 A고등학교로 부임했다는 소식을 들었다. 내가 원광여고를 찾아간 첫날 교장선생님은 출타 중이었다. 다음 날도 또 다음 날도 출장에서 돌아오지 않았다. 나는 교장선생님을 만나기 위하여 전주―동산촌―대장촌―익산까지 25km의 거리를 계속 걸어서 왕래하였다. 당시전주―익산 간 기차비는 25원, 전주―동산촌, 익산―대장촌 간거리는 약 8km, 시내버스비는 5원이었다.

그다음 월요일(10월 19일), 나는 당질녀(김문자)로부터 돈100원을 빌려 아침 출근시간에 맞추어 학교로 갔다. 교장선생님은 나의 고교시절 생활 기록부를 확인한 뒤 발령을 내겠다고 하였다. 전임자인 나의 선배 교사의 근무태도에 문제가 있었던 것이다. 그런데 나의 생활기록부는 장기결석, 지각, 조퇴로 엉망이었기 때문에, 만일 학교에서 이 내용을 보면 당연히 나를 채용하지 않으리라고 생각하였다. 나는 마음속으로 단념하고 일어섰다. 내가 막 현관문을 열고 나가려 할 때, 뒤에서 친구(이제성 형)가 불렀다. 지금 바로 부임 인사를 하라는 것이다. 학교 입장에서 더 이상 학생들을 희생시킬 수 없다고 하였지만 사실 두 친구(박제중, 이제성)의 추천이 결정적 역할을 하였다. 박제중 형(원광대 교수)은 나와 서울대 동기로 학덕을 겸한 인격자이고 이제성 형(원불교 전주교구장)은 당시 그 학교 교사로 중요 역할을 담당한 원불교 중진이었다. 내가 교단에 올라서는 순간 그동안 견디기 힘들었던 허리 통증이 말끔히 사라졌다.

정석진 교장선생님은 원불교 전무출신(수녀)으로 그 후 나를 무척 사랑해 주셨다. 나는 그분에게 항상 감사드리고 언젠가 그 은혜에 보답하리라고 마음먹었다. 그분이 좀 더 오래 살지 못하고 이 세상에 계시지 않는 것이 한스럽다.

이 학교 교사의 구성을 보면 서울대 출신이 약 30% 정도를 차지하고 대개 이화여대, 원광대 출신 등이었다. 서울대의 경우 법대, 사대, 상대, 문리대, 약대 등 다양하였다. 당시는 취직 자체가 힘들었던 시기였다. 원광여고는 원불교에서 세운 학교였기 때문에 원대 출신이 많았다. 그뿐 아니라 당시 원대의 교학과는 전면 장학금을 지불하여 전국에서 우수한 인재가 몰려

왔고 또 전주사범을 졸업한 인재들이 원대 졸업장을 가지고 중등에 진출하였기 때문이다.

2. 그룹지도와 영어공부

나를 채용할 때 교장선생님은 6개월 이내 교사 자격증 취득을 조건으로 내세웠다. 나는 그 조건이 무슨 뜻인지 몰랐다. 친구의 말에 의하면 성실성을 담보하려는 것이라고 하였다. 하지만 도교육청에서는 수시로 무자격 교사, 과목상치 교사를 인사 조치하라는 공문이 계속 하달되었다. 그 공문을 내가 직접 결재를 맡아야 했다. 나는 교장선생님께 미안한 생각이 들었다.

다음 해(1965년), 나는 생활이 안정되면서 사력(死力)을 다하여 영어공부를 계속하였다. 대개 일과 시간 후에는 학생들을 모아 그룹지도를 하고 공부는 철야(徹夜)로 하였다. 월요일부터 금요일까지는 두 시간만 자고 주말에 충분히 휴식을 하였다. 약국에서 각성제를 도매로 사다가 매일 복용하여 약효가 없으면 며칠 중단하였다가 다시 먹었다. 매달 습관적으로 구토, 설사를 할 정도로 공부에 올인하였다. 당시 시중 서점에 나온 영문해석책(고교영어정해, 성문종합영어)을 거의 암기하여 어느 단어 어느 문장이 몇 페이지에 있다는 것을 모두 꿰뚫을 정도였다.

교육청의 지시로 취임 8개월 후, 문교부 전형에 합격하여 사회과 교사 자격증을 획득하였다. 연초에 나의 동생 김초영(치과원장)이 경희대 수학 경시대회에 수상(전국 2등)하더니 서울대학교 치대에 합격하였다. 우리 가정은 모처럼 웃음꽃이 피었다.

3. 풀브라이트 유학시험 합격

1966년 나는 유학 자격시험의 유효기간이 만료되어 다시 시험을 치렀다. 1월에 영어, 4월에 국사시험에 합격하였다. 당시 내가 근무하는 원광여고에는 원광대 교학과 출신 중 두 분의 우수한 영어교사가 있었다. 그중 정봉길 선생은 풀브라이트(Fulbright) 시험에 합격, 미주리대(University of Missouri)에서 유학을 하였고, 송수은 선생도 같은 시험에 합격하여, 하와이대(University of Hawaii)에서 공부를 하고 돌아왔다. 학교에서는 그다음 순서로 나를 기대하고 있었다.

나는 학위 코스를 가려고 하였지만 그에 알맞은 시험이 없었고, 마침 3년 이상 경력의 영어교사를 파견한다는 풀브라이트 계획에 관한 공문이 왔다. 나의 경력은 자격증 취득 후 겨우 1년이 지났을 때였다.

교장선생님이 직접 3년의 경력증명서를 결재하여 교육청에 제출하였다. 교육청의 담당 장학사님(진종현 교장)은 나의 중학교 3학년 담임으로 그 서류를 쾌히 승낙해 주셨다.

1차 시험은 광주 미국공보원에서 실시하였는데, 전남, 전북, 제주도에서 온 약 80여 명의 영어교사들이 응시하였다. 시험 내용은 요즘의 토플시험과 비슷하다. 다만 영작시험이 따로 있었다. 그중 합격자는 나 한 사람뿐이었다.

10월 27일 오전 11시, 서울 풀브라이트 사무실에서 2차 시험을 보았다. 면접시험이었다. 며칠 전부터 목이 막히고 말을 못 하였다. 나는 생계란, 커피 등을 마시며 노력 끝에 드디어 면접시험 직전에 목소리가 터졌다.

나는 예상 질문내용을 미리 준비하여 리허설을 하고 나갔다. 정치학과 졸업생과 영어 교사에 관한 질문이 나올 수 있다고 생각하였다. 나의 예상은 적중하였다. 면접관이, 'What is your major in the University, 당신 전공이 무엇이요?'라고 물었다. 나는 이 질문이 나오자마자 준비해 온 내용을 가지고 대답하였더니 더 이상 묻지 않았다.

합격자 발표는 그날 오후 2시였다. 이제성 형이 시종 나와 같이 있어 주었다. 그날 합격한 사람은 나와 의정부 고교 정찬영 형(서울사대 교육행정과 졸업) 두 사람이었다. 1차 시험에 합격한 14명 중 합격자 2명을 선발하였다.

얼마 후 미 국무성에서 장문의 공문이 왔다. 1967년 예정이었던 계획을 예산사정으로 1년 연장한다는 내용이었다.

1967년, 나는 도미(渡美) 전에 영어교사 자격시험을 준비하였다. 영미의 시, 소설, 수필, 희곡, 평론을 서술한 12권의 책을 철저히 공부하여 시험장에 나갔다. 시험장은 질서가 없었다. 심지어는 사전과 책을 아주 펴 놓고 보는 사람도 있었다. 하지만 결과는 공정하였다. 그 사람들은 모두 탈락하고, 전남, 북 지역에서 나와 서울 문리대 중문과를 나온 후배 두 사람만 합격하였다.

4. 결혼

나는 아내와 혼인하기 전에 무려 14번의 맞선을 보았다.

그중 절반은 내가 거절을 당하였다. 거절 이유는 대개 내가 가난하고 계모 슬하에 있다는 이유가 많았다. 내 마음에 들어 혼사에 합의한 교사가 있었다. 다음 날 절차를 상의하려고 약속 장소에 나갔는데 그분이 나오지 않았다.

그분은 후일 전북 지역에서 가장 유능한 교육자가 되었다. 나는 최근 그분과 가끔 마주친다. 당시의 상황에 대한 그분의 말씀을 들어 보면 내가 정말 애송이었던 것 같다.

내가 여자의 외모를 보고 고른다는 소식을 듣고 나의 형수가 이사도라 던컨(Isadora Duncan, 1877~1927) 같은 여인을 소개하였다. 그녀는 정말 아름다웠다. 하지만 내가 버나드 쇼(George B. Shaw, 1856~1950)[58]가 아니었어도 그녀를 감당할 수 없다고 하였다.

인연이던가, 운명인가. 결국 나는 내가 걸어가고 있는 형설의 고행길을 아무 조건 없이 선택해 준 지금의 나의 아내(이은숙)를 평생 반려자로 맞아들였다. 아내는 나보다 더 어려운 가정에서 태어나 나보다 더 강한 의지와 재능이 있어 모든 분야에 적극적이었다. 부모님은 우리 혼사를 쾌히 승낙해 주셨다.

1968년 4월, 우리 부부는 내가 가정교사[59]로 있던 학생(유상렬, 재미)의 집 행랑채 이칸방(미닫이로 가운데 칸을 막고) 위쪽에 살림을 차렸다. 그해 8월, 미국에 건너갈 무렵, 아내가 임신을 하여 유난히 입덧이 심하였다. 나는 부득이 그 이웃에 있던 고가(古家)의 버려진 방을 월세로 얻었다. 그곳은 부엌도 마루도 창문도 없고 아궁이조차 막혀 버린 골방이었다. 다행히 주인 손성환(이리시장) 시장님 내외분이 인덕이 높으셔서 그분들에게 아내를 부탁하였다.

---

58) "당신의 뛰어난 두뇌와 나의 미모를 닮은 아이를 가진다면 얼마나 행복할까요" 하면서 사랑을 구하던 이사도라 던컨의 말에, 버나드 쇼가, "반대로 나의 못생긴 용모와 당신의 아둔한 아이를 낳으면요" 하고 거절했다는 유명한 일화가 있다.

59) 당시 나는 동기인 이우영 형(이리상고 교장)의 소개로 유 사장 댁의 가정교사로 그 집 아이를 가르쳤다.

5. 도미(渡美) – 피츠버그 대학 연수

* 번거로운 수속

미국 국무성에서 초청장이 온 뒤 나는 두 달에 걸쳐 도미 수속을 마쳤다. 먼저 소정의 재산이 있는 친척형(전주 역전염업사 사장 김석영 형)의 신원 보증서를 받았다. 그 후 세무서, 병무청, 동사무소 등에서 몇 시간씩을 기다려 서류를 만들었다. 과학기술처, 문교부를 거쳐 외무부 여권과에 서류를 제출하고 세브란스 병원에서 신체검사를 받았다. 과학기술처와 문교부 승인은 최응선 형(대학 동기)이 해 주었다. 신체검사 과정에서 X – Ray 촬영 때 재검을 하더니, 기생충 보유자로 불합격을 받았다. 당시는 기생충 구충이 불가능하던 시기였다. 처음에 전주로, 익산으로 기생충 박사(당시 소진탁 박사)를 찾아다녔는데 그분은 미국 출장 중이라 했다. 그러다가 문득 묘안을 생각해 냈다. 병원 담당 직원에게 간청하여 재검을 신청하고 미국서 돌아온 친구의 변을 대신 제출하여 통과되었다. 마지막 출국 직전에 국방부 승인을 받으러 갔다. 이미 모든 스케줄이 확정된 상태에서 국방부 당국자는 날자 기입이 잘못되었다는 핑계로 내 서류만 보류하였다. 그때 이연교 형(고교 동창)이 구세주처럼 나타났다. 그 친구는 당시 동아일보 국방부 출입 기자였다. 출발 직전, 미국 대사관에 서류를 받으러 갔다. 이번에는 나와 동명이인(同名異人)인 다른 사람이 내 X－Ray 필름을 가져가고 없으니 세브란스 병원에 가서 다시 촬영해 오라고 한다. 그곳에서 몇 번이고 재검하여 찍은 사진이다. 나는 결국 X－Ray 사진필름 없이 비행기를 탔다.

당시 나의 경우는 국무성 초청이기 때문에 특별 케이스로 탑승 허가를 한 것이다. 일반 학생의 경우 여권 발급을 받으려면 주로 외무부 여권과장 서랍에서 대략 한 달 정도를 기다려야 하고, X－Ray 필름이 없으면 하와이 공항에서 다시 돌려보낸다고 하였다.

지금 우리나라의 출입국 수속과 인천공항의 친절은 세계적 수준이지만 지난날 우리에게도 그런 부끄러운 과거가 있었다.

내가 떠나던 날, 아내와 장모님, 김옥엽 씨(사돈, 형수씨의 동생)가 김포공항에서 마지막 환송을 해 주었다. 아내는 내가 비행기 출입문 안으로 들어갈 때까지 손을 흔들고 있었다.

* **미국 입국**

비행기가 하와이 공항에 도착하였다.

내가 비행기 트랩에서 내리자, 건장한 미국인 한 사람이 그곳까지 나와서 나를 확인하고 인사를 하였다. 그분은 이미 나의 사진을 복사하여 가지고 있었다. 그는 내 앞에 서서 입국 수속을 안내해 주었다. 내가 X－Ray에 관한 사정을 말하자 공항 직원이 친절하게 미안하다고 말하면서 통과해 주었다. 워싱턴 D.C. 공항에서 Program officer의 안내를 받아 숙소(Dodge House)에 도착할 때까지 미 국무성 당국은 계속하여 교대로 나를 안내해 주었다.

* 피츠버그 대학

당시 나와 같은 계획에 의하여 교육을 받은 사람들은 11개 국가에서 선발되어 온 22명의 교사, 교수, 변호사 등이었고 그중 한국인은 나와 정찬영 형(한국 교육개발원 부원장) 두 사람이었다. 처음 2주간은 워싱턴 D.C.에서 오리엔테이션을 받고 피츠버그 대학(University of Pittsburgh)에서 1학기 강의를 받았다. 그곳에서 유어 씨(Roland W. Ure) 부부가 나를 초청하여 가족처럼 돌보아 주었다. 유어 씨는 피츠버그의 웨스팅하우스(Westing House)에 근무하였는데 내가 귀국 후 비행기 사고로 타계하였다.

우리는 종강 후 대륙횡단 여행을 마치고 서로 다른 지역으로 배치되었다. 나는 덴버(City of Denver, Colorado)시내 고등학교를 순방, 참관하였다. 학교가 바뀔 때마다 나를 안내하는 담당 교사가 있어서 그분들이 모든 배려를 해 주었다.

나에게 지급된 장학금은 월 450달러(환률, 1 : 270원), 당시 내 봉급(월 24,000원: 백미 3가마 값)의 5배였다.

피츠버그 대학의 강의 내용은 미국 정치와 문화, 역사, 영어 교수 방법 등이었다. 우리가 헤어질 때 내가 졸업앨범에 기고한 내용을 소개하면 다음과 같다.

But as everything in life, my stay also came to an end and now I must say "Adieus"

(이제 작별 인사를 드릴 때가 왔습니다.)

Jae－Young Kim(김재영)

Dear Friends, Dear Pittsburgh, adieu!

(친구들이여, 피츠버그여 안녕)

Although There is an old Korean saying that friends never meet but only part, I hope we never part but only meet as long as we live in the world, just as all the separated streams and rivers meet together in the ocean.

(비록 회자정리^{會者定離} 라는 한국 속담이 있지만, 우리는 냇물이 바다에서 서로 만나듯 다시 만나기를 바랍니다.)

We gathered here in the Cathedral of Learning with a desire for satisfying our curiosity and pursuing truth and we've become friends above national boundaries in the Nationality Classroom.

(우리는 진리 탐구를 위하여 이곳에 모였으며 피츠버그 대학의 유명한 '국제 학습장'에서 국경을 초월한 친구가 되었습니다.)

All the memories－all the happiness and sadness that we shared make us miss each other so much more than we can ever say.

(모든 추억—우리가 서로 나누었던 기쁨과 슬픔이 그립구려.)

If I chance to come this way again some day years and years from now, I will trace all the events of those distant times with a deep emotion and a fond remembrance of day gone by— 313 Flannel Building where we meet every day, department stores on Forbes Avenue where we shopped in twos and threes, and the school buildings in which we cultivated our teaching abilities.

(먼 훗날 언젠가 다시 이곳에 온다면 나는 우리가 매일 만나던 313빌딩, 삼삼오오 짝을 지어 쇼핑하던 백화점 그리고 교수 방법을 공부하던 학교 건물들을 회상할 것입니다.)

I will look for the newspaper man at my bus stop and watch unforgettable romantic scenes around the campus. But most of all, the first thing I want to see, however, is a new Nationality Room, a Korean Classroom if you please!

(버스 승강장의 신문 판매원, 대학구내 청춘 남여들의 낭만적인 모습을 찾을 것입니다. 하지만 무엇보다도 더 보고 싶은 것은 '배움의 전당' 안에 새로 설치되었을 '한국관'을 찾을 것입니다. 당시 피츠버그 대학에는 중국, 일본 등 세계 20여 개 국가를 상징하는 국제문화관이 있었지만 그중 '한국관'은 없었다.)

최근 소식에 의하면 피츠버그 대학 동창회에서, 2008년부터 그곳 '배움의 전당(Cathedral of Learning)' 안에 '한국관' 건립을 추진키로 하였다 한다. 현재 성금을 모으고 있는 중인데 강영우 박사가 희사금을 내놓았다는 보도가 있다.[60]

* 덴버 시

마지막 코스로 덴버 시 학교들을 순방했을 때 시내 일간신문사 여기자가 나를 취재하였다. 그 내용을 발췌하여 간단히 소개하면 다음과 같다.

East Meets West(Metro West 신문사, 1969년 2월 26일)

"한국에서 미 국무성 초청을 받아 우리 지역 학교를 순방 중인 김재영 씨를 소개한다. 그는 바르고 단정한 자세, 부드러우면서도 단호한 말투로 대화를 나누었다.

한국인들은 아직도 많은 인구가 조상 대대로 지어 온 농사에 종사하고 있으며 초가지붕과 온돌방에서 살고 있다.

여인들은 긴 치마에 흰옷을 즐겨 입고 될수록 자신의 신체를 드러내지 않는 것을 미덕으로 여긴다.

미국인들에 대한 질문에 그는 극히 부정적이다.

미국의 젊은이들은 차 안이나, 잔디밭 등 아무 곳에서나 애정 표시를 하며 미니스커트를 입고 다니는 것은 신기하다(우리나라도 1967년 1월 7일 윤복희 씨가 김포공항에 미니스커트를 입고 나타났다는 보도가 있었는데 사실이 아니라는 말도 있

---

60) 조선일보, 2010년 4월 29일.

다). 학생들의 환각제 사용이 문제가 되어 각급 학교에서 비상 대책을 강구하고 있는 것은 물질만능주의 시대의 부작용이다.

기본적으로 두 나라 사이에 별다른 차이가 없다.

한국 학생들도 기성을 불신하고 정부를 비판하며 변화를 추구한다. 조만간 미국의 이런 현상들이 한국에서도 크게 유행할 것이다. 교사들의 수업방식은 어느 나라나 거의 차이가 없다. 행복의 기준도 마찬가지다. 아무리 물질이 풍부해도 마음의 평화가 더 중요하다. 코로라도는 아름답고 살기 좋은 지역이다."

나는 학교 순방 중 도서관에 비치된 도서들을 살펴보았다. 우선 'Korea'라고 표시된 칸을 보았다. 남북한의 책들이 비슷하게 꽂혀 있었다. 당시만 해도 북한의 경제 사정은 한국과 차이가 없다고 하였다.

일본은 달랐다.

일본은 미국의 가장 가까운 이웃으로 특히 덴버지역에 일본인들이 많았다. 제2차 세계대전 중 미국은 일본인들을 모두 이곳에 집결시켜 감시를 강화하였다. 일본인들이 집단으로 거주하는 지역은 학생회장도 일본학생이었다. 그뿐 아니라 샌프란시스코(San Francisco)에서 유명한 골든게이트 공원(Golden Gate Park)의 중심에 일본가든(Japanese Garden)이 있다. 그 지역 방송에도 일본 프로가 있고 일본인들은 미국을 자신의 이웃처럼 자유롭게 왕래하고 있었다. 국경의 담을 높이 세우고 해외 출국을 매국시하여 강력 통제하던 당시의 한국과 대조적이었다.

나는 귀국길에 친척 동생(김일영, 김학영 형의 동생) 집에서 며칠간 머물렀다. 한국 유학생들은 어느 곳에서나 성실하고 애국심이 강하였다.

풀브라이트 규정에 의하면 귀국 후 2년 동안 의무적으로 교직에 봉직해야 한다. 나는 떠나올 때 학교가 요구한 대로 사표를 제출하고 왔다. 학교 당국에서는 아마 나의 장래를 고려하여 사표를 받은 것 같다. 나는 서울 A대학 부속고등학교에 연락하여 귀국 직후 취임하기로 승낙을 받았다. 그 학교에서는 2년 후 대학으로 보내 준다는 약속도 하였다.

김포공항에 도착하자 원광여고 교장선생님이 병구(病軀)를 이끌고 마중을 나와 계셨다. 학교 사정을 말하면서 다시 근무해 줄 것을 간청하셨다. A학교와 비슷한 조건들을 약속하였다. 나는 감사의 인사를 드리고 그 학교로 다시 돌아왔다.

·

6. 장남 김문주

내가 없는 동안 아내는 우리의 소중한 첫 아들(김문주)을 낳았다. 엄동설한 매서운 추위에 아무 온기도 없는 삼청냉돌 방바닥, 부엌과 천정을 제멋대로 들락거리는 쥐떼들의 소음에 시달리며 어두운 골방을 지키던 아내는 출산 순간까지 입덧을 하면서 산고의 고통을 겪었다. 내가 돌아온 날 아이의 둘째 이레를 축하하였다. 아이는 건강하고 활기차게 자랐다.

미국에서 마련한 돈으로 나는 우선 전세방을 얻었다. 방이 너무 허술하기는 마찬가지였다. 구들장이 무너져 아이가 다치고 연탄가스가 무서워 밤마다 몇 차례씩 환기를 해야 했다.

1년 반이 지났다. 나는 유학 자금을 마련하기 위하여 전주 해성 고등학교로 옮겼다. 전주는 개인지도 조건이 익산보다 유리하였다. 하지만 그 학교는 일과 후 교직원 간의 모임이 너무 많아 시간 얻기가 힘들었다. 그때 서울 친구(성낙연 형, 당시 경기학원 원장)가 와서 봉급의 10배를 약속하며 학원 강의를 제의하였다. 너무 고마웠지만 우리 부부는 모험이라 생각하여 거절하였다.

하여튼 나는 6개월 만에 원광여고로 다시 찾아갔다. 원광여고 정 교장선생님은 나를 환영하였고 원광대학의 강의까지 주선해 주셨다. 나와 같이 근무하던 교사 중 후일 대학으로 진출한 교사들의 수는 다음과 같다.

원광보건대 학장 2명, 군산대학교 교수 4명, 원광대학교 교수 5명, 전북대 교수 2명, 우석대 교수 1명, 동신대 교수 1명, 재미 교수 1명 등 총 16명이었다.

제12부
1970년대

1970년대는 근대화와 발전의 시기로 특징지을 수 있다. 우리나라는 조국 근대화의 기치를 들고 새마을 운동을 일으켜 한강의 기적을 성취하였고 이후 세계 문명국가들과 어깨를 나란히 하였다. 이를 바탕으로 취업 기회도 넓어졌고 나도 이 시기에 대학으로 진출하였다.

1. 근대화와 발전

1950년대부터 서구 학자들 사이에 근대화 이론이 대두하였다. 그 개념은 명확하지 않지만 대개 사회, 경제, 문화상의 탈전통화에 대한 정치적 측면 혹은 서구화(西歐化), 산업화와 동일한 의미로 이해하였다. 근대화의 전 단계를 전통적, 전기술적(前技術的)인 것으로 볼 때, 근대화 단계는 구체적으로 과학기술적, 합리적, 세속적 태도, 분화된 사회구조로 특징지어진 사회로 이행되는 전환과정을 지칭한다.

근대화는 보통 서구화 및 산업화와 이를 수반한 행태, 가치유형과 관련된다. 학자들이 근대화의 지표로 자주 사용하고 있는 기준은 도시화와 높은 수준의 교육 정도, 산업화, 경제적 부(富) 등이다. 근대화는 정치발전을 가져오겠지만 정치체계에 너무 과중한 압력을 가하여 정치적 쇠퇴와 참여의 폭발을 가져오는 경우도 있다.

한국의 경제발전은 정치권력의 강화와 안정, 정치지도력과 행정능력의 증대에 의하여 수행된 정치적 결단력에 기인하였다. 하지만 이는 강한 정부, 권위주의적 권력통치의 결과였고, 의회주의와 권력제한을 바탕으로, 민주적 절차에 따라 이루어진 것은 아니었다.[61]

하여튼 1970년대는 국내외적으로 변화가 많은 시기였다.

우선 일본이 선진국이 되었다. 1965~1973년에 일본은 전후 역사상 유례없는 고도성장을 성취하였다. 패전의 잿더미 속에서 출발한 일본은, 1968년 미국 다음가는 세계 2위의 경제대국이 되었다. 우리나라가 전쟁의 참혹한 시련을 겪고 있을 때

---

61) Vicky, Randall & Robin Theobald, 'Political change and Underdevelopment' 김재영 역, 『정치변동론』(대한교과서(주), 1989), pp.13-37.

일본은 그 전쟁 특수(特需)로 부자가 되었다. 미국은 기술 지원과 제품 수입으로 일본을 적극 도왔으며, 미, 일 안보조약을 체결하여 국제적 동반자가 되었다. 일본인들은 높은 교육수준, 근면한 국민성, 양질의 기술과 노동력, 저축률 등을 과시하며 1964년, 도쿄 올림픽 경기를 개최하였다.

한편 1960년대 국제정치를 흔들었던 미국의 월남전 반대시위, 흑백차별 철폐운동, 일본의 안보투쟁, 프랑스의 '5월 혁명' 등 정치투쟁들은 역사와 더불어 과거사로 묻혀 버렸다. 1973년 베트남전쟁이 종결되고 1976년 중국 대륙을 휩쓸던 모택동이 세상을 떠났다. 죽의 장막 안에 은둔하고 있던 중국에 실용주의의 거센 바람이 불어닥쳤다. 소련은 1953년 스탈린이 죽은 뒤 주인이 여러 번 바뀌고 정치도 안정되지 못하였다.

이런 상황에서 한국의 박정희 대통령은 1972년 10월 17일 '10월 유신'을 선포하였다. 이후 박 정권은, '조국 근대화'의 기치를 내걸고 수출주도형 공업국가 건설에 국력을 집중하였다.

2. 동산고─실력 봉사의 교훈

1971년 2월 어느 날, 나는 나의 고교 담임교사(1, 2, 3학년)였던 서정상 박사님께 귀국 인사를 갔다. 선생님은 크게 반가 위하시면서 조반상을 차리고 조기 한 마리를 구워 오셨다. 전주 동산촌에 학교를 설립하였다고 하면서 교감직을 제의하셨다. 나는 교감 자격증이 없기 때문에 부득이 거절하고 돌아왔다. 선생님은 며칠을 두고 나를 설득하였다. 내가 계속 거절하자 직접 내가 근무하는 학교에 오셔서 그곳 교장선생님을 설득하였다. 결국 나는 스승이 세운 학교의 부책임자(교감 혹은 기획실장)로 부임하였다. 교장은 나의 3년 선배인 박광문 씨였다.

처음 학교에 부임할 때, 나는 학교 운영에 별로 관심이 없고, 미국에 유학을 가겠다고 말씀을 드렸다. 선생님은 자신이 저축한 통장을 내보이면서 곧 대학을 세울 예정이며, 여의치 않으면 유학도 보내 주겠다고 약속하셨다. 선생님은 그동안 대학 설립을 위해 최선을 다하였다. 처음 구예수병원을 구입하여 대학인가 신청을 하였고, 다음 완주군 고랑리에 새 건물을 건축하여 대학인가를 신청하였다. 당시 건축비가 모자라 나의 초라한 집(250만 원 상당)을 저당 잡히고, 내가 저축한 돈을 차용해 드렸다. 선생님은 나를 위하여 여학교, 전문대학 등의 설립 인가서를 제출하였지만 최종 단계에서 철회하였다. 선생님은 여러 차례 우리 집을 방문하셔서 나에게 장차 대학(설립추진 중인 우석대학)의 책임을 맡아 줄 것을 다짐하고 가셨다. 그 자리에는 친구들과 나의 아내도 있었지만 그것은 서로 별 부담 없이 주고받은 말일 뿐이었다.

하여튼 나는 고등학교 1학년 때부터 선생님이 내걸었던 급훈('실력, 봉사')을 교훈으로 내걸고, 나름대로 학교 운영과 학생 지도에 헌신하였다.

3. 차남 김원주

1972년 2월, 아내는 첫아이 때보다 더 심한 입덧으로 고생하더니 드디어 건강한 둘째를 낳았다. 다음 해 12월 나의 형수씨는 기다리던 공주(김명진)를 출산하셨다.

아이들은 할아버지, 할머니(나의 부모님)를 기쁘게 해 드렸고 우리 집안 분위기는 평화롭고 행복하였다.

4. 대학원

1971년 어느 날 전북대 채중묵 교수님이 학교에 찾아오셨다. 그분은 서울대 나의 선배로 그 자리에서 나에게 대학원 진학을 권하였다. 영어 한 과목만으로 입학이 가능하다고 하였다. 나는 깜짝 놀랐다. 그동안 영어 외에 독일어, 전공과목 등 너무 많은 준비에 골몰했기 때문이다. 하여튼 나는 그 후 곧바로 대학원 시험에 응시하여 합격하였다. 최고 득점자가 되어 장학금까지 받았다. 다만 직장이 있는 사람들에게는 불리한 조건들이 많았다. 예를 들어 일반 학생은 2년인 수학연한이 유직자(有職者)는 3년이었다.

당시 전북대학교는 아직 과도기였다. 농부들이 황소를 이끌고 정문을 들락거렸으며 소들은 아무 곳에나 용변을 보았다. 캠퍼스 안에 과수원이 있고 전답이 있어서 일꾼들이 수시로 왕래하였다. 나는 대학원 과정에서 대학 선배이고 스승이신 채중묵, 조영빈, 양종의, 박주황 교수님으로부터 강의를 받았다.

5. 아내의 서독행

선생님(서정상 이사장)은 전북도내 제1의 일간 신문사인 전북일보를 인수하였다. 이 지역 토착 세력들의 끈질긴 방해가 있었지만 하여튼 외로운 법정싸움 끝에 사주(社主)가 되었다. 선생님은 곧은 분이었다. 항상 '사필귀정(事必歸正)'이란 신념을 굽히지 않고 특히 뇌물을 사회악으로 여겼다. 그런 관계로 대학인가 서류는 해마다 제출, 반려를 되풀이할 뿐 진전이 없었다.

나는 1971년부터 미국에 있는 몇 대학에 입학원서를 제출하였다. 캔자스 대학(University of Kansas)에서 입학허가서가 왔다. 1973년도 1학기 입학 예정이었다.

그 무렵 우리 가정에 큰 손재수가 있었다. 어머니 명의의 가옥(家屋)에 경매가 들어오고 법원 내 법률구조사무소에서 나를 소환하였다. 아버지의 정년을 앞두고 일어난 일이었다. 결국 아버지의 퇴직금과 내가 저축한 돈을 모두 털어서 문제를 해결하였다. 나의 해외 유학길은 다시 원점으로 돌아갔다.

1971년부터 아내는 나의 해외 유학 생활을 돕기 위한 준비로 간호보조원 교육을 받았다. 당시는 일자리가 귀하고 해외 유학이 어려워 서독 파견의 광부나 간호사를 지원하는 대졸자들이 많았다. 다음 해 간호보조원 자격고시에서 아내는 전국 2등(2천 명 중)을 차지하였다고 신문에 크게 보도되었다.

1974년 6월, 해외개발공사에서 아내에게 '독일행 출국준비'의 급전보가 연거푸 날아왔다. 아내와 나는 밤새워 고민하였다.

결국 우리는 혼인 후, 두 번째 이별을 결행(決行)하였다.

아내를 떠나보내고 한동안 나는 넋을 잃은 사람처럼 헤맸다. 돌아오지 못할 아내를 기다리며 대문을 열어 놓고 밤을 새우기도 하고, 버스 안이나 길가에 의식을 잃고 쓰러져 병원에 실려간 일도 있다. 집안 살림은 장모님이 맡아서 해 주셨지만 아내가 없는 나의 집은 너무 허전히였다. 아이들은 이유 없이 짜증을 내고 나는 웃음을 잃은 가장(家長)이 되었다.

나는 고민 끝에 독일행을 결심하고 선생님께 전북일보 유럽

특파원을 임명해 달라고 간청하였다. 그곳에서 학위를 할 예정이었다. 선생님은 나의 이러한 사정을 듣고 즉시 승낙해 주었다. 하지만 신문사 내 여러 임원들의 반대로 나의 도독(渡獨)은 이루어지지 못하였다. 마침 그때 스웨덴에서 고교 지리교사의 납북 사건이 발생하여 그 일이 빌미가 되었다.

세월은 마음의 상처를 치료하는 가장 좋은 약이었다.

나는 아내가 떠나고 약 6개월이 지나면서 정상을 회복하였고 다시 학문에 정진하였다. 1974년부터는 대학 강의를 나갔고 다음 해에 석사학위를 받았다.

아내가 없는 동안 아빠를 부르며 재롱을 부리던 아이들을 지켜보면서 나는 이 세상에서 가장 소중한 것이 무엇인가를 깨달았다. 가족의 건강과 평화가 없으면 모든 것을 잃는다는 평범하고도 심원한 이치를 나는 너무나 가볍게 생각하고 살아왔었다.

그리고 또 하나의 소중한 일, 즉 '나이'라는 생애 가장 무서운 굴레를 실감하게 되었다. 세상에 나이의 변화를 거역한 자는 아무도 없었다. 불로장생의 약을 먹었다는 진시황이나 지혜가 뛰어나기로 소문난 제갈공명, 수많은 인명(人命)을 무자비하게 살상한 독재자들도 모두 나이 앞에 무력하였다. 당시 나의 대학 선배이신 조영빈 교수님(전북대학교 총장)은 바로 이러한 '나이'의 이치를 나에게 일깨워 주셨고 이후 자신이 정년을 하실 때까지 내 앞날을 항상 챙겨 주셨다.

1977년 3월 나는 외국어대학교 대학원(박사과정)에 입학하였다. 조영빈 교수님이 그곳 정치학과 김계수 교수님을 소개해 주셨다. 나는 외국어대학에 정치학과가 설치되어 있는 것을 그때 처음 알았다. 이후 김계수 교수님은 나의 학회활동과 기타 국내외에서의 여러 어려운 일들을 적극 도와주셨다.

그해 6월 단옷날, 아내는 3년 기한을 마치고 무사히 귀국하였다. 어머니는 두 손자(김문주, 김원주)를 무척 사랑하고 항상 자랑스럽게 여겼다. 아버지는 퇴직 후 내가 근무하던 동산고등학교 강사로 나가셨고, 세 동생들도 모두 좋은 직장을 얻었다. 내 바로 밑 동생 김초영은 서울대 치대를 졸업하고, 내가 교감으로 근무 중인 동산고 교사를 아내로 맞았다. 다음 동생 김맹영은 부부 교사가 되었고 막둥이 동생 김용영은 동산고 교장(박광문)의 소개로 삼양사에 입사하여 초등학교 교사를 아내로 맞았다. 나는 정원이 있는 터를 잡아 새 집을 짓고 아름다운 꽃들을 가꾸었다. 1978년 1월 나는 전북대학교 교수 공채에 합격하여 대학교로 자리를 옮겼다.

6. 대학 강의와 학문 연구 경향

* 대학 강의의 실태

내가 강의를 시작한 1974년 4월부터 박사학위를 받은 1981년 2월까지 약 7년 동안 대학 강의는 문자 그대로 형식적이었다. 1학기 법정 수업 16주간 중 실제로 강의를 한 것은 약3, 4주에 불과하였다. 예를 들어 첫 주와 마지막 주는 의례 휴강이고, 책 소개, 중간고사, 기말고사, 4·19와 5·16, 학생의 날, 개교기념일과 축제, 체육대회, 봄, 가을 MT, 추석 등 그 이유도 다양하였다. 또 (강의를 계속하자고) 학생들과 아무리 굳은 약속을 해도, 시위가 시작되어 아침 등교시간, 교문 앞에서 마이크를 든 학생이 한번 휴강선언을 하면 학생들은 강의실로 들어올 수가 없게 된다. 특히 박 대통령이 서거한 후부터 학생들의 과격 시위는 절정에 달하였다. 이른바 '어용교수'의 이름이 대자보에 붙고 특정 교수의 강의를 거부하는 사례가 비일비재(非一非再)하였다.

* 학문적 경향

한국 정치학의 성장기(1961~1972년)[62]에 서울대 정치학과의 연구는 독오(獨墺, 독일·오스트리아)의 국가학적, 법학적

---

62) 박찬욱, '정치학과의 교육과 연구', 『서울대학교 정치학과 60년사』, 2009, p.53.

전통에서 벗어나 영미의 근대화, 발전, 변화, 행태주의(行態主義) 등 리버럴한 방향으로 그 경향이 바뀌었다. 행태주의는 법률과 제도적 측면보다는 인간의 정치행태 과정을 체계적으로 연구하는 지적흐름으로 체계분석, 구조 기능분석 등 보편주의 개념의 틀을 사용하였다. 특히 고려대학교의 윤천주 교수가 내놓았던『한국정치체계 서설(1961)』은 우리나라에 행태주의 접근법을 소개한 최초의 저서였다.

나는 이 기간 동안 한국 정치학계의 학문적 흐름에 뒤지지 않도록 신간서적 혹은 복사판을 구입하고 이들을 섭렵하는 데 최선을 다하였다. 그 과정에서 너무 몸을 학대하여 그때 얻은 위장병으로 지금도 약을 복용하고 있다.

7. 박정희 대통령과 유신정권

박정희(1917~1978) 대통령에 대한 평가는 그를 보는 입장의 차이에 따라 다양하다. 대개 그의 가난과 소외, 박탈감 혹은 열등의식이 쿠데타를 일으킨 동인이 되었고 나아가 조국발전에 대한 사명의식을 고취했다는 주장이 있다.

소년기 그가 겪었던 가난과 좌절의 한(恨)은 바로 우리 겨레의 한이요 농민들의 한이었으며 후일 그가 일으킨 조국 근대화, 새마을 운동, 잘살기 운동의 동인이 된 것은 사실이다.

박정희 대통령은 경북 선산군 구미면 상모리에서 고령박씨 가문의 28대손으로 태어났다. 그는 구미초등학교, 대구사범, 신경군관학교, 일본 육군사관학교를 졸업하였다. 그의 직업은 문경초등학교 교사 3년, 일본군 장교생활 1년 4개월 만에 해방을 맞았다. 1946년 6월 귀국하여 경비사관학교 수료(1946년 9월 23일~12월 14일) 후 소위로 임관, 여순사건 때 소령으로 예편되었다. 6·25 전쟁 후 다시 복귀하여 육군소장에 올랐다. 1960년 9월 김종필 등 정군파 장교들의 하극상(下剋上) 사건에 연루되어 1961년 5월 153명의 예편 대상 명단에 포함되었다고 한다. 박정희 소장은 이에 기선을 제압, 쿠데타를 성공시켰으며 집권 18년 만에 경이적인 경제발전을 이룩하였다.

아시아, 아프리카 등 제3세계 후진 국가들은 '한국의 경제발전 모델'을 따라 다투어 경제발전계획을 추진하였고 우리는 이제 새로운 민족의 진로를 찾게 되었다. 국민들은 그동안 '엽전', '반도 민족', '식민지 국가' 등 자기비하와 냉소적 열등감에 사로잡혔던 부정적, 소극적 감정을 털어 버리고 조국근대화의 대열에 동참하였다. 농촌에서는 초가지붕이 헐리고 마을 안길이 넓어졌으며 방방곡곡에 근면, 자조, 협동의 새마을 운동이 물결치기 시작하였다. 한편 도시에서는 대규모 공단이 건설되고 엄청난 수의 일터가 창출되어 인구 이동이 가속화되었다.

1인당 국민소득은 1962년 83달러에서 1979년 1,600달러로 20배나 증대하였고 같은 기간 수출 총액은 3,000만 달러에서 250배인 150억 달러로 늘었다. 국민의 의식주 생활 개선과 의료보건 기술의 향상으로 평균수명은 60년대 55세에서 80년대 66세로 연장되었고 고속도로망이 건설되어 전국이 1일 생활권으로 바뀌었다. 그의 운구가 국군묘지로 떠나던 날 서울시민들은 눈물바다를 이루고 땅을 치며 통곡하였다.

하지만 그의 빛나는 업적도 그 공(功)에 못지않은 과(過)가 있기 마련이다.

첫째, 그의 강력한 군부 통치는 기존의 권위주의 체제를 더욱 강화하여 군부정권을 장기간 지속시키는 데 기여하였다. 이로 인하여 우리나라 민주발전을 지연, 저해하였으며 불평등한 분배구조를 심화시키고 군사문화를 정착, 확대시켜 정치문화의 퇴보를 가져왔다.

둘째, 그의 대중 지배 전략은 군부, 기술, 관료, 독점 재벌을 주축으로 한 기득권 세력의 지배연합을 통한 민중지배 정책에 중점을 둔 것이었다. 그 결과 기득권층에 기회주의, 출세주의, 한탕주의 등 비리와 부정, 부조리를 조장하여 사회 전반에 불신풍조와 무규범의 아노미 현상을 초래하였다.

특히 그는 불균형적 개발전략과 지역차별정책을 조장하여 이 땅에 고질적인 지역감정의 골을 깊게 하였다.

셋째, 그는 자기 스스로가 좌경 관련 배경의 혐의로 수난을 겪었음에도 불구하고 '반공을 국시의 제일로 삼는다'는 혁명공약을 내세워 반대자들을 가혹하게 탄압하는 무기로 삼았다.

제13부

1980~1987년

1981년 2월 27일 나는 한국외국어대학교에서 박사학위를 취득하였다. 그날은 유난히 추웠지만 우리 가족, 형제들이 모두 모여서 축하해 주었다. 나는 학위를 얻은 뒤, 본격적인 학회 활동을 시작하였다. 그 내용은 주로 '정치문화와 정치사회화', 즉 정치 교육 분야였다. 그 외에 초중등학교 교과서 내용을 분석, 그 획기적인 개정을 주장하였다. 다음에서 그 대강을 소개하겠다.

1. 한국의 정치사회화

'한국의 정치사회화 과정에 관한 연구'는 1981년 2월, 나의 박사학위논문 제목이다. 1981년 8월 10일부터 서울 롯데호텔에서 열린 '한국정치학회, 재북미한국인정치학자회 합동학술대회'에서 내가 발표한 논문은 당시 학술대회의 관심사로 일간신문들에 크게 보도되었다.[63] 그중에서 특이한 것은 한국 어린이들의 '상하의식'과 '운명주의 의식'이다. 그 내용의 중요 특징을 요약하면 다음과 같다.

1) 상하의식

원래 우리의 유교 문화적 전통에서는 장유유서(長幼有序)의 삼강오륜이 그 기본 윤리이다. 하지만 고래로 우리 사회에 통용되었던 전통 예법으로는, "나이가 배가 되면 아버지로 모시고 10년 연상이면 형으로 모시며 5년은 어깨를 나란히 한다(年長以倍 則父事之, 十年以長 則兄事之, 五年以長 則肩隨之)."라 하여[64] 5년 정도는 평교(平交)를 해 왔다.

그 후 일제 강점기 군대식 학교 교육의 여파로 1년 연상의 경우도 '형'이라 부르는 이른바 '형님 문화'가 생기더니 특히 군사정부의 권위주의 통치기간에 상하적 서열의식이 사회 여러 분야에 확산되었다.

---

63) 중앙일보 1981년 8월 7일.

64) 『예기, 곡례』 상편.

이러한 현상은 학교와 직장, 특히 군대와 관료사회에서 두드러지게 나타나고 매스컴 등에서 더욱 부추기고 있는 실정이다.

2) 운명주의 의식

단군 이래 우리나라의 종교는 그것이 불교, 유교, 기독교 등 어떤 종교이든, 전통적인 무속신앙을 바탕에 깔고 있었다. 특히 무속신앙적 토대 위에서 받아들인 불교와 유교는 무속신앙의 탈을 바꿔 쓰고 한국인의 생활 구석구석에 파고들어 모든 행위와 사고를 지배하고 있다. 최근에 들어온 기독교도 무속신앙의 울타리 안에서 받아들여져 무속신앙의 가치 규범을 크게 벗어나지 못하고 있다고 한다.

화랑은 원래 선교(仙敎), 혹은 '풍류도'라 하여 최치원 선생은 3교(유교, 불교, 도교)를 포함한다 하였다. 그 후 조선조에 와서 화랑은 박수(남자 무당)로 전락하였다.

한국의 불교도들은 대부분 불교를 무속신앙적으로 이해하였다. 당초 무속신앙을 믿어 왔던 한국인들은 종교의 체계를 갖춘 불교가 들어온 후에도 그 근본정신에 접하지 못하고 종래의 무속신앙적 사고로 불상을 믿고 공물을 바쳤다. 미륵신앙이 그 대표적인 사례라 할 수 있다. 또한 암자에서 부처를 모시고 무당굿을 하며 큰 사찰 내에 불교 교리와 무관한 산신각, 칠성각들을 세우고 제화구복(除禍救福)을 비는 사례 등이 있다.

유교는 원래 신비주의적 경향과 주술(呪術)을 배척한다.

하지만 오랫동안 무속적 사고방식이 한국 사회를 지배해 왔기 때문에 유교도 그 영향에서 벗어나지 못하였다. 특히 주역 사상은 종래 한국의 무속신앙과 깊은 연관을 갖고 신비주의에 영향을 미쳤다. 주역의 음양오행은 천문, 복서, 역학, 관상 등 연구의 방술이다. 유교의 효와 조상신에 대한 신앙은 그 차원이 다르지만 대개 이를 혼동하고 있는 현실이다.

한국인은 기독교가 들어오자 매우 배타적인 성향을 보이면서도 무속신앙의 영향을 받아 이를 포용하였다. 한국인은 무속신앙의 신(神)보다 현세구복(現世救福)을 위해 더 강한 신으로 기독교의 하나님을 신봉하게 되었다. 다시 말하여 한국인은 무속신앙의 귀신과 성경의 하나님에 대한 개념을 유사한 것으로 받아들인 것이다.

한국인의 무속신앙은 운명주의적 가치관을 기본으로 한다. 원래 운명주의란 인간생활에 있어서 모든 길흉화복(吉凶禍福)이 인간의 능력에 의해서가 아니라 초자연적인 힘에 의하여 결정된다고 믿는다. 이러한 운명주의적 사고가 정치사회에 만연되면 그것은 필시 권위주의적 태도의 형성에 영향을 미친다. 사람들은 힘을 가진 권위에 무조건 복종하고 추종하며 강한자의 기분이나 눈치를 살피다가 만일 그 권위가 힘을 잃었다고 보면 바로 등을 돌린다.

무속신앙은 어떤 보편적인 규범이나 계율이 있는 종교와 차이가 있다. 사람들은 가끔씩 곤경에 처하여 누군가의 강한 도움이 필요할 때 영험한 힘을 갖고 있는 신(귀신)을 찾는다. 그 힘의 존재 앞에 엎드려 비위를 맞추고 자신의 기복(祈福)을 빈다. 그러다가 자신의 입지가 호전되면 무당을 미신으로 배척하며 귀신의 존재는 무의미한 것으로 강력하게 부인한다. 요즘말로 특정 후보자 앞에 '줄을 서서' 그의 도움을 청하다가 그가 힘을 상실하면 모두 떠나 버리는 이치와 같다.

3) 과다학습론

학생들이 민주주의적 가치를 많이 배울수록 그 사회가 민주화되는 것이 아니고 오히려 필요 이상의 학습은 그 역기능을 초래한다. 제3세계 국가들이나 미국 내 흑인 사회에서 과다한 민주주의 교육이 가끔씩 참여의 폭발을 가져온 사례를 그 예로 들 수 있다. 어린 학생들에게 '공부하라'는 말을 너무 자주 하면 오히려 공부를 하지 않는 것도 마찬가지 사례이다.

나는 4년 후 한, 미 합동학술대회에서 위 내용들에 관한 초등학교 교과서를 분석하여 신문과 방송들의 관심사가 되었다.[65] 1년 후 제5차 교육과정 개정 토론회에 참석하고 그 내용

---

65) 동아일보. 1985년 8월 5일(월). 한국일보 1985년 8월 6일(화) MBC 1985년 8월 4일 09시 뉴스.

을 신문에 기고하였다.[66]

2. 대학의 분위기

나는 1982년부터 4년간 학생과장(법과대학, 사회과학대학)의 보직을 맡아 학생들의 면학 분위기 조성과 졸업 후 취직 등 학생지도에 맡은 바 임무를 수행하였다.

대학은 ① 광범 치지한 학문연구와 교육, ② 문화의 보존 창달, ③ 미래의 국가 동량재를 양성, 배출하는 것을 사명으로 한다. 대학생들은 높은 이상을 추구하고 토론을 선호하며 맑고 밝은 호연지기(浩然之氣)를 뿜내고자 한다. 나는 학생들과 함께 젊음을 호흡하며 학생들의 교외활동에도 적극 참여하였다. 학생은 장차 이 나라를 이끌어 갈 지도자다. 지도자는 항상 치우치지 않고, 냉정 침착해야 하며 자기희생의 덕성을 갖추어야 한다고 생각하였다.

나는 이러한 소신을 가지고 학생들의 지도에 임하였다. 당시 전두환 정권하의 대학 분위기는 학생들의 시위와 화염병, 경찰관의 최루탄과 학생연행 등 하루도 조용한 날이 없었다. 학생시위가 일어나면 우리 학생과장들은 모두 시위현장에 나가야

---

66) 새한신문, 1986년 7월 7일(월).

한다. 나도 그 한가운데 서서 처음부터 끝까지 최루탄을 마시
고 눈물을 흘렸다. 단 한 명의 학생이라도 다치거나 연행되지
않도록 최선을 다하였다.

언젠가는 학생들 틈에 앉아 있었는데 갑자기 최루탄이 날아
와 옆에 있던 학생의 머리가 터졌다. 나는 손수건을 꺼내 응급
조치를 하고 전북대병원 응급실로 달려갔다. 마침 의사는 없고
출혈은 계속되어 부득이 내가 잘 아는 피부과 과장(임철환 교
수)에게 부탁하여 위기를 모면하였다. 후에 학생 부자(父子)와
지도 교수가 찾아와 생명의 은인이라고 하면서 감사의 인사를
하고 갔다.

3. 학생들의 관심사

학생들은 가끔씩 다음과 같은 질문을 하였다.

① 전두환 정부는 백성들에게 총을 겨누었던 살인 정권이다.

② 월남 통일도 통일이다. 한 세대가 희생된다 해도(비록 북
한에 의한 적화통일이라 해도) 우리는 통일을 해야 한다.

③ 북한의 주체사상은 연구가치가 있다. 김일성은 해방 후
친일파를 숙청하고 반미 애국을 외쳤다.

이들을 다음과 같은 주제를 들어 논의해 보면 그에 대한 해

답이 저절로 명백해진다.

1) 정부, 정치체, 국가

정부와 정치체, 국가는 구별해야 한다. 반정부를 반체제, 반
국가와 혼동해서는 안 된다. 권력을 가진 자나 이에 저항하는
자도 이를 혼동하고 있다.

반정부(야당)는 정권교체를 기다려 다음 정권에서 투표로 결
판을 내야 한다. 반정부 인사를 반체제 인사로 규정하지 말아
야 하고, 반정부를 외치면서 체제와 국가에 반하는 행동은 삼
가야 한다. 체제(자유시장 체제)에 반대하는 사람은 국가가 허
용하는 테두리 안에서 정당 활동을 통하여 국민의 지지를 확보
해야 한다. 반국가, 즉 대한민국의 헌법에 반대하는 행동을 하
는 자는 반국가 인사(혹은 매국노)로 보아 처단되어야 한다.

2) 역사의 흐름

'월남 통일도 통일'이라는 말은 다음과 같은 역사의 흐름을
외면한 주장이다.

나는 1990년 7월 21일 26명의 대학교수단 단장으로 소련을
방문한 일이 있다. 모스크바 사회과학원에서 그곳 공산주의 학

자들과 토론 중 사회과학원 류덕구 박사와 마르크 한은 입을 모아 다음과 같이 말하였다.

"레닌, 스탈린은 인류 역사의 흐름을 억지로 바꾸려 하였다. 스탈린은 사회주의자가 아니라 독재자요 범죄자로 소련 역사를 60년 이상 후퇴시켰다."

역사의 방향을 역류(逆流)한다는 것은 인류에 대한 죄악이다. 지금도 지구촌 곳곳에는 인민들이 고대의 노예처럼 학대받고 있는 인권사각지대가 있으며, 그곳 사람들은 대량살상과 총체적 탄압, 빈곤과 질병의 기반(羈絆)에서 헤어나지 못하고 있다. 여기서 간단히 민주주의 사상의 흐름을 소개해 보자.

* 서양사상의 흐름

서양철학의 효시(嚆矢)는 기원전 6세기경 이오니아(Ionia)학파에서 시작된다. 이 학파는 철학의 근원과 우주의 본체를 파악하는 것을 목적으로 삼았다.

탈레스(Thales, 640~546 B.C.)는 이 학파의 비조(鼻祖)로 만물의 근원은 물(水)이라고 하였다. 그는 종래의 낡은 신화적 우주관을 타파하고 과학을 종교에서 해방시킨 최초의 학자였다. 아낙시멘드로스(Anaximendros, 610~547 B.C.)는 만물의 근원을 무한자(To apeiron)라 하였고 아낙시멘네스(Anaximenes, ?~526, B.C.)는 공기가 만물의 원질이라 하였다. 이후 피타고라스(Pythagoras, ?~600 B.C.)는 수(數)철학을, 데모크리토스는 원자론을 내놓았고, 헤라클레이토스(Heraclitus)는, '만물은 유전한다'는 유명한 말을 하였다.

B.C. 5세기경 아테네에 민주주의가 발달하면서 소피스트 (Sophist)들은 스스로를 지식자로 자처하였다. 소피스트인 프로타고라스(Protagoras, 481~411 B.C.)는 '사람은 만물의 척도'라 하였다.

소크라테스(Socrates, 470~399 B.C.)는 소피스트들의 천박한 지식이나 웅변, 궤변, 출세주의를 비판하여, '너 자신을 알라'란 유명한 말을 남겼다. 그는 국가 법률, 도덕 등을 중시하여 스스로 독배(毒杯)를 마시고 국법을 지켰다.

플라톤(Plato, 427~347 B.C.)은 이데아(Idea)라는 관념을 제시하고 '이상국가론'을 썼다. 그의 이데아는 공간과 시간을 초월한 완벽한 관념이고 이에 따라 철인왕과 치자계급이 나라를 통치해야 한다고 하였다. 치자계급은 처자(妻子)와 재산을 공유해야 한다고 하였으며 그의 국가이론은 계급적 전체주의 국가론이라는 비판을 받았다.

그의 제자 아리스토텔레스(Aristoteles, 384~322 B.C.)는 플라톤의 이원론을 비판하고 질료와 형상, 실체와 현상은 동일물이라 하였다. 그의 정부형태 분류는 경험주의 정치학의 선구가 되었다.

그리스 도시국가의 울타리를 넘어 유럽을 지배한 로마의 철학은 헬레니즘 혹은 스토아 사상이다. 스토아 철학의 핵심은 금욕, 박애와 세계 보편적 동포애로 요약된다.

중세 암흑시대에 들어와 기독교 사상이 약 천 년 동안 유럽을 지배하였다. 2, 3세기에 교부(敎父)들이 로마교회를 지도하였고 교부철학자 성 아우구스티누스(Augustinus, 354~540)의 『신국론』, 『고백』, 『삼위일체론』은 그의 대표작이다. 12, 13세기 스콜라철학이 전성기를 이루었는데 토마스 아퀴나스(Thomas Aquinas, 1225~1274)의 『신학대전』이 있다. 그는 이성과 신앙, 철학과 신학을 구별하여 그 한계를 지적하였으나 역시 신의 인간에 대한 우월을 주장하였다.

17, 18세기 영국과 프랑스에서 시민 혁명이 일어나고 홉스(Thomas Hobbes, 1588~1679), 록크(John Locke, 1632~1704), 루소(J. J. Rousseau, 1712~1778) 등 사회계약설이 나왔다. 이들은 통치권력의 근거를 신이 아닌 인민의 동의에 의한 계약 체결이라고 주장하였다.

홉스는 절대군주에게 권력의 양도를 주장하고 록크는 제한군주에게 권력의 위임을 주장하였다. 루소는 '일반의사'란 개념을 제시하여 군주의 존재를 부인하고 직접민주정치를 최선의 정부로 보았다. 오늘날과 같이 규모가 큰 대륙국가에서 민주주의가 발달한다는 사실을 예측하지 못한 것이다. 하여튼 이들 세 학자의 사회계약설은 각각 영국의 청교도 혁명, 명예혁명과 프랑스 대혁명의 사상적 배경이 되었다. 19세기에 들어와서 밀(J. S. Mill, 1806~1873)의 『자유론』은 개인의 자유를 위한 저서로 많은 학자들이 인용하고 있다. 그는 이 책에서 '개인의 자유는 절대적인 선이며 인간의 존엄과 복지에서 본질적'이라고 하였다.

영국의 아담 스미스(Adam Smith, 1723~1790)와 밀, 프랑스의 토크빌(Alexis de Tocqueville, 1805~1859) 등 학자는 이른바 고전적 자유주의자로, 국가 기능의 최소화를 통해 시민의 자율성 확대를 주장하였다.

19세기 말, 정치적 쟁점은 개인의 자유에서 국민적 생활조건 향상이라는 새로운 차원으로 바뀌었다.

그린(Thomas H. Green, 1836~1882) 등 학자들은 적극적 국가관을 주장하였다. 그린은 사회적 선(Social good)을, 케인즈(J. M. Keynes, 1883~1946)는 사회복지를 그리고 롤스(John Rawls, 1921~)는 사회정의라는 개념을 내놓았다. 이들은 고전적 자유주의가 간과하였던 윤리, 사회성, 평등과 정의, 복지, 인권 문제 등을 중요 개념으로 다루었다. 특히 케인즈는 실업에 큰 관심을 두고 정부는 세금으로 회수한 것 보다 더 많은 공공지출을 통해 수요(需要)를 관리할 것을 주장하였다. 그 구체적인 예로 1930년대 미국 루스벨트 대통령의 뉴딜 정책을 들 수 있다. 하지만 유럽의 오스트리아와 독일에서 국가간섭주의 폐단을 시정하고 자유시장을 적극 옹호하는 움직임이 새로이 나타났다. 그 대표적인 학자가 하이에크(Friedrich A. Von Hayek)와 시카고학파의 프리드먼(Milton Friedman)이다. 이들은 신자유주의 학파로 자유주의 시장경제의 부활을 주장한다. 이 이론은 미국 레이거노믹스(Reaganomics)와 영국 대처리즘 (Thatcherism)의 이론적 근거가 되었다.

* 신자유주의의 한국적 상황

1990년대 후반 외환위기와 그로 인한 IMF 관리체제를 겪으면서 신자유주의는 우리 사회에 '뜨거운 감자'로 쟁점이 되기 시작하였다. IMF로 대변되는 미국 등 강대국의 극약 처방은 개방화, 탈규제화, 민영화, 유연화 등을 핵심으로 정치, 경제, 사회 전반을 신자유주의적으로 개조하려 하였다. 이 과정에서 대량의 정리해고로 인한 노숙자, 실업자 등이 거리를 방황하면서 가정이 붕괴되고 중산층이 무너지기 시작하였다. 그리고 실기업의 구조개혁을 위한 금융지원과 계속된 공적자금 조성이 정치적 쟁점이 되었다. 또한 국영기업의 민영화 및 해외매각은 기업의 경쟁력을 강화하기보다는 국부를 해외에 유출하는 부정적 효과를 가져왔다는 비판이 제기되었다. 특히 진보적 지식계와 노동계에서 김대중 정권에 대한 비난이 거세게 일어났다. 심지어 김대중 정권을 '신자유주의의 앞잡이', '초국적 자본의 정부', '제2의 이완용 정부'라고 비판하는 섬뜩한 표현까지 흘러나왔다.[67]

---

67) 강준만, 『나의 정치학 사전』, 인물과 사상사, 2005, pp.542-543.

신자유주의의 이론과 현실의 갈등은 특히 국민의 복지 문제와 관련하여 끊임없는 논의가 계속되고 있는 실정이다.

* 사회주의의 종말 — 제3의 길

1989년 소련에서 행한 고르바초프의 개혁과 동구 공산당 정권의 붕괴는 사회주의의 패배 혹은 마르크스주의의 종말, 서구 자유주의의 승리라고 해석되고 있다. 이제 세계는 자본주의와 사회주의의 결합이 아니라 신자유주의적 자본주의와 사회민주주의를 모두 극복하려는 '제3의 길'을 모색해야 한다는 주장이 있다. 이른바 기든스(Anthony Giddens)의 '제3의 길'이다. 기든스는 영국의 노동당원으로 블레어 총리에게 깊은 영향을 주었던 사회학자이다. 그는 그의 저서 『좌와 우를 넘어서(Beyond Left & Right, 1994)』서 정부와 시장경제라는 두 주체를 연결하는 길을 모색하였다. 그는 "돈 문제뿐만 아니라 직업과 사교를 포함한 모든 일상에서 사람들은 투자가처럼 행동해야 하며 그 위험도 감수해야 한다."고 말하고 이것이 바로 기존의 복지 체제를 재검토해야 할 이유라고 말하였다.

기든스는 1998년 10월 11~13일에 한국을 방문하여 '제3의 길'은 한국에도 적절한 해결책이 될 것이라고 강조하였다. 조흡은, 기든스가 보여 준 교훈은 '이 세상에 더 이상 화해할 수 없는 대립이란 존재하지 않는다'는 점이며 그가 추구하는 논리는 적(敵)이 없는 정치라고 평가하였다. 이 말은 어떤 신비한 기적에 의하여, 예컨대 남과 북, 여와 야, 노조와 회사가 정치를 초월하여 쉽게 화합하는 것을 의미한다.[68]

한마디로 말하여 기든스의 주장은 실현 불가능한 유토피아에 불과하다는 뜻이다.

3) 주체사상

주체사상에 관하여 김정일은 그의 논문에서, '사회정치적 생명론'을 내놓았다. 즉

"사람은 부모로부터 생물학적 생명을 받았으나 수령으로부터는 사회적 생명체 또는 정치적 생명체를 받았다. 개인으로서 사람의 생명 중심이 뇌수에 있는 것처럼 정치사회 생명의 중심은 이 집단의 뇌수인 수령에게 있다."고 하였다.

북한의 주체사상은 '김일성주의', '유일사상 10대 원칙'에도 명시되어 있다. 그의 10대 원칙을 보면,

"김일성 동지를 충성으로 우러러 받들어야 한다. 한없이 충성해야 한다. 수령의 권위를 절대화해야 한다. 수령의 교시를 신조화해야 한다. 무조건 집행해야 한다." 등 아직도 왕조시대 일인통치의 전통을 벗어나지 못하고 있다는 비판을 받고 있다.

한국은 1988년 서울 올림픽 이후 세계 10위권의 경제대국으

---

68) 조흡, '앤소니 기든스', 『인물과 사상 10』, 개마고원 1999. 강준만, 『나의 정치학사전』, 2005. p.199.

로 성장하였고, 유엔 사무총장의 나라이며 G20 의장국이 되었다. 오늘의 G(Global Mind, 세계적 안목을 가진) 세대들은 세계 역사의 흐름을 주도할 미래지향의 젊은이들로 각광을 받고 있다. 구시대의 낡은 이데올로기에서 탈피하여 단호히 새로운 역사의 흐름에 동참하는 것이 순리라고 믿는다.

제14부
1987~1990년

이 기간에 나의 가정과 정치 분야에서도 많은 변화가 있었다.

장남이 경찰서에 구속된 일은 나에게 가장 충격적인 일이었고, 국가적으로 대통령 직선제 실시와 지역감정 극복의 문제는 국민의 중요 관심사로 첨예한 정치적 논의의 쟁점이었다.

1. 괴팅겐 대학 파견교수

1987년 우리나라의 정치는 중대한 고비를 맞았다. 1월 초, 박종철 고문치사 사건이 보도되면서 학생들의 시위는 더욱 극렬해졌다. 나는 1987년 1월 16일부터 약 1개월 동안, 서독 괴팅겐 대학(University of Gottingen)에 파견교수로 나와 있었다.

나의 전공과 관련하여 필요한 자료를 열람, 수집하고, 그곳 법학과 정치학부 교수들과 약 15일간 시민의식 분야에 관하여 토론, 협의하였다. 그 대학에는 전북대 법과 졸업생(김민중 교수)이 있어서 모든 편의를 제공해 주었다. 남은 기간은 프랑크푸르트(Frankfurt)은행 지점장으로 주재하고 있던 대학 동기들[69]을 만나고 유레일패스로 여행을 다녔다. 나는 귀국길에 모스크바 공항에 들렀다. 그때 나는 에어프랑스를 탔기 때문에 정기적인 코스로 그곳에 기착한 것이다. 당시 소련은 아직 우리나라와 수교가 없던 시기여서 소련 군인들은 시종 나를 감시하며 심지어 화장실까지 동행하였다. 부득이 나는 일본인 행세를 하여 위기를 모면하였다.

2. 가족의 우환

그동안 병석에 계시던 아버지는 중풍으로 언어장애가 시작되어 전북대병원의 고재기 교수에게 상의도 하고 한의원에도 다녔지만 속수무책이었다. 또 나를 끔찍하게 아껴 주시던 종형(김봉영 교장)이 돌아가셨다.

장남(김문주)은 고등학교를 졸업하고 고대 법학과에 4년간

---

69) 박채훈(외환은행 지점장), 이창규(한국은행 지점장).

전면 장학생으로 합격하였다. 아내는 큰아들이 서울 법대에 들어가지 못한 것을 아쉬워하며 내 앞에서 처음으로 눈물을 보였다. 차남(김원주)은 중학교를 수석으로 졸업하고 고등학교 연합고사에서 만점을 받았다.

4월 14일 전두환 정부는 (대통령 직선제로 개헌하지 않고) 유신헌법을 지키겠다는 호헌조치를 발표하였다. 6월 10일, 전두환 대통령이 차기 대통령 선출을 위해 노태우 후보를 지명하자 전국의 주요 도시에서 이에 대한 항의 시위가 폭발적으로 일어났다. 6월 10일부터 29일까지 19일간 연인원 4, 5백만 명에 이르는 평화적 시위는 한국 역사상 최대 규모의 민주 항쟁이었다.

6월 27일(토), 아들이 사흘째 행방불명이 되었다는 기숙사 사감의 연락이 왔다. 아직 기말고사도 끝나지 않은 상황에서 시장에 외출하였다가 경찰서에 연행된 것이다. 이 소식을 듣고 나는 급히 서울을 향하였다. 당시 서울행 고속버스 안에서 겪었던 불안과 초조는 지금도 잊을 수 없다. 파란 산과 들, 하늘과 땅 사이에 있는 모든 것들이 내 마음처럼 뒤틀리지 않고 정상으로 움직이고 있는 것이 원망스러울 정도였다. 아들은 사흘 만에 풀려났는데 그동안 구치소에서 협박, 회유, 공갈 등 갖가지 곤욕을 치렀다고 한다. 아들의 말에 의하면 우연히 시위현장 부근을 지나다가 무더기로 잡혀갔고, 경찰 심문에 넘어가 없는 죄를 덮어쓴 학생들도 부지기수(不知其數)로 많았다고 하였다. 아들이 풀려 나온 날 6·29 선언이 있었다. 이렇게 잔인한 여름이 지나가고 가을바람이 불어왔다.

3. 지역감정

KBS는 1987년 10월 17일(토)부터, 생방송 심야 토론 프로를 만들어 오늘에 이르고 있다. 나는 그 두 번째 주에 실시한 '지역감정' 토론에 참가하였다. 사회자는 이인원, 토론 참가자는 송기숙 교수(전남대), 홍사덕 씨 등이었다. 밤 11시경에 시작하여 약 세 시간 동안 토론을 마친 뒤 새벽 기차로 귀가하였다. 그 이후 나는 '호남의 한'에 대한 관심을 갖고 논문을 발표하고 저서를 내놓았다.

지역감정에 관한 한 박정희, 전두환, 노태우, 김영삼 정권은 모두 민족 분열의 죄과를 면할 수 없다. 하지만 그보다도 더 큰 죄는 풍수도참설, 풍수지리론 혹은 반역향 등 해괴한 논리를 내세워 이를 악용하는 사람들에게 있다. 이런 생각을 갖고 나는 나의 저서 『호남의 한(2009)』에서 훈요십조와 기축옥사, 이중환의 『택리지』를 심층 분석하였다. 그 결과를 간단히 요약하면 다음과 같다.

4. 호남의 한

1) 훈요십조

첫째, 『고려사』에 의하면 고려 태조 왕건이 내놓았다는 『훈요십조』는 이미 병화로 소실되었다고 했다. 없어진 문서를 최제안이 최항의 집에서 발견했다고 하지만 언제 어떻게 왕에게 바쳤는지 기록이 없다.

둘째, 『훈요십조』의 내용들은 대개 태조 왕건 사후의 일이어서 현종 때 조작 혹은 개작하였다는 주장이 설득력이 있다.

셋째, 『훈요십조』의 도참설을 내놓았다는 도선(827~898)에 관한 기록은 근거자료가 전혀 없으며 그가 죽은 252년 후에 만들어진 비문은 신빙성이 없다.

도선의 비문에 도선이 혜철국사의 법을 이어받고 그의 제자로 경보(869~948)와 윤다(864~945)가 있다고 하였다. 하지만 혜철 국사의 비문(872년 건립)을 비롯하여 윤다의 비문(951년 건립), 경보의 비문(958년 건립)에 도선의 이름이 없다. 또 도선은 중국의 일행(673~727)으로부터 지리법을 배웠다고 하지만 그는 중국에 건너간 일도 없고 일행은 그보다 100년 전의 인물이다.

넷째, 『훈요십조』 8항에 나오는 차현이남과 공주강외의 인재 등용을 제한하라는 조항에 관하여 후세 사람들의 해석이 잘못되어 있다.

차현에 관하여 일본 지질학자 고또분지로(小藤文次郞)는 차령산맥이라 하였다. 하지만 차령산맥은 애당초 존재하지 않았다. 그는 한강 밑으로 산맥이 흐른다고 주장하였으나 세계의 지질학자들은 이를 인정하지 않고 있으며 실제로도 한강 저변에 산맥이 없다. 오대산에서 뻗어 내린 산맥은 치악산에서 한강에 의하여 형체가 없어진다. 차현고개는 현재의 차현터널(천안ー논산 간 고속도로 정안휴계소 근방)에 있을 뿐이다.

'공주강외'라는 구절을 성호 이익은 '금강이남'이라고 왜곡 해석하였다. 공주강은 분명 금강과 다르다. 진주의 남강과 낙동강이 다르고 전주의 전주천과 만경강이 다른 것과 같다. 그리고 공주강외의 '외(外)'는 그 근역 혹은 공주시 근교 지역을 말한다. 한때 고속버스 안에 설치된 '내'와 '외'에 관하여 시비가 많자 지금은 '통로쪽' '창쪽'이라고 표시하였다. 이렇듯 내 혹은 외의 개념은 애매하다.

넷째, 고려 초에 차현고개 이남과 공주강 사이에 환선길, 이흔암, 이춘길 등 모반이 있었다.

이상의 몇 가지 주장만 가지고도 『훈요십조』를 근거로 호남 지역을 반역향이라고 해석하는 것은 잘못이다.

2) 정여립 사건

우리 역사에서 정여립은 '한국의 공화주의자'요 '혁명가' 혹은 '반역의 총수'라는 주장이 있다. 이에 따라 정여립의 고향 전주를 '반역의 중심'이요 혹은 '반역향'이라는 말을 한다. 하지만 『조선왕조실록』과 『토정집』, 『괘일록』, 『연려실기술』 등 자료들을 심층 분석해 보면 다음 내용을 알 수 있다.

첫째, 정여립은 반역을 하지 않았다.

반역의 고변은 정여립의 거주지인 전주가 아니고 서인 관료들이 지배하고 있는 머나먼 황해도였다. 정여립은 아무것도 모르는 상태에서 금구에서 전주를 거쳐 진안 죽도로 갔다.

정여립은 변승복이라는 미지의 사람(전주에서는 변사, 동래에서는 백일승이라 했다)으로부터 선조 22년 10월 6일, 자신이 역모 혐의자로 고변되었다는 사실을 들었다. 8일 후 진안 죽도 혹은 부귀면에서 자결하였다고 한다.

하지만 죽도에 있는 자신의 별장에는 이미 진안 군수 민인백이 삼엄한 경비를 하고 있는 상황이었다. 전주에서 진안은 약 36㎞로 하루면 충분히 걸어갈 수 있는 지역이다. 그렇다면 정여립은 8일간 어디에서 무엇을 하고 있다가 자신을 뒤쫓고 있던 진안현감 앞에 나타나 자결하였을까. 스스로 칼을 거꾸로 세우고 목을 찔러 죽었다는 기록도 오늘날의 묘기대행진에서나 나올 법한 이야기로 신빙성이 없다.

둘째, 그가 주장했다는 '반군주 이론'의 근거가 없다. 그를 체포한 민인백의 『토정일기』에 의하면 반군주 이론은 원래 정개청의 사상으로 기록되어 있다. 정여립의 사상은 『연려실기술』에 나와 있고 『조선왕조실록』의 기록과 약간 차이가 있다. 『조선왕조실록』을 분석해 보면 그가 주장했다는 반군주사상의 내용을 확인하기 어렵다. 자세한 것은 나의 『호남의 한(2009)』에 있다.

셋째, 정여립은 군대를 갖고 있지 않았다. 전주부윤 남언경은 정여립에게 군대를 요청한 것이 아니고 분군(分軍)의 책임자를 맡겼다. 정여립은 (자신에게는 군사가 없고) 가까운 날에 조정에서 나(정여립)에게 많은 군사를 주어 왜병들을 토벌할 기회가 있을 것이라고 말한 사람이다.[70] 그리고 정여립은 분군의 요청을 받기 이전에는 군부(軍簿)를 가지고 있지 않았기 때문에 정해왜변 때 그 명단 일부를 가지고 간 것이다.

이상 몇 가지 기록만 보아도 정여립 사건은 무옥(誣獄)임이 분명하다. 기축옥사는 정철을 중심으로 한 서인세력이 그들 권력을 유지하기 위하여 꾸민 사화(士禍)라는 주장이 설득력이 있다. 후세 사람들이 이 억울한 사건을 혹은 반역으로 매도하고 혹은 혁명으로 미화하여 민족감정을 어지럽히고 있음은 바람직하지 않다.

---

70) 민인백, 『토역일기』, 이희권, 『정여립이여 그대 정말 모반지였나』, 전라문화연구소, 2006, p.190.

한편 『영조행장』을 보면, "영남 역적 이인좌, 정희량 등이 반란을 일으켰다."는 기록이 있다. 반란이 평정된 후 경상도 감영 소재지인 대구에 '영남반란 평정비'를 세워 영남을 반역 향으로 규정하였다. 실로 이 사건은 충청과 영남 일대에서 일 어난 명백한 역모사건으로 그 정체도 없는 정여립 사건보다 더 심각한 문제였다. 하지만 영조는 탕평책을 써서 이들을 포용하 였다.

3) 『성호사설』과 『택리지』

성호 이익(1671~1763)은 감여가(풍수가)의 술(術)을 믿는 자를 소개하고, "사람으로 하여금 배를 잡고 웃게 한다"고 하 면서 자신도 더 웃기는 이야기로 호남을 폄하하였다. 즉

"호남의 물은, 무등산 동쪽의 물은 동쪽으로 서쪽의 물은 남 쪽으로 흘러 바다로 들어가고 덕유산 이북의 물은 북으로 흘러 금강과 합류한다. 마치 머리를 풀어 사방에 흩어진 것과 같아 국면을 이루지 못하였다. 그로 인하여 호남에는 재주와 덕 있 는 사람이 드물게 나오니 사대부가 살 만한 곳이 아니다. 영남 의 큰물은 낙동강이다. 사방 모든 냇물이 크든 작든 간에 일제 히 합류해서 한 번이라도 밖으로 새는 일이 없다. 사람도 물과 같아 함께 모여 외치는 사람이 있으면 반드시 화답하고, 일을

당하면 힘을 아울러서 가담한다. 유현(儒賢)이 대마다 일어나고 영남에서 무한히 인재가 양산되었다." 하였다.

강의 흐름에 관하여 우리는 이익의 말 그대로 눈을 크게 뜨고, 넓은 안목으로 세계를 바라보는 지혜가 필요하다. 그의 논리대로라면 아프리카 대륙의 나일 강, 남미의 아마존 강, 인도차이나 반도의 메콩 강은 우리나라의 낙동강과 같이 하나로 흐른다. 하지만 이익이 가장 이상국가로 보았던 중국은 황하와 양자강 등 여러 갈래의 강이 흐르고, 우리나라는 압록강, 두만강, 청천강, 대동강, 한강, 금강, 영산강, 낙동강 등 너무 많은 강들이 어지럽게 흐른다. 또 다른 차원에서 보면 하나의 강줄기가 모여서 흐르는 것보다는 오히려 여러 강줄기가 흩어져 흐르는 것이 더 살기 좋은 지역일 수도 있다.

이익의 풍수설은 다시 이중환의 『택리지』에 영향을 미쳤다. 그는 전라도 지방에 가지도 않고 전라도 사람을 악평하였다.

이 내용들은 필자가 쓴 『호남의 한』에 자세히 나온다.

5. 전두환 정권의 공과(功過)

전두환 대통령의 제5공화국에 대한 평가는 대체로 부정적이다. 전두환은 12·12 유혈 쿠데타와 참담한 광주 대학살을 통해 권좌에 올랐으며 그의 집권 7년간은 가장 살벌한 역민주화(逆民主化) 통치로 기록될 만큼 독재가 심하였다. 그가 재임했던 5공화국 기간에 장영자, 이철희 사건, 명성사건, 일해재단비리, 범양사건, 박종철 고문치사 사건, 부천 성고문 사건 등 7대 의혹을 중심으로 각종 권력형 비리와, 부정, 부패가 끊이지 않고 일어났다. 5공 직후 노태우 정부는 정, 경 유착 권력형 비리와 관련, 그의 친형제, 친처남, 처삼촌 등 친척 15명을 줄줄이 구속하였고 전두환 자신도 백담사로 귀양길을 떠났다. 1997년에는 5, 6공의 두 대통령이 나란히 푸른 수의를 입고 국민 앞에 나타났다.

항간에 전두환을 비방하는 사람들의 말에 의하면 그가 저돌적, 공격형의 무식한 군인스타일의 지도자요, 단순, 과격한 힘의 논리를 앞세워 밀어붙이기식 통치로 민중을 탄압하였다고 주장한다. 특히 그가 광주 민주 항쟁을 탄압하는 과정에서 저지른 포악한 행동은 용서할 수 없는 만행이라고 공격한다.

하지만 세월이 지나면서 그에 대한 평가는 사람마다 약간씩 차이를 보이고 있다.

첫째, 전두환 대통령은 가난한 환경에서 성장하였다. 그의 부모는 살기가 어려워 어린아이를 등에 업고 만주로 떠났다가 1년 만에 다시 돌아왔다. 그때 그의 나이 8세였다. 그는 어릴 때, 굶기를 밥 먹듯 하며 자랐고 초등학교도 겨우 두 학년만 다녔다. 그는 운동을 좋아하여 초등학교 때부터 축구 골키퍼,

육상, 씨름 선수를 하였고 대구 공업중학교와 육사에서도 축구 주장을 맡았다. 그는 비교적 적극적, 긍정적인 성격의 소유자로 책임감이 강하고 주의력, 기억력, 집중력이 뛰어났다고 한다. 가정은 어렵지만 형제간 우애가 돈독하고 화목하였다.

1952년 육사에 입교한 뒤 성적은 중간 정도였으나 모범생으로 자기 관리에 충실하였다.

대통령이 된 뒤에 그는 가난한 농부의 아들답게, '국민이 잘 먹고 잘살아야 하고 돈이 있어야 국방, 외교, 문화, 체육도 발전할 수 있으므로 경제가 근본이어야 한다. 물가안정은 국가 경제 성장의 기본이다.'는 주장으로 경제 제1주의 정책을 펴 나갔다. 10·26 사건 이후 박정희 정부로부터 물려받은 한국 경제의 유산은, 경제성장 4.8%, 도매물가 상승률 42.3%, 무역적자 44억 달러 등으로 부도 직전의 경제 상황에 빠져 있었다. 전두환 대통령이 집권한 이후 1982년 물가는 한 자리 숫자로 잡히기 시작하였고, 다행히 3저 현상으로 한국 경제가 안정기에 들어섰다. 1987년 말 우리나라 경제 상황을 보면, 경제성장률 12.8%, 도매물가 상승률 0.5%, 무역흑자 114억 달러, 1인당 GNP 3,098달러, 국민총생산 1,284달러로 주요 경제지표가 급신장되었으며 이는 전 정권의 큰 성과였다.

둘째, 사람에 따라서는 그를 역량이 있는 보스 기질의 소유자로 '인간미 있는 맏형, 부하를 끝까지 챙기는 지휘관'이라고 평가하는 자도 있다. 그는 7남매 중 다섯째로 태어났다. 하지만 사관학교에서는 다른 생도들보다 한두 살 늦게 입학하였기 때문에,[71] 연장자로서 어른스러웠고, 어려운 처지에 있는 동료들을 도와주고 의리를 중히 여겨 인망이 있었다.

그는 전임 대통령이 물려준 길을 답습, 장충 체육관 선거를 통하여 권좌에 올랐지만 나름대로 민주화에 대한 프로그램을 진행시켰다. 6·25 이후 지속되었던 통행금지를 해제시키고 중·고생들의 교복, 두발의 자유화, 해외여행 자유화 그리고 대통령 임기 단임제 등 대대적인 개혁을 단행하였다. 또 대학생 입학 정원을 대폭 늘리고 파격적인 비율의 학생들에게 장학금을 지불하였으며 이로 인하여 대학 교원의 수도 급증하였다.

셋째, 그는 남다른 정치 감각과 상징조작, 심리전술 등에도 능하였다. 5공 당시 3S란 말이 유행하였다. 이는 스포츠(Sports), 스크린(Screen), 섹스(Sex)의 약자다. 전 대통령은 정치에 대한 국민의 관심을 비정치적 분야로 분산시키거나 혹은 정치적 사건도 이를 '쇼'화해서 직접적인 반항을 완화시키려는 고도의 정치조작을 원용하였다.

전 대통령은 1981년 8월 30일, '88서울올림픽'을 유치하고, 프로야구 출범(1982년 3월 27일), 50세 이상의 해외관광 허용(1983년 1월 1일), KBS 이산가족 찾기 TV 방송(1983년 6월 30일~11월 14일) 등 일련의 행사로 국민의 관심을 온통 컬러

---

71) 전두환 대통령은 1931년생. 노태우 대통령은 1933년생으로 육사 동기생이다.

TV(1980년 12월 1일 첫 방송) 앞에 모이게 하였다.

다만 그가 전임 대통령의 뒤를 이어 지역 차별정책을 계속한 것은 민족 감정을 분열시킨 중요 동인이 되었으며 오늘날까지 해결되지 않고 있는 우리의 비극이다. 또 그가 백담사에서 수도 생활을 하면서 마음을 모두 비웠다고 국민 앞에 천명하였으면서도 거액의 비자금을 숨겨 두었던 행동은, 그의 사나이다운 인간성을 다시 되돌아보게 한다.

6. 보통사람 노태우

1987년 12월 16일 제13대 대통령 선거에서 민정당 노태우 후보가 당선되었다. 그 후 1988년 4월 26일 국회의원 총선에서 소위 여소야대의 4당 정치구도를 등장시켜 정치가 안정되지 못하였다.

1988년 9월 17일부터 10월 2일까지 88올림픽을 성공적으로 치렀으나 정국은 다시 '과거청산'의 문제를 놓고 격돌하였다. 노태우 대통령은 국민여론과 야당의 압력에 견디지 못하고 1988년 11월 그의 옛 동지이며 자신을 후계자로 지목해 준 전두환 전 대통령을 국회 청문회에 내세워야 했다. 전두환 전 대통령은 청문회에서 자신의 비리와 과오를 국민 앞에 사과하고 그의 재산 대부분을 국고에 반납하겠다는 성명을 발표하였다. 그는 1988년 12월 23일 백담사로 들어갔다가 2년 1개월 만인 1990년 12월 30일에 나왔는데 1989년 12월 13일 국회 제2차 청문회에 출석 답변한 일이 있다. 이때 그를 향하여 명패를 던졌던 노무현은 일약 정치스타가 되어 후일 대통령이 되었다. 이 과정에서 민정, 민주, 공화의 3당이 통합하여 민자당을 만들었고 김영삼 씨가 총재가 되었다.

노태우 정권 5년간의 상황을 보면, 그동안 권위주의 군부통치의 비민주적 탄압에 반발하여 학생, 노동자, 재야단체, 교회, 야당뿐 아니라 중산층까지 가세하여 극렬하게 저항하였고 시위, 최루탄, 투석, 방화, 쇠파이프 등에 의한 파괴행동으로 하루도 평온한 날이 없었다. 노태우 대통령은 이런 위기상황에서도 그의 독특한 인내와 관용의 정신으로 억압충동을 자제하고 민주화의 길을 성공적으로 이뤘다는 평가를 받았다. 하지만 그의 보통사람론은 스스로 지도력의 비중을 보통사람 수준으로 평가 절하하여 국가 공권력뿐 아니라 각 분야 사회 지도력의 권위를 땅에 떨어뜨렸다. 학원과 노동현장은 물론 은행이나 언론기관 등 화이트칼라 계층까지도 투쟁과 단결의 구호를 외치며 그들의 목소리를 높였고 도심의 경찰관들은 이미 질서 유지의 기능을 상실하고 있었다. 노 대통령은 위기관리 능력이 없는 무능한 지도자로 지목되어 도처에서 '물태우'란 말이 튀어나왔고 결국 6·29가 아니라 '속이구'였다는 말이 공공연하게 유행하였다. 그는 TV 화면에 직접 출현하여, "국민 여러분, 저를 믿어 주세요, 저는 한 푼의 정치자금도 받지 않을 것입니다."고 약속하였고 그의 특이한 어조는 지금도 우리들 기억에 생생하다. 하지만 그가 물러난 지 2년 8개월 만인 1995년 11월 16일, 그는 천문학적 규모의 엄청난 비자금을 챙긴 혐의로 고발되어 결국 백담사보다도 더 치욕스런 감옥으로 향하였다.

7. 대학신문

나는 1984년부터 대학신문의 논설위원으로 사설을 썼다. 1988년 4월에는 신문사 주간으로 2년간 신문발행을 지도하였다. 그동안 교수와 학생들의 기사가 말썽이 되어 어려움을 겪기도 하였지만 대체로 타 대학 주간 교수들과 보조를 맞추어 무난히 임기를 마쳤다. 특히 어려웠던 사건은 모 교수가 쓴 사설[72]에 대한 학생들의 반발과, 학생 기자가 쓴 글(주체사상)이 문제가 된 일이었다. 공안 합수부에서 주간인 나를 소환(1989년 6월 15일)하면서 엄포를 놓았지만, 나는 끝내 출두하지 않았다. 당시 타 대학에서는 소환에 응하여 참기 힘든 창피를 당하였다는 교수가 더러 있었다.

---

72) 전북대 신문, 1988.9.26, 총장옹호의 사설.

나는 국립대학교 대학신문사 주간 협의회를 창립하였다. 우리는 연 2회씩 정기적으로 만나 서로 어려운 문제들을 협의하였다. 주로 충남대의 송백헌 교수, 전남대의 김병곤 교수, 부산대의 하일민 교수 그리고 전북대의 내가 협의회의 임원으로 활동하였다.

여기 내가 전북대학 대학신문사 주간을 맡았던 당시 사설 한 토막을 소개하면 다음과 같다.

8. 졸업생들에게 당부한 글

"영광의 학위를 받은 4천여 졸업생들은 이제 정들었던 강의실을 떠나 냉혹한 생활의 터전에 첫발을 딛게 되었다. 그동안 대학생들은 참신한 젊은이의 기상과 개혁지향적인 실천적 의지로 학업에 열중하면서도 나라의 민주화와 사회적 비리 척결에 많은 역할을 담당해 왔다. 우리 사회는 교문을 나서는 이들 졸업생들에게 스승이나 선배보다도 더 영특한 제자와 후배로서 이른바 청출어람(靑出於藍)의 지혜로 사회에 진출하기를 기대한다.

첫째, 세상을 올바르게 살아가기를 바란다.

사람은 누구나 사회에서 존경을 받으며 주위 사람들로부터 올바르게 살아가고 있다는 평가를 받고자 한다. 세상에는 무엇이 옳고 정당한가에 대한 객관적인 심판자가 없기 때문에 결국 정의란 것도 힘 있고 목소리 큰 자의 편을 들게 된다. 아무리 착하게 살아간다 해도 가끔씩 약한 자의 선의는 무시되고 소외되기 마련이다.

하지만 세상에서 정직하고 올바르게 살아가는 것처럼 떳떳하고 자랑스러운 일은 없으며 삶의 보람을 주는 귀중한 경험은 없다. 다만 자신의 행동 표준에 너무 집착하여 자신은 모두 정당하다고 생각하는 독선과 교조적 태도, 목적이 옳기 때문에 그를 실현하기 위한 행동도 정당화될 수 있다는 그릇된 목적론자 그리고 자신의 과오를 모두 사회의 탓으로 돌리는 무책임한 태도들은 지식인의 올바른 자세는 아니다.

둘째, 끊임없이 공부하고 연구하는 자세가 중요하다.

그동안 우리의 선각자들은 진보와 개혁을 지향하며 최대다수인의 권리와 이익을 보장해 줄 이념이나 원리를 선호해 왔다. 그러나 현실성 없는 관념은 때로 유토피아라는 비판을 받았고 혹은 소수 집권세력의 이데올로기적 도구로 이용되는 사례가 많았다. 사회현상에 관한 이론들은 항상 논의의 쟁점을 갖고 있어서 계속 비판, 수정되고 새로운 방향이 모색되어야 한다. 따라서 우리는 보다 광범하고 다양한 조망에서 객관성 있는 이론 추구의 자세가 필요하다.

셋째, 졸업생들이 마음에 드는 일터를 찾아 열심히 살아가기를 바란다. 여러분들의 활동 무대는 지구촌 도처에 널려 있으며 그 의지와 노력 여하에 따라 무한한 가능성이 개방되어 있음을 명심하고 성의와 노력을 다하기를 바란다.

오늘 여러분의 영광을 위하여 그동안 온갖 고초와 희생을 다해 주신 부모님과 스승님께 감사드리고 이 세상 어느 곳에서도 부모형제와 동문, 모교와 고장을 빛내는 자랑스러운 전북대인이 되기를 기대한다."[73]

9. 전주시 완산구, 덕진구의 명칭

1988년 7월 1일자로 개설 예정인 두 개의 전주시 출장소 명칭을 결정하기 위하여 5월 9일 3시에 24명의 위원들이 전주시청에 모였다. 나는 당시 총무국장인 고교 동기(강신영)의 부탁에 의하여 그곳에 참석하였다. 위원들은 완산구 외에 '기린' 혹은 '건지'를 명칭으로 정하자고 제의하였다. 기린(麒麟)은 한문 글자가 너무 복잡하고 건지는 완산과 같이 산이기 때문에 나는 덕진(德津)이 좋겠다고 제의하였다.

당시 시립박물관장을 지냈던 전영래 씨가 나의 의견을 지지하였다. 다른 위원들도 이를 선뜻 받아들여 오늘의 '완산구, 덕

---

73) 「전북대학 신문」, 1990년 2월 19일(월).

진구'가 탄생하였다. 완산은『삼국사기』백제 편에 처음 소개
된 후 '전주'로 변경되었다.

완산은 완산칠봉에서 유래되었으며 '온전'하다의 뜻을 가진
완(完) 자와 전(全) 자는 어휘상 차이가 없다. 덕진은『동국여
지승람』의 덕진지(德眞池)에서 유래한다. 풍수 지리적으로 볼
때 완산과 덕진은 산수(山水)가 조화를 이루며 상부, 상조, 협
동과 조화를 상징한다. 산은 물이 있어야 덕을 향유하며, 완산
은 덕진으로 날개가 돋은 이치라 볼 수 있다. 앞으로 서해안
시대를 맞아 전주는 무한히 발전해 나갈 중요한 시류를 타고
있다. 고래로 산의 정기는 흐르는 물과 통하였는데 '진(津)'은
교통을 의미하고, '덕진'은 큰 나루라는 뜻으로 서해로 통하는
길이 열린다는 뜻이다.[74]

---

74) 전북일보, 1988년 5월 12일자.

제15부

1990년대

1990년대는 나의 공직생활 마지막 10년이다. 가정생활, 대학보직, 학회활동, 지역활동 등으로 나누어 소개하겠다.

1. 동생의 교통사고

1991년 1월 5일부터 22일까지 우리 부부는 모처럼 해외여행을 떠났다. 항공표는 여행사에서 구입하고 유레일패스를 가지고 보름 동안 독일, 프랑스, 스페인, 덴마크, 스웨덴, 헝가리 등을 돌아다녔다. 먼저 아내가 3년 동안 머물렀던 독일 슈투트가르트(Stuttgart)로 가서 그동안 아내를 보살펴 주신 바우어(Bauer) 부부를 만났다. 함부르크(Hamburg)에서는 아내의 친구 집(이성곤 박사)에서, 스웨덴에서는 나의 대학 동기인 최동진 대사의 사택에서 묵었다. 헝가리(Hungary)에서 황길신(후에 스웨덴 대사) 참사관 부인의 각별한 안내를 받았다. 바우어 여사 부부는 아내에게 각별히 잘해 주셨는데 아직 연락을 못 하여 항상 송구스럽게 생각한다. 그해에 장남(김문주)은 고려대학교를 졸업하고 대학원에 진학하였다.

1992년 8월 22일, 우리 형제 중 4째(김맹영)가 교통사고를 당하여 사경(死境)을 헤매다가 천행(天幸)으로 생명을 구하였다. 나의 제수가 워낙 천사여서 필시 하느님이 구원하신 것이라고 믿고 있다. 나는 전주에서 동생이 입원하고 있는 원주까지 사흘이 멀다 하고 왕래하였다. 다음 해인 1993년 6월, 장남(김문주)이 고시준비 중 발목을 다쳐서 입원, 약 6개월 동안 치료하였다.

2. 대학의 보직

나는 1988년부터 1990년까지 신문사 주간을 마치고 사회과학연구소장, 현대사상연구소장, 정치외교학과 학과장, 대학원 주임교수, 학장, 행정대학원장 등을 맡아 연구와 행정에 참여하였다. 민주평통 자문위원, 사법, 행정고시와 5급 공무원, 지방 공무원 출제위원 등도 역임하였다. 학장 재임 시 재산 신고

를 잘못하여 총무처로부터 '주의'를 받았다. 아버지 명의로 된
종중재산이 있는 줄을 몰랐었다.

* 학장, 행정대학원장

나는 학장재임기간 중 학생들의 면학 분위기 조성을 위하여
독서실을 만들고 냉난방 기구를 구입하였다. 예산이 부족하여
본교 정외과 졸업생이며 나의 동기인 이익우 변호사의 도움을
청하였다. 그는 흔쾌하게 응낙하였으나 나와의 사적인 우정으
로 주겠다고 하였다. 나는 정중하게 사절하고 다른 곳에서 충
당하였다. 친구의 뜻은 너무 고마웠지만 공적인 일로 개인적인
신세를 지고 싶지 않았다.

사회과학대학 동창회를 창립하였다. 일일이 주소를 파악하
여 명단을 작성하고 연락하였지만 오지 못한 분이 많았다. 정
외과의 선배인 한승헌 변호사는 감사원장이 된 후에 금의환향
하였다.

행정대학원장 재임 시에는 최고관리자반[75] 외에 지방의회의
원반과 여성지도자반을 새로 만들었다. 지방의회의원반은 대
부분 전북도내 도, 시, 군 의원들이 등록하였다. 대학원 운영의
기획 및 실행은 주로 당시 교학과장인 강인재 교수의 주장에

---

75) 그때 같이 다니던 행정대학원 고급관리자반 6기생이 지금도 모인다. 장수의 이인호(재향군인회
회장), 임실의 정인준(군의원), 최기범(농촌지도자 회장), 전주의 문희태(도청과장), 김창식(무지개
광고사 대표), 박오상(바르게살기운동 회장), 황택규(사진작가 회장), 최영신(간호과장), 박홍래(한
양회관 사장) 동문 등이 참석하고 있다.

따랐다. 각 대학의 경영, 행정대학원장들이 모여서 협의회를 만들었는데 나는 부회장으로 활동하였다. 회장은 임기가 비교적 장기간인 사립대학에서 맡았다. 나의 고교 동기생인 한남대학교 김세열 총장(전고 31회)이 맡은 일도 있다.

나는 보직을 하면서 다음 세 가지를 꼭 지켰다.

첫째, 대학교수의 본무는 어디까지나 연구와 강의, 학생지도와 취업이란 것을 명심하여 나름대로 최선을 다하였다. 보직을 수행하면서도 연구와 강의를 소홀히 하지 않았고 특히 학생들의 취업을 가장 우선 임무라는 소신으로 일하였다.

둘째, 업무상 교수나 직원을 만나 개별적으로 상의할 일이 있을 때는 반드시 내가 직접 찾아갔고 인터폰이나 비서를 통해서 호출하는 일은 될수록 삼갔다.

셋째, 집무실에서 잡담을 금하고 그 사이에 비서실에서 기다리는 사람이 없도록 수시로 점검하고 확인하였다.

넷째, 불필요한 행정 번폐를 개선하도록 노력하였다. 사람에 따라서는 자신의 행동은 뒤돌아보지도 않고 하찮은 세칙이나 규정을 원칙이라고 우기면서 행정의 분위기를 숨 막히게 하는 경우가 있다. 나는 주변에서 그런 예를 자주 보아 왔다. 대개 이런 사례는 모든 사람들에게 해당되는 말이기 때문에 나부터 고쳐야 한다고 생각했다.

＊ 사법, 행정고시위원

나는 1988년부터 약 8년 동안 각급 고시 출제를 담당한 일이 있다. 문제는 각 위원별로 약 50~70문항을 작성하여 출제위원회에서 협의해서 결정하였다. 지방 공무원 고시의 경우는 연구실에서 출제하고, 밀봉하여 등기로 송달하였다.

과목은 다르지만 아들이 사법시험에 응시하는 동안 내가 위원이 될 경우는 이를 거절하고 나가지 않았다.

1988년 6월 23일의 일이었다.

출제위원들이 모여 사법시험 1차 합격자 사정회의를 하고 있는데, 총무처 입구 복도에서 사법시험 응시자 약 30여 명이 연좌데모를 하고 있었다. 당시 민법 1차 시험에 성균관대의 모 교수가 교내에서 실시한 모의시험 문제를 사법시험에 출제한 일이 있었다. 그분은 그동안 해외에 있었기 때문에 그 사실을 모르고 출제했다고 변명하였다. 하여튼 그는 그 후 약 2년간 출제위원 자격이 박탈되었다.

3. 아버지 별세

1995년 1월 6일 13시 45분, 아버지께서 세상을 떠나셨다. 1986년 9월 언어장애로 고생하신 이래 약 8년 동안 어머니는 오직 아버지만을 위하여 극진한 간호를 하셨다. 아버지는 약 4년 전부터 의식불명의 상태로 겨우 생명을 부지하실 정도였는데도 어머니는 중풍에 좋다는 약이라면 무엇이든 가리지 않고 입에 넣어 드렸다. 아버지는 아마 폐렴을 앓으신 것 같다. 마지막 세상을 뜨시던 날, 우리 대학 교수들은 대전 수안보로 신정(新正)연수를 떠났다. 나는 아버지가 소복을 입고 나타나신 것을 보았다는 아내의 꿈 이야기를 듣고 연수에 불참하였다. 이른 아침부터 아버지 옆을 떠나지 않았고, 어머니와 형, 내가 임종(臨終)을 지켰다. 아버지는 동생들이 미처 도착하기 전에 깊은 한숨을 몰아쉬며 운명(殞命)하셨다. 어머니는 아버지 운구를 너무 서둘러(대학병원 영안실로) 모셔 갔다고 아쉬워하였다. 당시는 영안실이 부족하여 방 차지가 쉽지 않았다. 최일운 박사(우석대 총장)가 같은 방에서 아버지와 황천길을 동행하셨다.

4. 장남의 사법고시 합격

1996년 5월 17일, 장남(김문주)이 사법고시 1차에 합격하더니 다음 해(1997년) 11월 20일, 2차에 합격하였다.

참으로 신비스런 일이다. 11월 16일(일) 낮, 나는 비몽사몽(非夢似夢)간에 돌아가신 어머니의 목소리를 들었다.

'네 아들 문주가 고시에 합격하였다'고 하셨다.

나는 이 말씀에 크게 복창(復唱)을 하며 놀라 깨어 보니 꿈이었다. 그 후 20일(목)에 나는 자신감이 생겨서 서울로 올라가 아들을 만났다. 대개 목요일에 합격자 사정회(査定會)를 하기 때문이다. 마침 아들도 자신이 있었던지 강남고속터미널까지 나와 나를 기다리고 있었다. 우리는 마음이 급하여 전차를 타고 신림동으로 달려갔다. 택시보다 전차가 오히려 빠르다고 생각했기 때문이다.

합격자 명단이 신림동 고시촌 서점 앞에 가장 먼저 붙는다고 들었다. 오후 4시 30분, 나는 아들의 번호와 이름을 확인하고 먼저 아내와 어머니에게 전화로 알렸다. 우리 가족은 모두 얼싸안고 세상 사람들에게 감사드렸다. 어머니는 손자 자랑으로 한동안 세월 가는 줄을 모를 정도였다. 아들은 그다음 해 3월 사법연수원에서 결혼식을 올렸다. 며느리는 그동안 아들과 사귀던 규수로 착하고 진실하고 근면하여 우리 부부도 만족하고 있다.

5. 어머니 별세

호사다마(好事多魔)라고 하였던가.

동생이 시작한 사업이 어려움을 당하여 형제가 같이 괴로워하였다. 그 사이에 어머니의 병세가 악화되었다.

손부(孫婦, 장남 문주의 처)가 임신했다는 말을 듣고 무척이나 기뻐하시던 어머니가, 사흘 후인 2000년 10월 18일 아버지 곁으로 떠나셨다.

어머니는 항상 가문에 대한 자부심을 잃지 않고 부덕의 품위를 갖춘 현모양처였다. 10년 동안 자신의 약한 몸을 돌보지 않고 아버지의 병간호에 정성을 다하셨으며 슬하에 5형제를 끔찍하게 사랑하셨다.

어머니는 전주이씨 안양군 자손으로 아버지(나의 외조부)는 장수군 산서면에서 '참봉어른'으로 통하였다. 어머니는 또한 청결하고 음식 솜씨가 좋았으며 유난히 인정이 많으셨다. 나는 전주에서 유명한 백반집을 모두 다녔지만 어머니의 요리보다 더 맛있는 물고기 조림을 먹어 보지 못하였다. 나는 두 어머니를 나란히 한자리에 모셨다. 전통의 순서대로 먼저 돌아가신 어머니 동쪽에 어머니를 새로 모셨다.

6. 학회활동

국내 대학의 정치학과 교수 대부분이 참가하여 활동하는 학회는 한국정치학회, 한국국제정치학회, 한국외교사학회 등이다. 나는 주로 이 세 학회에서 부회장, 호남 지회장으로 활동하였다.

그 외에 한국민주시민학회, 한국정치교육학회, 한국미래학회 등에서도 활동하였다. 나의 학회활동 중 몇 가지 특이한 내용만 다음에서 예를 들어 소개하겠다.

* 모스크바 청년대학 토론

1990년 7월 21일부터 8월 1일까지 학술진흥재단의 후원으로 소련, 불가리아 등을 방문하였고, 모스크바의 청년대학(Comsomol)에서 공산주의 학자들과 토론대회를 가졌다. 당시 그들의 주장을 간단히 요약하면 다음과 같다.

류학구 교수(사회과학원 교수, 고려인 협회 지도위원)

할빈대졸, 단동군 입대 포로생활 3년, 모스크바 대학 졸업 후 갑자기 마르크스주의자가 되었다. 그의 주장은 다음과 같다.

조선인 애국자들은 러시아 혁명에 적극 참가하였다. 혁명이 성공하면 일제(日帝)를 타도할 수 있으리라고 생각했다. 하지만 조선족은 스탈린(Stalin) 탄압의 첫 대상이었다. 1934년부터 스탈린은 조선인들을 일본 스파이로 몰아 중부 아시아로 강제 이동시켰다.

청년대학에서 지금까지 가르치던 과목들은 이제 불필요해졌다. 앞으로 페레스트로이카에 근거한 현대정치학, 사회학, 경제학 등을 택하고 특히 경제학에서는 젊은이들에게 미국과 협조하여 시장경제 운영 능력을 가르치려고 노력하고 있다.

미하일 박 실장(사회과학원 한국분야 실장)

박 실장은 주장하기를, "청년들에게 가르칠 교육 내용들을 전면 개편하였다. '소련 공산당사'를 사회 경제사로, '과학적 공산주의'는 정치학으로, '변증법적 유물론'은 철학사로 개정하였다. 레닌의 역사적 실험은 실패하였다. 70년 동안 무엇을 했는지 모르겠다. 레닌과 스탈린은 이제 민족의 범죄자로 평가 받고 있다"고 하였다.

마르크 한 교수(한국인 2세 청년대학 경제 사회분야 교수)

한 교수는 말하기를, "법령 개혁을 서두르고 있지만 아직 영향력 있는 기득권 세력의 방해로 힘을 쓰지 못하고 있다. 현재는 시장이라고 하면 암시장밖에 모를 정도이다."고 하였다.

* 세계미래연구연합학회

나는 1991년 9월 21일 스페인 바르셀로나(Barcelona)에서
열린 세계미래연구연합학회 제12차 대회에 참가하여 논문을
발표하였다. 이 대회에는 북한 학자들도 5명이나 참석하였다.
이 프로그램은 전적으로 숭실대학 교수인 전득주 회장이 주선
하였다. 당시 그 논문에 관한 학회의 보도 내용은 다음과 같다.

The Journal

WFSF(World Future Studies Federation)

X11 World Conference

21, September, 1991, Barcelona, Spain

CIVIL SOCIETY

사회자: Bart van Steinberg(Netherlands 대학 교수)

The group on Civil Society discussed at length the
interesting paper presented by Dr. Jae—Young Kim from
Korea on 'Civic education for democratization in Korea'

('한국의 민주 시민 교육'에 대한 김재영 박사의 논문에 대
하여 토론하였다.)

It came out that there is a deep and inherent tension
between the traditional Korean culture with its emphasis on

hierarchy, respected for seniority, family ties etc, and the requirements for a civic, i,e, participatory and democratic culture.

(문제의 핵심은 상하의식, 가족적 유대 등을 중히 여기는 전통문화와 참여적인 민주문화 사이에 일어나는 갈등이었다.)

* 독일 민주시민 교육센터

1997년 1월 26일부터 약 2주간 독일 아인홀츠(Einchholz) 연수원과 민주시민 교육센터 등을 순방하면서 양국 간의 교육 실태에 관하여 토론을 벌였다. 토론장에는 독일 정치교육 담당자들과 연방의회의원 그리고 우리나라에서 여야 국회의원, 고위 공직자, 기자, 교수 등 20여 명이 참석하였다.

독일 학자들은 먼저 과거 독일의 전쟁행위에 대한 반성과 준법정신을 주제로 내세웠다. 그 내용은 주로 그들 국민의 타협성, 균형감, 조화, 협동심 등이고 문제 해결 방식으로 대화와 토론, 설득의 중요성을 강조하였다.

7. 한국 정치정보학회 창설

나는 정외과 김창희 교수와 함께 1998년 4월부터 전국 규모의 학회 창설을 기획하였다. 학회를 창설하고 운영하는 것은 나의 능력으로는 참으로 감당하기 힘든 사업이었다. 다행히 주위에서 협조해 준 분들이 있어서 가능하였다.

학회를 운영하려면 우선 막대한 운영자금을 조달하고, 젊고 참신한 회원들을 확보해야 한다. 그 외에 정기적인 학술세미나 개최, 논문집 발간, 우수 논문 모집과 엄격한 심사 등 넘어야 할 산이 너무 많았다.

정치정보학회는 주로 국내 정치학, 언론학 교수를 회원으로 확보하였으며 그 일은 전북대 김창희 교수가 동분서주하여 국내 저명한 교수들을 거의 모셨다. 서울대 박찬욱 교수, 고려대 김호진 교수, 최상룡 교수, 연세대 양승함 교수 등도 참여해 주었다. 기금은 전북대학교 장명수 총장, 박정근 기획실장, 전북일보 황이택 편집국장, 전북 고속 황의종 회장, 새한건설 이근재 회장, 동성사 송기태 회장 등의 도움이 컸다.

한국 정치정보학회는 1998년 6월 22일 전북대학교에서 창립총회를 갖고 내가 초대 회장으로 선출되었다. 그 후 우리 학회는 서울 프레스센터에서 첫 세미나를 성대하게 마쳤다.

이 세미나는 나의 대학 후배인 김학준 총장(인천대 총장, 동아일보 회장)과 정윤재 교수(한국정치학회 회장)의 전적인 협조로 이루어졌다. 당시 프레스센터 이사장은 김학준 총장의 정치학과 동기인 김문원 씨였다. 한국 정치정보학회는 그 후 발전을 거듭하여 현재 한국 굴지의 학회가 되었고 학회가 해마다 발간하는 학술지, 「정치, 정보 연구」는 학술진흥재단에서 인정한 등재지로 우수한 논문만을 엄격하게 심사하여 게재하고 있다.

8. 지역사회 활동

나는 나의 전공인 정치학 분야 지역사업에 참여한 일이 있다.

첫째, 전북일보, 전라일보, 전북도민일보 기타 잡지 등의 요구에 의하여 글을 썼고 1990년에서 1991년까지 약 1년간 전북일보 논설위원으로 매주 사설을 썼다. 그 주제는 대개 국회의 운영, 정국 정상화, 야권통합, 금융실명제, 미국, 소련, 중국, 일본 등과의 외교, 남북문제, 지역현안, 새만금사업 등으로 요약할 수 있다.

둘째, 향토지의 정치 편을 집필하였다.

『전북도지』, 정치편(전라북도, 1991년)

『전북발전사』, 정치편(전북애향운동본부, 1996)

『완주군지』, 인물편(완주군청, 1996)

『전주시사』, 정치편(전주시청, 1997)

『전북학 연구』, 정치, 행정편(전라북도청, 1997)

셋째, 21세기 정책정보 연구원장으로 약 4년간 활동하였다. 이 연구원은 1998년 9월 5일 창설하여 10월 28일 사단법인 등록을 마쳤다. 당초 장영달 국회의원이 창립한 사단법인으로 황석규 도의원, 서하진 세무사, 이용완 도의원, 유창희 도의원 등이 협조한 것으로 알고 있다. 사무총장으로는 이병화, 이용완, 유창희 의원이 맡아 수고해 주었다. 장영달 의원은 나의 고등학교 후배로 겸손, 성실, 청백하고 성품이 착하였다. 장 의원은 역시 국회의원이기 때문에 최장집 교수, 이인제 의원, 한승헌 변호사, 김학준 회장, 장미희 후원회장 등 인기 있는 인물들을 연사로 추천하였다. 그 외에 세미나, 토론회, 연구지 발간 등 다양한 활동을 하였다. 그중 특이한 정책 토론회로는 전주시 도로 명칭에 대한 것이다.

예를 들어 기린로, 백제로는 전주의 가장 큰 동맥과 같은 길이다. 이를 '백제로' 1가, 2가 3가라 하지 않고 백제로, 화산로, 곰솔나무길 등으로 갈라서 부르는 것은 부당하다는 임철환 교수(전북대 의대 교수)의 주장을 강력히 건의하였다.

당시 신치범 전주시의회 의장도 이에 동의하였으나 몇몇 시의원들의 고집으로 결국 관철되지 못하였다. 그 후 몇 년이 지난 뒤 도로 명칭을 재정비하여 오늘의 '백제대로'가 새로 탄생하였다. 막대한 시민의 혈세만 낭비한 셈이다.

넷째, 전북향토문화연구회의 고문으로 활동하고 있다.

나는 정년 후 모든 공적 조직에서 물러나 자유로운 생활을 만끽하고 있다. 다만 향토문화연구회의 경우 예외로 글을 쓰고 있다. 향토문화연구회는 현재 이치백 회장 개인 능력으로 운영되고 있다고 해도 과언이 아니다. 그분은 한국향토사연구 전국협의회의 회장을 맡고 있다. 이 회장이 우리 지역 발전과 고증, 인물 발굴 등 연구에 쏟는 열정과 업적은 남달리 출중하여 뜻있는 분들의 존경을 받고 있다. 현재 장명수 명예교수(전북대 총장)가 명예회장으로 같이 활동하고 있다.

나는 그 깊은 뜻에 감동되어 그분의 하는 일에 계속 협조하고 있다. 전북인물 50인 선정, 전북 출신 3성 법조인 동상 건립(전주시 덕진공원, 1998년), 전북 출신 독립유공자 현창비(전주시 송천동, 2004년) 건립 위원으로 참여하였다.

금년(2010년)에는 반계 유형원에 관한 세미나에서 주제 발표를 하였고 반계서당 복원, 확장을 위한 이 회장의 노력에 적극 협조하고 있다. 또 지난 3월 28일(2010년)에는 정읍 칠보 소재 무성서원(전북유일의 불훼철서원)에 모시고 있는 최치원, 정극인 선생 등 7인의 향사에 아헌관[76]으로 참배한 일이 있다.

나는 2001년 정년퇴직을 전후하여 여러 권의 저서를 내놓았다. 그중 조선 역사와 사상에 관한 책의 내용 몇 항목만을 간

---

76) 초헌관 장명수 총장, 종헌관 이흥재 전북도 미술관장.

단히 소개하면 다음과 같다.

9. 조선 인물 뒤집어 읽기

이 분야 저서는 내가 대학에서 가르치던 정치사상, 정치사와 관련이 있다. 구체적으로 책을 출판하게 된 동기는 나와 오랜 기간 등산길에서 학문적 토론을 주고받던 신문학과 강준만 교수의 소개로 시작되었다.

내 저서 내용 중 김안로와 권신, 이언적과 현자, 율곡 이이의 10만 양병설에 관한 내용을 소개하면 다음과 같다.

1) 희락당 김안로(1481~1537)

역사에서 '김안로' 하면 대부분의 학자들은 아무 생각 없이 권신이란 형용사를 그 이름 앞에 붙인다. 최근 그를 권신의 대표적 인물로 한겨레신문에 기고한 글이 있어 연안 김씨 대종회에서 강력 항의한 일이 있다. 특히 이규태 씨처럼 유명한 사람도 희락당을 간신(奸臣)으로 지목하고 문헌에 없거나 이를 오역하여 역사를 왜곡했다는 비판을 받은 일이 있다.[77]

『조선왕조실록』을 분석해 보면 그가 권신이란 확실한 근거가 없고 오히려 김안로는 문정왕후와 윤원형 남매의 척신정치에 의하여 너무 억울하게 희생된 인물이다. 그 예를 열거해 보면 다음과 같다.

첫째, 중종 19년 김안로가 이조판서에 오르자 그 4개월 후 삼정승(남곤, 권균, 이유청)이 탄핵하여 그를 파주, 풍덕(개성)으로 유배시켰다. 당시 대간과 사헌부에서 유배의 부당함을 16차례나 상소하였으나 문정왕후와 경빈 박씨의 세력을 아무도 당하지 못하였다. 그 5년 후인 중종 24년 5월에 그가 정계에 복귀하자 다시 심정과 이항이 반대하였다. 그 2년 후인 중종 26년 자신의 며느리 효혜공주가 죽고 6개월 후 아들 연성위도 죽었다. 김안로는 중종 26년 예조판서에서 대제학이 되었다. 당시 중신들의 투표결과 김안로 5표, 홍언필 4표 그 외는 각각 1표였다. 왕의 친사돈과 상관없이 그의 능력에 의하여 대제학이 된 것이다.

둘째, 그가 풍덕에 유배 중인 중종 22년 2월, '작서의 변'이 일어났다. 누가 쥐를 잡아다가, 네 다리를 찢어서 불에 지진 다음 세자(인종)의 침실 밖에 매달아 놓았다. 이에 관한『조선왕조실록』의 기사를 종합해 보면, 사실은 문정왕후의 소행이 분명한 것 같은데, 그녀가 경빈 박씨에게 덮어씌운 것은 부당하

---

77) 조선일보 1983년 3월 5일자. 김종갑,『낙수망대』, 플러스, 2009, p.125.

다는 내용이다. 이 글은 윤원형과 그 첩실(정난정)의 사위인 이조민이 쓴 『괘일록』에 나온다.

사실이 이토록 명백함에도 불구하고, 현재 국사편찬위원회에서 만든 『조선왕조실록』의 주(註)를 보면 처음에는 그 범인이 경빈 박씨라고 써 놓고, 다음에 나오는 주(註)부터는 계속 김안로의 사위인 연성위의 소행이라는 다른 주장을 되풀이하고 있다. 그 이유로 이종익의 진술만을 인용하고 있다. 하지만 이종익의 진술은 사건 발생 5년 후 다른 사건에 부수해서 나온 것으로 신빙성이 없다. 김안로의 반대편에 있었던 당시의 영의정 정광필도 이종익의 말을 '미치광이의 술책'이며 믿을 수 없다 하였고 왕은 그 일로 분노하여 이종익을 사사하였다.

셋째, 중종 32년 10월 21일부터 23일까지 대사헌 양연과 대간 전원이 윤원로, 윤원형 등을 탄핵하는 상소를 올렸다. 10월 24일 중종은 갑자기 아들의 혼사를 치르는 김안로를 포박하여 유배 중 사사하였다. 그리고 양연 등은 하루아침 사이에 얼굴을 바꾸고 김안로를 탄핵하는 글을 올렸다. 야사에 의하면 문정왕후가 중종의 옷소매에 매달려 자신의 형제들을 살려 달라고 눈물을 흘렸다는 글이 있다. 결국 윤원형 남매의 농간으로 김안로는 터무니없는 권신의 누명을 둘러쓴 것이다.

김안로는 청아, 강직하고 완벽성을 지향한 원칙주의자로 누구에게 빌붙거나 권세에 아첨하지 않았으며 원칙 없이 우왕좌왕하거나 무고한 사람을 죽인 일도 없다. 다만 초지일관(初志

一貫) 나약한 세자(인종)를 보호하려다 윤씨들에게 용납되지 못한 죄가 있을 뿐이다. 인종은 너무 무능하고 일찍 죽었기 때문에 그의 업보까지도 희락당이 떠안아야 했다. 중종은 자신(혹은 문정왕후)의 반대 세력들을 숙청하고 그 책임을 김안로에게 전가하였다. 이후 논자들은 별다른 근거도 없이 채무택, 허항까지를 포함하여 삼흉(三凶)이라는 억울한 누명을 덮어씌웠다.

김안로를 권신으로 폄하한 『중종실록』은 문정왕후와 윤원형 등 동궁에 불을 지르고 결국 인종을 죽게 한 자들이 쓴 글이다. 더 자세한 내용은 필자의 『중종을 움직인 사람들(2008)』에 있다.

2) 회재 이언적(1491~1553)

이언적은 문묘에 배향된 현자로 존경받아 온 인물이다.

그의 사상과 정책노선은 '망기당 조한보에게 보낸 답서', 『구인록』, 『대학장구보유』, 전주부윤 때 올린 '일강십목소'와 그가 죽은 뒤 그의 서자 이전인이 임금께 올린 '진수팔규' 등에 나타나 있다. 하지만 그는 사림이면서 훈구대신으로 을사사화 때 추관과 금부당상의 역할을 담당하여 공신대열에까지 오른 사람이다. 물론 성인은 여세출(聖人與世出)이라지만 그의 어두운 면을 살펴보면 어쩐지 마음이 우울하다. 몇 가지 사례를 들면 다음과 같다.

첫째, 그는 성색(聲色, 여색)을 멀리해야 한다고 강조하였다.

반면 자신은 첩실을 두어 사람들의 빈축을 샀고 사평 이면의 친척 되는 여자와 잠을 잔 일로 문제가 된 일도 있다. 율곡은 그를 평하여, "퇴계의 실수는 연소한 시기에 있었지만 회재는 이미 늙고서 실수가 있었으니 분별이 없는 짓이다."고 하였다.[78] 그는 중종 27년 파직당하여 고향에 있는 동안 독락당을 세웠고 그 10년 후 경상감사로 부임했을 때는 99칸짜리 향단을 짓고 살았다. 오늘날로 말하면 공직에 재직하면서 호화주택을 건축한 것이다.

둘째, 그의 졸기를 보면 김안로의 미움을 받아 쫓겨났고 또 을사사화가 일어나 파직되었다고 한다. 『중종실록』을 보면 사실 그는 그가 박운(박원종의 서자)이라는 죄인(뇌물죄)을 감싸고, 동료 대간 채무택을 탄핵한 일로 파직을 당하였다.

또한 그는 을사사화(명종 즉위년 8월 22일부터 다음 해 3월 3일 윤원로의 파직 문외출송 때까지) 때, 이상(좌찬성)의 자리에 앉아 추관을 담당하였으며 그 공으로 공신이 된 사람이다.

셋째, 이언적을 문묘에 배향하는 일에 대하여 선조는 끝까지 반대하였다. 그 요지는 다음과 같다.

"갑진, 을사년에 두 선왕(중종, 인종)이 잇달아 승하하자 간

---

78) 『율곡집 1』, 민족문화추진회, 1981, p.538.

신들이 마구 일어나 화란을 크게 일으켰다. 사림은 어육(魚肉)이 되고 종사는 위기일발의 처지에 놓였다. 이런 때에 이언적은 어떻게 처신하였는가. 뭇 간신들 속에 발을 딛고서 물결치는 대로 부침(浮沈)했을 뿐 바른말을 힘껏 주장하여 간흉들의 간담을 서늘케 하였다는 말은 듣지 못하였다. 국가를 바로잡지도 못하였고 물러가 몸을 결백하게 하여 멀리 떠나지도 못하였다. 자신이 추관이 되어 남문 밖에서 제현(諸賢)을 국문하였으니, 이날 이언적의 이마에서 땀이 나지 않았는지 모를 일이다. 끝내는 간흉들에게 휩싸여 적신(賊臣) 이기와 함께 어깨를 나란히 하고 동맹하였다. 이언적은 진정 그가 정난위사 공신의 공로가 있다고 여겼던가. 죄도 없는 왕자를 죽이자고 청하였으니 정말 진유(眞儒)로서 이런 행동을 할 수 있단 말인가. 이언적이 어떻게 지하에 가서 옛 임금을 뵙겠는가"[79) 하였다.

3) 율곡 이이의 10만 양병설

우리 역사에서 율곡은 임진왜란을 미리 알고 예측하여 10만 양병설을 내놓은 선각자로 알려져 있다. 그 내용은 초등학생들이 보는 만화책, 각종 사전, 학자들의 연구논문 등에서 일관되게 읽을 수 있다. 하지만 이에 대한 확실한 근거자료가 없고

---

79) 선조실록 172권. 선조 37년 3월 23일 1번째 기사.

율곡의 글들을 자세히 분석하면 10만 양병설이 사실이 아니라는 주장이 설득력 있게 제기되고 있다. 그 구체적인 논거는 다음과 같다.

첫째, 율곡의 10만 양병설은 그가 쓴 시, 부(詩, 賦)나 문장, 임금께 올린 계(啓), 소(疏), 책문(策文), 편지, 저서 등 수많은 자료 중 그 어느 곳에서도 보이지 않는다. 다만 그의 제자인 김장생이 쓴『율곡행장』과 이를 인용한 것으로 알려진『선조수정실록』에 있을 뿐이다.

10만 양병설은, 율곡 임종 때 선조가 특히 '변방의 일'에 대하여 자문을 구하였을 때도 그는 결코 언급하지 않았으며,『선조수정실록』'율곡의 졸기'에서도 찾아볼 수 없다.

둘째, 그가 내놓았다는 10만 양병설은 너무 애매하고 그 구체적인 내용이 없다. 다만 '일찍이', '조정 누구에게' 그리고 '10만 양병'이라는 개념이 있을 뿐이며 더 이상의 언급이 없다. 유성룡이 말했다는 '이 문성은 성인이다'라는 말도『선조수정실록』이나 유성룡의『서애집』그 어느 곳에서도 발견할 수 없다.

셋째, 율곡이 올린 상소 내용이나『율곡집』등에 나오는 글을 분석해 보면 그는 양병(養兵)보다는 양민(養民)을 일관성 있게 주장하였다. 양민은 당시의 상황에 맞는 말로 오히려 율곡의 백성을 사랑하는 선견지명(先見之明)이라 할 수 있다.

결국『조선왕조실록』이나 기타 야사 등 자료들을 분석 종합해 보면, 10만 양병설은 율곡 사후 사계 김장생이 그의 스승이며 친사돈이고 서인당의 상징적 존재인 율곡을 '선견지명'이 있는 현자로 추앙하여 사용한 '찬사의 말씀'이 아니었을까 생각된다.

10. 한국사상의 맥

이 책은 한국사상에 관심이 있는 분들을 위하여 단군사상에서 실학사상 및 위정척사사상에 이르기까지 한 권으로 읽을 수 있도록 구성하였다.

단군사상

단군신화는 이제 엄연한 한국사에 정식 편입되었다. 단군사상의 핵심은 홍익인간(弘益人間, 사람을 널리 이롭게 함)과 재세이화(在世理化, 세상을 이치로 교화함)이다. 한국사상의 맥은 이를 바탕으로 오늘에 이르렀다고 본다.

화랑정신

신라의 화랑정신은 신라가 백제를 병합할 때의 상무정신으로 그동안 세속오계가 마치 민족정신인 것처럼 잘못 알려져 왔다. 화랑정신에 관한 다른 기록으로 최치원이 쓴 '난낭비 서문'

의 '풍류도(유, 불, 선을 포함)'와 헌안왕과 국선 응렴의 대화에서 말한 '삼미정신'(겸손, 검소, 질박), 『삼국사기』에 나오는 '도의 연마와 정서 함양' 등 내용이 있다. 이들을 관통하는 화랑정신으로는 아마 응렴의 삼미정신이 더 가깝다고 본다.

불교사상

한국의 불교사상은 삼국시대에서 고려에 이르는 동안 원융회통이 그 주류를 이루었다. 고구려의 승랑 스님, 신라의 원효, 원측, 의상대사가 유명하다. 특히 원효대사의 일상을 벗어난 깨달음은 더럽고 누추한 삶의 현장에서 인간의 참모습을 발견하고 폭넓은 불법으로 대중의 믿음을 수용한 점에서 그의 위대성을 확인할 수 있다.

우리나라에 들어온 초기 불교는 연기설(緣起說)이나 사성체(四聖諦, 苦, 集, 滅, 道) 등 불교의 핵심 교리나 깨달음, 고행, 수행 등의 철학적, 초월적 종교가 아니었다. 무지와 가난에 시달리는 민중 속에 깊이 침투하여 불교의 구체적 세속화에 기여한 것은 미륵신앙이다.

금산사의 진표율사는 미륵국토(백제 땅이 미륵 정토국이라는 사상)를 건설하려던 백제의 미륵신앙과, 미륵의 인격적 구현(화랑이 미륵이라는 사상)을 목적으로 하는 신라의 미륵신앙을 융합한 위대한 미륵 스님이었다. 고려의 의천은 교종의 입장에서 교, 선을 융합 절충하였고, 지눌은 한 단계 넘어서서 교

선(敎禪)일치의 완성을 지향하였다. 지눌의 대표적 저서인『정
혜결사문』의 중요 내용은 대개 정혜쌍수(定慧雙修, 선정과 지
혜를 함께 닦는 것), 습정균혜(習定均慧, 정, 혜를 많은 세월을
두고 골고루 익히는 것), 돈오점수(頓悟漸修, 문득 깨달아 끊임
없는 수행으로 연마하는 것)로 요약할 수 있다.

유교사상

공자(551~479 B.C.)는 그의『논어』에서 군자, 즉 선비(士)
계급의 지배통치를 주장하였다. 공자가 내놓은 군자상은 인(仁)
이고 군자는 천명(天命)을 알아야 한다고 하였다.

12세기에 들어와서 주희(1130~1200)는 새로운 유학 사상으
로 이기론(理氣論)을 내놓았다. 그의 이(理)는 불교의 공(空), 도
교의 무위(無爲)와 같은 철학적 개념이다. 불교의 공은 아무것
도 없는 상태, 실체가 없는 상태, 항상 변화하는 상태이기 때문
에 모든 것을 포용할 수 있으며 차별 질서란 것도 의미가 없다.

도교의 무위란 한정된 유위(有爲)가 초래하는 거짓이나 사람
들이 인위적으로 조작한 폐단을 넘어선 차원 높은 위(爲, 大爲)
를 지향한 적극적인 의미를 갖고 있다.

이에 대하여 주자의 이(理)는 천리(天理), 천도(天道)이며 사
물의 극(極), 즉 궁극적인 표준이다. 그 극을 태극이라 한다. 태
극은 이(理)의 총화이며 음양 동정(陰陽, 動靜)의 이치에 의하
여 움직인다. 이기설(理氣說)은 제왕권을 정점으로 음양, 상하,

선악, 남녀, 중화(中華)와 이적(夷狄), 반상과 같은 차별원리를 기본으로 한다. 음양의 이치는 주역의 원리에서 차용한 것으로 음양오행이 이기(理氣)의 운행을 돕는다.

주희의 철학체계에 있어서 태극의 위치는 플라톤의 '선 이데아'나 아리스토텔레스의 '순수형상(純粹形相)'에 해당된다고 볼 수 있다. 우주에는 이(理)와 기(氣)가 있는데, 이(理)는 형이상(形而上)의 도(道)이고 만물을 생성하는 근본이다. 기(氣)란 형이하(形而下)의 사물(器)이며 만물이 생성하는 재료이다. 주자에 의하면 아직 군신(君臣)이 없을 때에도 군신의 이(理)가 있었으며 부자(父子)가 없을 때에도 그 이(理)가 먼저 있다고 하였다.

* 퇴계와 율곡의 이기론

퇴계 이황은 조선조 대표적인 성리학자로 주자의 이(理) 이론을 체계화한 주리론(主理論)자이다. 그는 이(理)에 대한 강한 신념을 가지고 명종대 척신정치와 임꺽정의 난 등으로 흩어졌던 왕정을 바로잡으려 하였다. 그의 주장을 한마디로 요약하면 이발이기수론(理發而氣隨論, 이가 발하고 기가 그에 따른다)이다. 퇴계가 올린 정책대안으로 유명한『무진 6조소』는 주로 군신, 부모자녀, 상하의 차별윤리를 강조한 유교적 당위론이며 민생안정이나 외침의 대비 등 현실적 과제에 대한 내용이 부족하다는 비판이 있다.

율곡 이이는 우선 학문에 대한 접근 방법부터 열린 자세로 임하였으며, 주로 현실 정치에 대하여 구체적인 대안을 제시하였다. 율곡이 주장한 이기론의 핵심은 기발이승일도설(氣發理乘一途說, 기가 발하고 이에 이가 탄다는 설을 일관하게 주장함)이다. 그가 정책대안으로 내놓은 대표적인 예로『계미년 6조소』를 보면,

첫째, 현능을 임용할 것, 둘째, 군민(軍民)을 양성할 것, 셋째, 재용(財用)을 충족할 것, 넷째, 번병(藩屏)을 굳건히 할 것, 다섯째, 전마(戰馬)를 준비할 것, 여섯째, 교화를 밝힐 것 등이다.

퇴계, 율곡의 이기론적 차이를 예를 들면 다음과 같다.

퇴계에 의하면, 어린이는 태어나자마자 부모에게 효도해야 할 이(理)가 발생하고 만일 어린이가 몸이 불편하거나 심지어 사주를 잘못 타고나는 경우(氣)도 그것은 불효막심한 일이다. 한편 율곡의 입장에서는 부모가 산고(産苦)에 의하여 어린이를 출산하고 그 아이를 정성들여 키우고 교육시킨 결과(氣), 아이는 어머니의 그 은혜에 감사드리고 효도해야 하는 이(理)가 타고 든다고 하였다.

실학사상

실학자의 범위는 대개 유형원, 이익 등의 경세치용파, 박지원, 박제가 등 이용후생의 북학파, 김정희 등 실사구시학파로 나누고 끝으로 실학을 집대성한 정약용을 든다.

학자에 따라서는 실학의 범위를 넓게 보아 율곡 이이를 포함하는 주장과, 반대로 그 범위를 좁게 보아 유형원, 이익 등 경세치용의 학파를 성리학자로 보는 주장이 있다. 이 책에서는 유형원, 이익, 박지원, 박제가, 정약용의 다섯 학자만 소개하였다.

반계 유형원(1622~1673)은 실학의 비조요 선구자로 알려져 있다. 그는 『반계수록』 외에 수많은 저서를 남겼지만 현재는 『반계수록』만 전하여지고 있다. 반계의 부친은 서인들에 의하여 억울하게 희생되었다. 하지만 반계는 율곡 이이 계통인 실리론(實理論)을 논거로 여러 분야의 개혁안을 내놓았다. 그는 호남을 살기 좋은 곳으로 선택하여 전북 부안에 서당을 짓고 제자들을 가르쳤다. 현재 반계서당은 지방 문화재로 지정되고 있다. 하지만 관리가 너무 소홀하여 서당은 흉가처럼 방치되어 있고 선생의 초상화는 마치 현상금 붙은 범인 같았으며 방 윗목에는 하필이면 반야심경 260자를 쓴 병풍이 펴져 있었다. 나는 반계서당의 확장, 정비를 논문과 주제발표, 강연[80] 등에서 호소하였다. 인천의 광성고등학교 유창현 교장이 반계의 장손이다.[81]

성호 이익(1671~1763)은 반계의 이론을 계승하여 구체적인 개혁안을 제안하였다.

나는 그의 주장 중 세 가지 과오를 지적하였다.

---

80) 2010년 3월 18일 부안군 보안면 회의실.
81) 그의 친 사돈이 김오환 전북대 교수다.

첫째, 그는 중국의 정이와 주희를 조선의 임금보다도 높은 신적(神的) 존재로 보고 우리의 국왕 앞에서조차도 그들 이름을 지칭해서는 안 된다고 하였다. 둘째, 그는 풍수가를 '웃기는 사람들'이라고 말하면서 정작 자신은 강줄기의 흐름을 비교하여 영, 호남의 인심이 다르다고 주장하였다. 낙동강물은 한 줄기로 흐르지만 호남의 강물은 산발사하(散髮四下)로 흘러 그곳 인심이 사납다고 하였다. 이에 관한 논의는 이미 앞에서 언급하였다. 셋째, 이익은 화폐제도를 폐지할 것을 주장하였다. 그는 미구에 닥쳐올 용전(用錢)의 필요성을 전혀 감지하지 못하고 물물교환의 자급자족적 농촌 경제만을 생각한 우물 안 개구리였다.

연암 박지원(1737~1805)의 학문적 성취와 사상은 『열하일기』에 집대성되어 있다. 이 책에서 연암은 이용후생의 정신을 기반으로 청나라의 선진 문화를 받아들여 낙후된 조선의 현실을 타개하겠다는 주장을 폈다. 그는 우선 '길을 아는가'라는 질문을 던져 놓고 깨달음, 명심, 즉 깊고 신중하고 밝은 학문적 자세를 강조하였다. 연암은 그의 개혁정책에서 특히 수레(車制) 사용의 필요성을 강조하였다. 요즘으로 말하면 유통경제의 이점을 착안한 것이다. 연암의 개혁사상은 『방경각외전』, 『허생전』, 『호질』 등 소설에 나타나 있다. 『양반전』에서는 양반을 돈으로 사고팔던 조선조 후기의 부조리를 고발하였고, 『허생전』에서는 허생의 아내를 통하여 양반들의 공리공담, 허례허

식의 모순을 비판하였다. 그의 유명한『호질』에서는 수만 권의 책을 저술하여 제후들의 존경을 받고 있던 북곽 선생이란 선비의 더러운 이면을 묘사하고 있다.

초정 박제가(1750~1805)는 서자 출신의 실학자다. 그는『북학의』를 바치는 글에서 인재 등용의 개방과 수레의 사용을 건의하였다. 특히 그의 용사론(容奢論)은 개혁의 선구자로 가히 독보적인 혜안이라 할 수 있다. 즉 그는 상업과 무역을 실행하고 사치도 일종의 산업으로 육성해야 한다고 주장하여 근대 산업 이론의 신호를 올렸다.

다산 정약용(1762~1836)은 우선『육경사서(六經四書)』의 경전을 두루 섭렵하고 이에 따른 중국과 조선 역사의 득실을 살펴야 한다고 하였다. 다산의 논의 중심은 언제나 실용의 학이요 백성을 잘살게 하는 정책의 실행에 있다. 그의 저서로는『일표이서(一表二書)』라 하여『경세유표』,『목민심서』,『흠흠신서』가 있다.『목민심서』에는 백성들의 생활에 관련된 제도와 법령의 개정, 목민관의 자세에 관한 내용이 있어 오늘의 공직자들에게도 귀중한 자료로 활용되리라 믿는다.

위정척사사상

19세기 초 서세동점(西勢東漸)의 영향으로 그동안 절대적인 권위를 누렸던 유교의 논리가 크게 동요되기 시작하였다. 이에 대한 조선 사회의 대응은 개화사상, 동학사상 등 기존의 화이

관(華夷觀, 중화와 오랑캐)을 탈피하여 중국과 평등한 주권국가를 지향한 것이었다. 한편 이항로(1792~1906), 김평묵(1819~1891), 최익현(1833~1906) 등 선비들은 위기극복의 대안으로 오히려 기존의 사대주의 사상을 강화하고 우리가 중화의 정통이라는 이른바 '소중화주의'의 위정척사사상을 내놓았다. 중국의 이념을 빌려서라도 조국을 지키고 자주 독립을 이루겠다는 이들의 신념과 투지는 가상하지만 그것은 이미 효용가치를 잃은 명품과도 같은 것이었다. 이들은 당시 변화하고 있는 세계정세의 객관적인 흐름을 전혀 감지하지 못하고 있었던 것이다.

11. YS는 못 말려

80년대 3김의 신화가 등장하였다. 그 후 이들의 호칭을 YS, DJ, JP의 영문약자로 표시하는 관행이 생겼다. 김영삼 대통령은 어렸을 때부터 운이 좋았다. 그는 처음 간이학교 4학년을 마치고 면 소재지에 있는 장목 초등학교에 편입, 1941년에 졸업하였다. 1943년 통영중학교에 입학하였다가 해방이 되자 부산의 명문인 경남중학교에 편입하였다.

그가 서울대학교에 입학할 무렵 정식 예과를 마친 학생이 거의 없고 선과(選科)로 들어온 학생이 많았다. 그는 그 혜택 (선과 입학)을 입어 서울대학교 철학과에 들어왔다(1947년, 9 월~1951년 3월 졸업). 그는 1954년 5월 제3대 총선 무렵 자 유당에 들어갔다가 그해 11월 사사오입 개헌 때 민주당으로 편입하였고 3당 합당으로 대통령이 될 때도 바로 이러한 편입 의 행운이 있었다. 하지만 그의 행운 뒤에는 나라의 불행이라 는 짙은 그림자가 뒤따랐음을 주목할 필요가 있다.

그는 대통령에 당선된 후 '신한국창조'의 구호를 내걸고 공 직자 재산 공개, 정치자금법과 선거제도 개혁, 금융실명제 실 시 등 과감한 개혁정치를 단행하였다. 특히 그는 정치자금의 투명성을 확보하기 위하여 대통령 스스로 자신의 재산을 공개 하고 재임기간 중 개인이나 기업들로부터 한 푼의 정치자금도 받지 않겠다는 뜻을 거듭 강조하였다. 그는 사회에 만연된 부 정부패와 지도층 인사의 비리를 근절하겠다는 강한 의지를 표 명하고 이를 직접 실행에 옮겼다.

1993년 3월 8일 대검찰청 내에 부정부패 사범 특별 수사본 부를 설치하고 공직자 350명을 포함하여 금융부조리, 건축 관 련 비리, 법조계 주변 비리, 사이비 언론 비리 사범 등 1,576명 을 적발하였다. 그 후 연말까지 사정작업을 계속하여 대학입시 정답지 유출, 군 진급 비리, 포항제철, 한양그룹 비리 사건 등 수사에서 비리에 연루된 지도층 인사 2,093명 가운데 907명을 구속하였다. 또 단군 이래 최대 규모의 방위력 증강사업이라는 율곡사업에 대한 전면 감사를 실시하여 노태우 전 대통령을 비롯한 김 전 국방장관, 김 전 청와대안보수석 등 안보정책 핵심자들의 비자금 수사를 실시하였다.

그의 이러한 개혁 의지와 과감한 사정작업은 국민들로부터 대폭적인 지지와 박수갈채를 받았고 그의 인기는 급상승하였다. 1993년 4월 MBC가 실시한 대중 인기스타 여론조사에서 YS는 탤런트 최진실과 농구스타 허재를 제치고 10대 청소년들이 가장 좋아하는 우상으로 선정되었다. 그 무렵 제일생명이 초등학생을 대상으로 실시한 조사에서 부모 다음으로 가장 존경하는 인물로 YS가 뽑혔다. YS의 실수를 미화한 책『YS는 못말려』는 출간 직후 24일 만에 30만 부의 판매 부수를 기록하였고 YS 티셔츠, YS 밀랍인형까지 등장하였다.

반면 그의 허상(虛像)은 이미 집권 초기부터 서서히 나타나기 시작하였다. 그에 관하여 우려했던 여러 가지 허점(虛點)이 너무 생생하게 현실로 드러나기 시작하였고 집권 말기에는 결국 국가부도의 위기를 초래하였다. YS와 그의 측근들은 '환란의 장본인', '나라를 망친 부류'로 온 국민들로부터 지탄의 대상이 되었다.

그는 야당 국회의원으로 평생 민주주의 회복을 위한 구호나 투쟁으로 일관했을 뿐 국정 운영 전반에 관한 경험이 부족하였다. 단지 그는 나름대로 자신의 야당생활에서 터득한 정치 감각에 의하여 국정 운영의 전권을 장악하고 이를 거침없이 행사했을 뿐이다.

그는 집권 초기부터 정부가 지향해야 할 정책목표라 할 수 있는 구호를 남발하여 국정이념과 지도방향의 혼선을 빚었다. 처음 내걸었던 '한국병 치료'나 '신한국 창조'의 구호부터가 사람들을 헷갈리게 하였다. 그 후 1년이 지나 '국제화'의 구호를 내걸더니 또 갑자기 '세계화'로 바뀌었다. 계속하여 '제2의 개국', '역사 바로잡기', '역사 바로 세우기', '부패와의 전쟁' 등 단발적 구호가 마구잡이로 터져 나왔다.

그는 집권 초기 변화와 개혁의 기치 아래 사회 전반에 만연된 부정부패와 뿌리 깊은 지도층 인사부패에 대한 성역 없는 사정을 단행하겠다는 의지를 분명히 하였다. 하지만 그의 부패 척결에 대한 판단의 척도는 정치적 고려와 그와의 사적인 연고 등에 따른 편파적인 성향이 농후하여 국민들에게 표적사정, 정치보복 혹은 '재수 없는 사람만 걸려든다'는 말이 유행할 정도가 되었다. 그는 자신의 차남을 권력기구의 핵심에 끌어들여 공공의 국가권력을 그들 부자(父子)의 사유물로 전락시키는 어처구니없는 실수를 범하였다. 또한 5조 원이 넘는 천문학적 금액의 대출을 가능케 했던 한보 특혜의 '몸통'에 관한 유언비어가 회자할 정도로 여론이 악화된 때도 있었다.

이처럼 권력의 핵심부가 혼미하고 상층부 관료조직이 흔들리고 있을 때 경향 각지의 하늘과 땅, 바다와 호수, 철도, 교량, 건물 등에서 대형 참사가 일어나 수많은 인명피해가 일어났다.

구포 무궁화호 열차전복사건(93년 3월 28일)을 필두로 목포공항 아시아나여객기 추락사건(93년 7월 26일), 서해 격포 앞바다 페리호 침몰사건(93년 10월 10일), 서울 성수대교 붕괴(94년 10월 21일), 충주호 유람선 화재(94년 10월 24일), 대구지하철 가스 폭발사고(95년 4월 28일), 삼풍백화점 붕괴사건(95년 6월 29일), 마지막으로 IMF 위기를 맞았다.

끝으로 YS의 행동에 관하여 보통 상식으로는 이해할 수 없는 일들이 있다. 첫째, 그는 재임 5년 동안 사람들과 접견할 때 한 번도 고개를 숙인 모습을 보이지 않았다. 그의 부친보다도 더 연로한 나라의 원로나 촌로(村老)들 앞에서도 그는 항상 고개를 들고 있는 모습만 보였다. 둘째, 그의 말투도 마찬가지다. 초등학생들도 바로잡을 수 있는 발음을 그는 끝내 외면하고 간강(관광), 갱제(경제), 미극(미국) 등 공, 사석을 막론하고 사투리를 썼다. 셋째, 대만의 이붕(중국 총리), 박 대통령의 상가(생가), 정몽준 장군(전봉준), 걸식아동(결식아동) 심지어 영어로 'How are you?'를 'Who are you?'라고 말했다는 믿지 못할 유언비어도 있다. 이렇듯 한 권의 책으로 출판할 만큼의 실언(失言)을 망발(妄發)한 일을 우리는 어떻게 해석할 것인가.

12. 환경이론과 새만금

나는 제자 교수들과 함께 『환경정치와 환경정책』이란 저서를 낸 일이 있다. 또한 전북일보 논설위원 당시 『새만금사업』의 추진에 관하여 그 일은 우리 고장의 꿈이요 희망이라고 거듭 강조하여 글을 썼다.

환경보호에 관한 이론에는 생태중심주의와 환경주의 혹은 인간중심주의의 두 입장이 대립하고 있다. 전자는 지구가 유한하다는 것을 인식의 출발점으로 하기 때문에 무한한 경제성장과 급격한 인구 증가, 무제한적인 천연자원의 사용은 불가능하다고 보는 입장이다. 후자는 인간의 경제적 요구를 중요시하여 경제적 풍요로 모든 장애를 극복할 수 있다는 믿음을 전제로 한다. 즉 현재의 생산방식, 소비지향의 가치관을 근본적으로 변경하지 않고서도 오염물질을 처리하는 기술을 개발하면 환경문제는 해결할 수 있다고 본다.

한편 개발도상국들의 입장은 심각하다. 그들은 우선 살아남기 위하여 국가의 기업이익을 최대화하면서 환경비용을 최소화하여 국제경쟁력을 이루어야 한다. 이상의 사정을 감안하여, 1992년 6월 브라질 리우에서 열린 지구정상회의에서는, '환경과 경제발전의 조화'를 도모하여 결론으로 '지속 가능한 발전' 논리에 합의하였다.

한편 1987년 12월 10일 노태우 대통령 후보는 새만금사업을 선거공약으로 제시하고 1989년 11월 새만금종합개발사업 기본계획을 발표하였다. 1991년 11월 28일 방조제 사업을 착공하였고, 그 후 꼭 19년 만인 2010년 4월 27일 드디어 새만금 방조제 33.9km가 준공되었다. 이는 대한민국 국민으로서, 전라북도 도민의 한 사람으로서 너무 감격스럽고 자랑스러운 일이었다. 이날을 위하여 얼마나 많은 애국시민들이 가슴 조이고 안타까워하였던가. 그동안 공사 중단을 선언하고 환경단체와 종교인들이 길을 막고 3보1배를 올리며 공사를 방해하던 일, 그곳에 장관이 나타나서 격려를 하고 심지어 고장의 도백이 스스로 새만금사업 재검토를 선언하던 일을 회고하면 감개가 무량하다.

1996년 7월 시화호 오염사건을 계기로 새만금 수질오염 논쟁이 시작되더니 1998년 2월 환경단체들이 이에 공조, 새만금사업 백지화를 요구하였다. 그들은 서민들의 생활 터전이요 자연의 보고인 갯벌이 파괴되고 수질오염으로 제2의 시화호가 새로 생긴다고 주장한다. 하지만 갯벌은 이미 노후하여 점차 그 기능을 상실하고 방조제를 기점으로 그 바깥쪽에 새로운 갯벌이 형성되고 있다. 만경강의 수질 악화도 왕궁 축산단지 처리의 문제가 심각하여 새만금과 무관하게 이에 대한 대책이 전무(全無)한 상태에 있었다.

앞서 지적한 생태중심주의는 여러 모순점을 안고 있다. 이미 대도시권을 형성하여 문명의 혜택을 누리고 있는 지역에서 엄청난 오염원을 배출하고 있으면서 이제 막 개발을 시작하여 살길을 마련하려는 지역에 압력을 가하여 그곳의 발전을 가로막으려는 것은 극히 부당하다. 생태주의자들은 청정지역의 보존을 염두에 두고 있지만 우리나라의 현실은 심산유곡으로 들어갈수록 쓰레기와 불법폐기물 등이 방치되어, 이를 처리할 예산과 인력 부족으로 오히려 오염의 악순환이 되풀이되고 있는 실정이다.

오늘의 새만금 방조제가 준공될 때까지 전북도가 겪었던 우여곡절을 소개하면 다음과 같다.

새만금사업은 1998년 12월 30일, 방조제 제1호(4.7km) 공사를 마쳤다. 하지만 1999년 1월 11일, 전북도지사 겸 김대중 대통령의 경제자문인 유종근 씨의 '새만금사업 전면 재검토 선언'과 같은 해 5월, 김대중 정부의 공사 중단으로 좌초 위기를 맞았다. 그 2년 후인 2001년 5월 7일 총리실, 지속가능위원회가 새만금 공개토론회를 개최하고, 5월 25일 이한동 국무총리 주재로 새만금사업의 친환경적 순차개발안을 확정하였다. 2001년 8월 조경훈 외 3,538인의 명의로 새만금 소송이 서울행정법원에 제기된 상태에서 김대중 정부의 임기가 만료되었다.

2003년 3월 28일 수경 스님과 문규현 신부가 공사 중지 3보 1배를 올리며 거리시위를 벌였고 6월 12일 시민단체에서 법원에 공사 집행정지를 신청, 7월 15일 방조제 공사 중지 결정이 내려졌다. 그 와중에도 동년 6월 10일 제4호 방조제 물막이를 완료하였다.

2006년 3월 16일, 대법원 상고심의 승소 결정이 내려지기까지 새만금사업은 3년이란 긴 세월 동안의 막대한 손실을 감당해야 했다. 2006년 4월 21일 드디어 새만금 방조제의 마지막 연결이 이루어졌다. 2007년 4월 3일 노무현 정부는 「새만금 내부토지개발 기본구상」을 수립하고(농지 70%, 산업, 관광 등 28%), 12월 27일 농림수산식품부의 「새만금사업을 위한 특별법」을 제정하였다.

이후 2008년 이명박 정부의 대통령 인수위원회가, 새만금을 '동북아 경제중심지'로 하는 개발계획을 발표(2008년 2월 12일)하고 토지 이용 계획 전환의 계기를 마련하였다.

특히 새만금 일부 지역 산업, 관광지구 2,860ha가 경제자유구역으로 지정(2008년 4월 25일)되고, 「새만금 내부토지개발 기본구상」 변경안이 보고되어(국무회의, 2008년 10월 21일) 토지 이용의 전환이 이루어졌다. 2008년 12월 3일 새만금특별법에 의거하여 새만금사업추진기획단이 설치되었으며(대통령 훈령 제234호) 2009년 1월 14일 새만금위원회가 발족하였다.

2009년 7월 23일 「새만금 내부개발 기본구상 및 종합실천계획안」의 정부발표가 있었다. 이 안은, 다목적 복합용지 개발 위주로 방향을 전환하고(농지비율 70%에서 30%) 8개 용도로 내부 토지를 구분하여 용지별 개발테마와 전략을 제시한다는 내용이다. 그때(7월 29일), 김완주 도지사는 이명박 대통령에게, '새만금 본격 추진에 감사하다'는 내용의 편지를 보냈다. 이에 대하여 민생정치모임(대표, 이종걸 의원)은, '김완주 도지사는 민주당 동지들에게 석고대죄하라'는 성명을 냈다 한다.

새만금사업은 우리 전북도민의 오랜 숙원 사업으로 이제 겨우 정부의 적극적인 지원 약속으로 활력을 얻게 되었다. 나는 김완주 도지사의 입장을 잘 모른다. 다만 적어도 현시점에서는 새만금사업 추진의 총괄책임을 맡고 있는 도지사에게 힘을 실어 주는 것이 필요하다고 생각한다.

새로 완성된 새만금 방조제는 33.9㎞에 이르는 세계 최장의 제방이요 그 넓이는 401㎢(1억 2천만 평, 뉴욕 맨해튼의 5배, 파리의 4배)에 이르며 한국의 지도를 바꿀 만한 규모다.

세계적 명품도시가 될 새만금은 앞으로 글로벌 신경제 중심의 거점이며, 복합문화 관광의 메카요, 청정 생태의 보고로서 저탄소 녹색성장을 선도한다는 거대한 꿈을 갖고 있다.

다만 만경강 수질 개선(익산 왕궁의 축산단지 처리 등)과 바다를 메우는 매립토 문제 등 앞으로의 과제가 산적(山積)하여 지금까지의 노력보다 더 큰 정치력의 발휘가 필요하다.

제16부

2001년~정년퇴직

2001년 2월 말, 나는 그동안 내가 활동하던 직장에서 물러나 자연으로 돌아왔다. 내 나름대로 평생을 바쁘게 움직이며 살아왔지만 지나온 세월을 되돌아보면 너무 허전하고 마음이 공허해진다. 하여튼 나는 세속의 모든 굴레와 속박에서 벗어난 자유의 몸이 되었다. 정년 후 처음 5년간은 전북대와 서울교대에서 강의를 하였으나 이제 세상일을 모두 떨치고 특히 현실 정치문제에 대해서도 무관심하고 싶다.

　　아침이면 산에 올라가 자연과 대화를 나누고, 오후에는 서재에 앉아 여러 성인들이 남긴 교훈들을 듣는다. 이제 내가 겪은 현대사 이야기를 마감하면서 내가 가장 후회스러웠던 일, 고마운 일 그리고 여러 가지 나의 생각과 믿음을 정리하고자 한다.

1. 후회스러운 일

사람들은 대개 후회하고 반성하며 살아가는 것이 상식이다. 내 주변에서는 흔히 '나는 절대 후회하지 않는다. 내 평생 후회란 없다'고 자신 있게 말하는 사람도 있다. 기왕 지난 일은 될수록 후회하지 않겠다는 희망을 표현한 것이거나 정말 후회하지 않는다는 말일 수도 있다. 하여튼 나는 평생을 후회하며 살아왔고 지금도 후회스런 일들이 많다.

첫째, 부모님께 효도를 다하지 못하였다.

어머니는 60년 동안 나를 키우고 돌보아 주셨다. 한 여인으로서 어머니의 일생을 보면 정말 외롭고 고통뿐이었다. 가난한 살림에 완고하고 엄격하신 남편(아버지)과 철없던 다섯 아들(우리 5형제)을 돌보며, 평생 병고에 시달려 병원 길만을 오가시던 어머니에게 소홀히 한 일이 많다. 그리고 나의 장인 내외분도 노년(老年)에 병고와 생활고로 특히 고생을 많이 하셨다. 누구나 마찬가지이겠지만 그분들의 생전에는 미처 느끼지 못했다가 돌아가신 뒤 후회막급(後悔莫及)이다.

둘째, 나는 나 자신을 제대로 평가하지 못하고 살아온 것 같다. 무슨 일이든 생각 없이 뛰어들거나 혹은 내 노력으로 불가능하다고 생각하여 미리 포기하는 일 등 자신의 능력이나 객관적 상황을 고려하지 못한 일들이 많았다. 나는 내 인생의 고비마다 나의 잘못된 사고의 틀에 갇혀 판단을 그르친 경우가 있고 그 일은 모두 자신을 제대로 알지 못하였던 내 어리석음의 업 (業)이었다. 가끔 나의 잘못된 판단이나 편견 혹은 실수로 인하여 학생들의 지도를 소홀히 하였다고 느꼈을 때, 교육자로서 내 심정은 더욱 괴로웠고 그런 일들을 평생 잊지 못하고 있다. 또한 나의 저서, 방송, 신문, 잡지 등 매체나 강연 등에서도 준비가 철저하지 못하여 부족했던 일 등 죄책감을 느낀 경우가 많다.

셋째, 세상에는 독신으로 살면서 한평생 어려운 이웃만을 위하여 살아온 성직자도 있고, 몸이 불편한 장애자를 입양하여 키운 사람, 무의촌 봉사자, 얼굴 없는 천사 등 자신의 사리(私利)를 초월하여 남에게 봉사하는 사람들이 많다. 내 생각이나 이익에 너무 집착하여 세상을 탓하고, 어려운 이웃을 챙기지 못한 일 또한 부끄럽다.

넷째, 세월을 낭비하였다.

내가 대학에 진학할 때, 아버지께서 정성스럽게 써 주시던 다음 좌우명을 내가 너무 무관심하였다. 특히 청소년기에 책을 읽지 않고 무식하게 살아온 일이 평생 후회스럽다.

권학시(勸學詩)

성년불중래 일일난재신(盛年不重來 一日難再晨)

급시당면려 세월부대인(及時當勉勵 歲月不待人)

가는 세월 되돌릴 수 없듯 젊음은 다시 돌아오지 않는다.

세월은 사람을 기다리지 않으니 제때에 노력을 다해야 한다. 즉 시기에 맞추어 적절한 노력을 다해야 한다는 뜻이다.

다섯째, 매사를 소극적, 고식적, 부정적 입장에서 살아온 일이 후회스럽다. 나는 원래 체질이 약하여 다른 사람들과 다투거나 남의 일에 간여하고 그들과 대립, 갈등을 일으키는 것을 싫어한다. 그런 이유로 매사를 소극적으로 규정하고 될수록 귀찮은 일을 피하는 일이 많았다. 하지만 그것은 결코 현대를 살아가는 지혜가 아니다.

1970년대에 전화가 대중화되기 시작하였다. 나는 그때 기쁜 소식보다는 귀찮은 일 때문에 걸려 오는 연락이 더 싫어서 현대인의 필수품인 전화 설치를 미루었다. 80년대 승용차가 보급되었을 때는 대중교통이 더 저렴하고 편리하다는 이유를 들어 뒤늦게 운전을 배웠다. 90년대 모든 교수들에게 컴퓨터를 지급해 주었지만 나는 그 문명의 이기(利器)를 조교들에게 맡기고 정년퇴직 후 겨우 익혔다.

1990년대에 들어와서 사실상 각 단과대학 학장을 직선하는 제도를 실시하였다. 당시 나는 선거에 전혀 관심이 없었다.

학장 선거 약 10일 전 나는 고교동기생들과 함께 등산을 갔다. 마침 동행한 형(김춘영)이 산 정상에서,

"동생 어서 올라와." 하고 나를 불렀다. 나는 바위가 험하여 이미 포기하고 있었는데 형은 내 사정을 모르고 계속 나를 불

렀다. 그 말을 듣고 옆길로 돌아가니 아주 쉬운 길이 있었다.

그날 밤 나는 학장 선거도 바로 이런 바위산을 올라가는 이치와 같다고 생각하였다. 내 평생 처음 결심한 모험이었다. 그 이후 나는 이 일을 교훈 삼아 제자들에게 항상 "매사를 스스로 규정하여 미리 포기하지 말고 적극적, 긍정적으로 직시하고 도전하라."는 말을 강조하였다.

2. 가정의 행복

나는 지금 화목하고 평화스런 가정을 이루고 노후를 갈등 없이 살고 있다. 내가 이토록 편안하게 살 수 있도록 보살펴 주신, 하느님, 부모님, 할머니, 백부님, 백모님, 사촌형님 내외분, 스승님 그리고 집안 어른과 친지, 나를 아껴 주신 모든 이웃들에게 감사드린다.

나는 돌아가신 나의 부모님과 할머니의 영혼이 항상 나를 보살펴 주시고 있다고 믿는다. 부모님은 내가 이 세상에 태어나 건강하고 평화롭게 살아갈 수 있도록 모든 희생을 다해 주셨다.

할머니는 내 마음속 깊이 간직한 나의 믿음이요 신(神)이다. 어머니가 돌아가신 후 할머니는 내가 행여 어미 없는 설움을 받지 않도록 하늘처럼 크고 넓은 사랑으로 나를 감싸 주셨다.

나는 평생 할머니의 영혼을 가슴에 품고 살아왔다. 내가 절망에 빠졌을 때는 할머니를 찾아 할머니의 복음에 귀를 기울인다. 내가 대학 4학년이 될 때까지 23년 동안 할머니가 베풀어 주신 사랑과 정성은 항상 나에게 힘과 용기를 주었고 나의 영혼에 생기를 불어넣어 주었다. 할머니는 일제 강점기에 예수님을 믿고 나에게 한글을 가르쳐 주신 여성 선각자였다. 할머니는 나를 무척이나 사랑하면서도 내 생각이나 행동이 사리에 맞지 않았을 때는 설득력 있게 내 잘못을 바로잡아 주셨다. 할머니의 뜻을 받아 나의 백부님, 백모님, 사촌형님(김봉영, 김우영) 내외가 나를 끔찍하게 사랑하고 보살펴 주셨다.

나는 내 아내를 내 생명처럼 사랑한다.

아내(이은숙)는 나와 우리 두 아들을 위하여 평생을 희생한 현모양처다. 오늘 우리 가족이 서로 사랑하고 평화롭게 살고 있는 것은 모두 아내의 내조에 의한 것이라고 믿는다. 두 아들이 아내의 착하고 영특한 성품을 닮아서 성실한 직장인으로 열심히 근무하고 있으며 효성이 지극하다. 우리 부부의 어려웠던 지난날과 달리, 티 없이 맑고 밝게 자라 준 아이들에게 감사하다.

장남(김문주)은 고등학교 시절 수학보다 국어 성적이 뛰어나 문과를 지원하겠다고 하였다. 나는 아들의 성품과 학습태도로 보아 법관의 자질이 있을 것이라고 믿었다. 수험준비 중 몸을 다쳐서 좀 늦기는 하였지만 장남의 사법시험 합격은 집안 어른들을 모두 기쁘게 해 주었다. 현재 대기업(대림산업) 법률팀장 (변호사)으로 근무하고 있다. 큰며느리(권미진)는 천사와 같이 착하고 근검, 성실하다. 아이들 돌보기에 바빠서 하던 일(음악 학원)을 그만두었다. 슬하에 3남매(김성현, 김성빈, 김성윤)를 두었다. 세 아이들이 우리 부부를 유난히 따른다. 특히 아내는 큰손자(김성현)를 볼 때마다, '너는 이 세상에서 가장 소중한 사람이요, 우리 집안 보물 1호다'라고 하면서 귀여워한다. 손자는 내 성품을 닮아 매우 학구적이다. 두 손녀들도 오빠를 닮아 어릴 때부터 독서와 취미생활, 운동 등 부족한 분야가 없다.

차남(김원주)은 처음부터 수학, 물리 등 과목의 성적이 뛰어나 이과(理科)를 지원하였다. 중고등학교 6년 동안 전체 1등에서 밀린 일이 없었다. 지금은 마취통증 의원(서울 송파구 연세이김의원 원장)을 차려 봉사하고 있다. 며느리(육지현)는 전북의대를 수석으로 졸업하고 전문의 시험에 전국 수석을 차지한 수재다. 현재 연세의대 교수로 재직하고 있다. 장녀(김성하)가 역시 영특하여 가족들의 귀여움을 독차지하고 있다. 나의 장질녀(김명진)는 훌륭한 남편(김영수 은행차장)을 만나 가정을 이루고, 슬하에 영특한 아들(김동민)을 두고 행복하게 살고 있다. 최근 아빠(나의 형님, 김화영 교감)가 갑자기 돌아가셔서 엄마(형수씨)에게 특히 효성을 다하고 있다.

3. 소중한 인연

세상 모든 일이 인연으로 모였다가 인연으로 흩어진다는 뜻으로 인연취산(因緣聚散)이란 말이 있다. 불교의 입장에서 보면 세상에 인연 아닌 것이 없다. 인연이란 우리의 생활 속에서 일어나는 원인과 결과, 상황과 만남이라고 말할 수 있다. 우리가 어머니 뱃속에서 태어나 사람과 자연을 만나고 불법(佛法)을 배우는 것도 인연이요, 악한 자와 마주치고 착한 자의 도움을 받는 것도 인연이라고 한다.

그동안 기억하고 싶지 않은 인연을 떨치지 못하여 괴로워하던 때도 있고 또 고마운 인연을 소홀히 하여 후회하던 경우도 많다. 이제 자연으로 돌아와 모든 악연을 떨치고, 내 평생 잊을 수 없는 소중한 분들의 인연에 깊이 감사드린다.

첫째, 내 혈육 어른들께 감사드린다.

내가 성장한 금산골은 연안 김씨 집성촌으로 마을 북쪽에는 나의 9대조부에서 갈린 친척이 살고, 남쪽에는 나의 6대조부 자손들이 대소가를 이루고 살아왔다. 우리 집안 형제들은 매우 우애가 깊다. 해방과 6·25, 보릿고개를 겪는 동안에도 서로 화합하고 협력하여 주변 마을 사람들이 부러워할 정도였다. 나는 형제들과 사촌형, 당숙들, 재종매형, 재당숙들로부터 많은 도움을 받았다. 당숙모님들은 내가 굶기를 밥 먹듯 하며 방황할 때, 더운밥을 지어 주시고 국수 한 그릇도 같이 나누어 드셨다. 요즘 집안일은 주로 재종 동생들(김장영, 김구영, 김만영)이 맡고 있는데 나는 과거의 은혜에 보답하겠다는 마음으로 적극 협조하고 있다.

둘째, 나를 가르치고 인도해 주신 스승님께 감사드린다.

초, 중, 고등학교 선생님, 대학, 대학원과정 특히 나에게 학위를 주고 학문 활동을 지도해 주신 스승님[82]께 감사를 드린다. 그동안 같이 근무한 정치학과 교수님들과[83] 내가 학계에서 활동하는 동안 학회와 연구원 운영에 적극 협조해 주신 모든 분들에게 감사드린다. 또 내가 대학 재직 시 나의 사랑하는 제자들에게 직장을 주선해 주신 분들이 많다. 이분들에게 깊이 감사드린다.

셋째, 나는 정년 후 약 5년간 전북대학교에서 강의를 계속하면서 제자들과 '정치학의 이해'를 썼다. 또 서울 교육대학교 김호성 총장의 호의로 그곳에서 약 5년간 강의를 하면서 『한국사상 오디세이』란 저서를 썼다. 제자(김창희 교수)의 주선으로 출판기념회를 가졌는데 경향 각지의 신문에 보도되어 사제 간의 깊은 정을 조명해 주었다.[84]

---

82) 김계수 교수, 안병만 교수, 김덕 교수, 이홍구 교수, 노명준 교수님.

83) 나의 정년 전후 정치외교학과 교수진은, 박주형 명예교수, 채중묵 명예교수, 탁진환 명예교수, 유철종 명예교 수, 조순구 교수, 신기현 교수, 송기도 교수, 최성권 교수, 김창희 교수, 박동천 교수, 송기돈 교수님이다.

84) '아름다운 사제동행' —중앙일보(2004.11.16. 30면).
'피보다 진한 사제의 정' —경향신문(M2, 2005.3.18.).

나의 32년 교직생활에서 나를 따라 준 사랑하는 제자들에게 감사를 표한다.

넷째, 앞에서 누누이 말한 바와 같이 요즘 나는 모든 조직에서 해방되어 자연인의 생활을 누리고 있다. 다만 집안 형제자매와 친척, 동창생과 학교 선후배, 고향사람들,[85] 사제 간 모임은 사회적인 체면을 초월하여 정과 정으로 통하는 나의 영원한 벗이다. 최근 나는 나의 사돈들(권연두, 육익수, 김명희)과 친하게 지내고 있으며 특히 김명희 교수(원광대)는 나와 가장 가까운 사이로 자연인의 생활을 같이 즐기고 있다.

4. 바르게 산다는 것

가끔씩 모임에 나가면, '나는 하늘을 우러러보아도 한 점 부끄러움 없이 살았다. 나는 평생 바르게 살아왔다.'고 자부하는 자들의 변을 흔히 들을 수 있다. 참으로 듣기 좋은 말이다. 우리가 날로 험악해지는 세상을 살아가면서 '적어도 나는 항상

'스승의 혜안에 감탄하다' —[한 누리], 현대해상화재보험(2005.9.10.).
'특별한 사제가 들려주는 우리시대, 우리나라' —전북일보(2004.11.10.).
'사제지간 쌍둥이 저서' —전북도민일보(2004.11.9.).
'각별한 애정, 처음처럼 영원히' —전북대 신문(2004.11.8.).

85) 나의 고향 모임으로 임우회가 있다. 그 회원은 홍성태, 박춘식, 김영창, 이상무, 엄재수, 문병일, 최종문, 정창모, 한기수, 최종인, 박성수, 이상칠, 전상숙, 하태문, 신현상, 윤재석, 박병요, 심홍재, 엄돈희, 최정철, 김재영, 김성연, 이권재, 최윤주, 최태범, 이한철(연령순) 등 총 27명이며 매월 모인다.

옳고 부끄럽지 않게 살아가고 있다.'고 생각하는 자신만만한 신념이 몹시 부럽다.

세상을 올바르게 살아가는 것은 인류의 소망이요 성현들의 교훈에 빠지지 않고 나오는 말이다. 불교의 팔정도(八正道)와 『논어』의 정자정야 자수이정 숙감부정(政者正也 子帥以正 孰敢不正, 정치는 바른 것이다. 임자가 바르게 이끌면 누가 부정하겠는가) 등의 구절에서 볼 수 있다.

그동안 내가 즐겨 읽었던 저서 중에 한스 켈젠이 쓴 『정의란 무엇인가』라는 책이 있다. 이 글은 1952년, 그가 캘리포니아 대학에서 은퇴할 때 행한 고별 강연이다. 그 책에서 켈젠은, 예수가 십자가에 못 박혀 죽으면서 제기했던 문제, 즉 '정의란 무엇인가'라는 인류의 영원한 질문에 대한 해답을 시도한 바 있다. 그는 성서(Bible)의 분석을 통하여 이 세상 모든 원리가 추상적이고 주관적이며 양면적이라는 결론을 내렸다. 결국 정의란 '인간 상호의 관계를 규율하는 사회의 틀 속에서 사회규범이 보장하는 행복'이라고 하였다.[86]

플라톤은 정의와 행복을 동일시하였다. 올바른 인간은 행복하고 불의한 자는 불행하다고 주장하였다. 그렇다면 올바른 행복이란 무엇인가. 과연 모든 사람을 행복하게 해 줄 수 있는 올바른 정의, 올바른 질서는 존재할 수 있는가 하는 의문이 제

---

86) 한스 켈젠, 박길준역, 『정의란 무엇인가』, 전망사, 1984, p.6.

기된다. 성서에 나오는 황금률(마태복음 7장 12절)은 『논어, 안연편』의 기소불욕 물시어인(己所不欲, 勿施於人)과 같은 뜻으로 '내가 바라지 않는 것을 다른 사람에게 행하지 말라.'는 이웃 사랑의 덕목을 규정하고 있다.

우리는 지금 치열한 경쟁 사회에 살고 있기 때문에 사회 성원 간 갈등, 대립은 불가피하다. 또한 국민의 의식 수준이 높아져서 사람들이 누리고 있는 행복의 기준도 다양하다.

우리가 보통 내세우고 있는 자유와 평등, 진실과 정의, 정직과 인간성, 개인과 국가 등 문제는 어느 쪽을 우선시하느냐 하는 순위에 의하여 그 결과가 다르게 나타난다.

결국 인간의 행복에 대한 해답은 주관적인 성격을 지니고 있으며 따라서 상대적인 가치판단의 것에 불과하다. 황금률이란 것도 이러한 가치판단의 기준이 서로 다를 때는 무의미하게 된다.

현대사회를 살아가는 사람들은 이처럼 가치관의 상대성과 실행 방법의 다양성을 인정해야 하며 항상 마음을 열고 객관적인 사회 상황을 살펴야 한다. 사람들의 말과 행동, 생각이 모두 다르기 때문에 상대방을 이해하고 배려하는 일, 가치와 태도의 상대성, 다양성을 고려하는 것이 중요하다. 법정 스님은 상대방을 이해하고 오해하는 일에 관하여 다음과 같은 재미있는 글을 썼다.

"사랑한다는 것은 이해가 아니라 상상의 날개에 편승한 찬

란한 오해다. '나는 당신을 죽도록 사랑합니다'란 말의 정체는, '나는 당신을 죽도록 오해합니다'일지도 모른다. 온전한 이해는 그 어떤 관념에서가 아니라 지혜의 눈을 통해서만 가능하다. 그 이전에는 모두가 오해일 뿐이다."고 하였다.[87]

내 나이 7순을 넘고 보니 그동안 도움을 받은 분들을 찾아 고마움을 전하고 싶었다. 내 나름대로 주소를 백방으로 수소문하여 겨우 전화번호를 찾았다. 설레는 마음으로 안부를 물었다. 아뿔싸, 그것은 오해였다. 그쪽 사람들의 감정이 나와 다르다는 것을 나는 전혀 몰랐다. 나는 그 후에도 이런 오해를 몇 번 되풀이하며 살고 있다.

5. 더불어 사는 사회

이해(利害)와 가치의식이 서로 다른 사람들과 더불어 사는 것은 결코 쉬운 일이 아니다. 지금 우리 사회는 그 어느 때보다도 상호 불신과 대립, 갈등이 심하여 도대체 사회 규범이나 상식이 통하지 않는다. 서로의 이해(利害) 갈등이 전혀 없는 산곡(山谷) 약수터에서 물 한 모금을 마시면서도 이런 불신의 심각성을 쉽게 감지할 수 있다.

---

87) 법정, 『무소유』, 범우사, 1999, p.32.

나는 최근 거의 매일 전주의 기린봉 산길을 오르내리며 등산객들의 휴식처인 약수터에 들른다. 그곳에 가면 여러 계층의 시민들이 모여 세상 사는 이야기들을 주고받는다. 나름대로 약수터의 정서와 문화가 있다.

그 약수터에 문제가 생겼다. 전주시에서 수질검사표와 함께, '이 물은 음료에 부적합하니 마시지 마십시오'라는 내용의 플래카드를 걸어 놓았다. 사실 그 물은 전주시 상수도사업소 시행 수질검사 결과 '부적합' 판정을 받은 지 이미 오래다. 그럼에도 사람들은 열을 서서 물을 마시고 혹은 페트병에 담아간다.

나는 '음료 부적합' 사유를 여러 가지로 설명하였지만 대부분 등산객들은 귀담아듣지 않는다. 그 핑계도 다양하다.

'몇십 년을 마셔도 탈이 없다.'

'수돗물보다는 깨끗하다.'

'마시면 소화되기는 마찬가지다.'

'눈으로 보아 오염될 곳이 없다.'

'그래도 이 물 맛이 제일이다. 내 눈으로 직접 보고 마신다.'

'공무원들이 나쁘다. 시청에서 수돗물 팔아먹으려고 속임수를 쓰고 있다. 도대체 아무런 대책도 없이 수질검사표만 써 붙이면 되는 거냐.'

'모든 등산객들이 마시는 물을 왜 못 마시게 하는 거야, 시청공무원들이 하는 짓이 이 모양이니 나라가 잘될 리가 없다.' 등 나름대로 논리를 내세우며 오염된 물을 마신다.

이들의 대화를 통해서 나는 요즘 우리 사회가 안고 있는 불신과 국론분열의 생생한 모습을 보는 듯하였다.

　하지만 등산객들은 각자 생각은 달라도 매일 만나 그동안의 안부를 묻고 또 다른 이야기들을 주고받으며 헤어진다. 우리는 서로 사랑하며 더불어 살아가야 할 이웃이기 때문이다.

　한 가지 예를 더 들어 보자.

　우리 부부는 약 10년 동안 쓰레기를 줍고 다녔다. 산(山)을 오염시키는 주범들은 너무 많다. 등산객들이 무심코 버린 페트병, 비닐 백, 캔, 한약봉지, 유리병 등 외에 산악회에서 설치한 등산안내판, 나무에 달아 놓은 리본, 각종 광고물, 교회, 학원 등 단체나 상품의 선전물, 선거홍보와 명함 등이 사방에 널려 있다. 특히 의자가 있는 곳에는 등산객들이 버린 쓰레기와 담배꽁초, 귤껍질, 화장지들이 흩어져 있고, 각종 행사나 소풍 온 학생들이 지나간 자리에는 언제나 쓰레기가 남는다.

　청소복을 입은 공익근로자들은 대개 쓰레기가 없는 곳에 배치되어 있고, 쓰레기가 많거나 줍기 힘든 곳에는 아무도 없다. 시청에서 산중 길목마다 대형 안내판을 설치하더니 요즘은 그곳에 시(詩)와 그림을 그려 놓았다. 자연이 숨 쉬고 있는 곳에 설치한 거대한 철판구조물들은 필시 공해 덩어리라는 것을 사람들은 모르고 있는 것일까. 나는 산을 돌면서 쓰레기를 줍다가 가시덤불에 찢기고 비탈길에 넘어진 일이 한두 번이 아니었다. 어느 날 쓰레기 봉지를 양손에 들고 산을 내려오다가 허리를 다쳐서 요즘은 자주 줍지 못한다. 지금 가장 아쉬운 것은 동참자가 한 사람도 없다는 사실이다. 말과 행동, 마음이 통하는 일이 얼마나 힘든가를 실감하였다.

며칠 전 우리 부부가 모처럼 외식을 하러 음식점에 들렀다. 손님 한 분이 반갑게 인사를 하면서, '기린봉에서 항상 쓰레기 봉투 들고 다니며 인사하던 부부이시지요, 요즘 저는 약수 마시지 않습니다.'고 말을 건넸다. 우리 부부는 이 말 한마디에 그동안의 오해를 풀고 다시 힘을 얻어 약수 계몽과 쓰레기 줍기, 인사하기를 계속하고 있다.

6. 남기고 싶은 말

내가 살아온 길을 거울삼아 꼭 명심해야 할 일들을 당부한다.

1) 모험을 하지 말라

모험이란 진로나 배우자 선택에서부터 재테크, 직업변경, 자녀 교육 등 생활의 모든 분야에서 일상을 벗어난 결정을 말한다. 모험을 하려면 타고난 기질이 있어야 하고 그에 걸맞은 시운(時運)과 인연, 사회 상황이 뒷받침되어야 한다. 그중 한 가지만 어긋나도 성공하기 어렵다.

기국(器局)이 크지 못한 사람이 모험을 하면, 일의 기복(起伏)이 심하여 가산 탕진이나 패가망신 등 좌절을 당할 때 스스로 이를 극복하지 못하고 불행을 자초(自招)하는 경우가 흔히 있다.

2) 근검절약하라

돈은 사람을 건강하고 부유하고 지혜롭게 한다는 서양 격언이 있다. 자본주의 사회에서 돈이 없으면 아무 일도 할 수 없다. 성실히 노력하고 근검, 절약하여 열심히 돈을 저축하여야 한다. 자신의 수입에 맞추어 소비하고 절약 저축하며 살아가는 것이 생활의 지혜다. 적은 액수라도 항상 저축하고 나보다 더 가난한 사람을 돕고 사는 것을 보람으로 느끼며 살아야 한다.

돈은 은행에 저축하고 투기하지 말라. 탐욕을 부리지 말라. 그 누구에게도 보증을 서지 말라. 빚을 얻지 말고, 수입 이상으로 지출하지 말라.

3) 절망하지 말라

첫째, 절망은 희망의 시작이다.

인간에게 가장 무서운 적(敵)은 미리 포기하는 것, 절망이다.

인간생활에서 어떤 형태든 절망은 있다. 그리고 그 절망은 바로 희망의 시작이라는 것을 명심하고 칠전팔기(七顚八起)하라.

둘째, 가난은 부의 근원이다.

가난한 사람이 오히려 건강하고 지혜롭고 행복할 때가 있다. 필요 이상의 부(富)는 가끔 사람을 병들게 하고 어리석게 하며 불행을 자초할 때가 있다. '젊었을 때 거지처럼 절약하면 그것이 습관이 되어 평생 부자로 산다.'는 평범한 지혜를 명심하라.

셋째, 세상의 밝은 면을 보라.

세상은 내가 바라보는 시각에 따라 변한다. 밝은 눈으로 보면 세상은 살 만하고 어두운 눈으로 보면 세상은 괴롭기 마련이다.

4) 진솔하게 살아가기를 바란다

진솔하다는 말은 대개 겸손, 솔직하며 남을 배려하는 생활태도를 말한다.

불교에서는 10대 선업(善業)이라 하여 다음 10가지를 열거하고 있다. 즉 ① 살인하지 말라, ② 도둑질하지 말라, ③ 간음하지 말라는 기본적인 계율 외에 ④ 거짓말하지 말라, ⑤ 간사한 말을 하지 말라, 꾸며 대는 말을 하지 말라, ⑥ 이간 붙이는 말을 하지 말라, ⑦ 악담, 욕설을 하지 말라, ⑧ 탐욕을 부리지 말라, ⑨ 성내지 말라, ⑩ 어리석은 말을 범하지 말라 등을 규정하고 있다.

『논어』에서는 '교언영색 선의인(巧言令色 鮮矣仁)'이라 하여 듣기 좋게 꾸며 대는 말, 보기 좋게 안색을 바꾸어 비위를 맞추는 일은 사람의 태도가 아니라고 하였다.[88]

사람들은 위세를 부리는 사람, 성 잘 내는 사람, 말을 자주 바꾸고 언행이 일치하지 않는 사람, 진실성이 없는 사람을 피하고 될수록 그들과 대화를 삼간다. 옛 속담에 이런 성격의 사람을 '불가근불가원(不可近不可遠)'이라 하여 경계하였다.

식자들은 요즘 세상이 너무 타락하여 거짓과 사기, 모략과 음모가 판을 치고 있다고 한탄한다. 이는 세상 말세이며 지금 우리는 최악의 도덕 위기를 맞고 있다고 한다. 하지만 우리 주변을 자세히 살펴보면 착하고 진솔한 사람도 많고 이전에 비하여 남을 배려하고 도와주는 사람들도 더욱 많아지고 있다. 진솔한 사람들끼리는 풍성한 대화가 통하고 진정한 인간애의 교감이 이루어진다. 서로 만나면 즐겁고 편안하고 삶의 보람을

---

88) 『논어』, 학이편 3.

느낀다.

증자는 다음 세 가지 일, 즉 '내가 남을 배려하였는가, 신의를 지켰는가, 언행이 일치하였는가'의 질문을 자문자답하며 하루 세 번씩 반성하였다 한다.[89]

5) 상대방을 배려하라

첫째, 상대방의 인격을 존중하는 마음자세를 가지고 살라.

흔히 성급한 사람들이 남에게 상처를 주는 언행을 하고, 자신은 모두 잊었으며 뒤끝이 없다고 변명한다. 하지만 사람에 따라서는 상처받은 말 한마디를 평생 잊지 못하는 경우도 있다. 대개 상대방을 존중하는 마음자세를 가지고 있으면 그런 실수는 좀처럼 하지 않는 법이다.

둘째, 상대방을 부르는 호칭에 유의하라.

우리 사회에서 상대방을 부르는 표현 방식은 매우 복잡하다. 해외여행 중 어느 안내원이, 여행객들을 '선생님'이라고 불렀는데 모두 그 호칭에 만족하는 모습을 보았다.

앞에서 말했듯이 강아지 한 마리를 놓고, '야, 이 개새끼야' 하는 말과 '내 강아지야' 하고 부르는 것은 하늘과 땅의 차이다. '김씨 아저씨'와 '김 선생님'의 차이도 마찬가지다.

---

89) 『논어』, 학이편 4.

어느 칠십 노인의 말이, "손자가 '할아버지' 하고 부르면 반갑지만 모르는 아주머니가 '할아버지' 하고 부르면 괜히 기분이 나쁘다."고 하였다.

대중 앞에서는 '나' 대신 '저'라 하고 우리나라는 언제나 누구에게나 '우리나라'라고 해야 한다. '저희나라'라고 쓰는 경우는 없다.

셋째, 상대방의 칭찬에 인색하지 말고 남의 약점을 말하지 말라. 나의 자랑은 삼가고 남의 자랑을 관심 있게 들어 주라.

남을 헐뜯거나 남의 약점을 들어 말하는 것은 언어의 폭력이다. 종교나 정치 등 불필요한 가치논쟁으로 서로 대립하거나 대화의 분위기를 중단시키지 말라.

7. 나의 믿음과 소신

나는 1993년 성당에서 세례를 받았다.

행정대학원 정해수 과장님의 인도로 전북대 의대 안득수 교수님이 대부를 서 주셨다. 안 교수님은 살아 있는 성자로 알려진 분이다. 아내는 지금도 열심히 성당에 나가 미사를 올리고 있다. 내 생각으로 만일 이 세상에 신이 존재한다면 각자 가정의 일은 그 부모님에게 일임하였다고 본다. 하늘 아래 이 땅

위에 삼라만상(森羅萬象)을 하느님이 모두 관장하기에는 너무 방대하고 복잡하기 때문이다. 나는 관상이나 사주, 풍수, 점술 등을 믿지 않는다. 물론 조상의 산소를 챙기거나 제사를 올리는 일은 다르다.

고래로 학자들은 운명이 있다고 믿어 왔다. 하지만 구체적으로 누가 인간의 운명을 주관하는 것인지 아무도 모른다.

사주팔자(四柱八字)는 개연성이 없다. 언젠가 방송사에서 조사한 바에 의하면 같은 사주를 가지고 태어난 사람들 간에 공통성이 전혀 없었다. 또 예를 들어 백호대살(白虎大殺)의 사주를 타고난 사람이 비명횡사(非命橫死)하지 않았거나 비명횡사한 사람들의 사주에 백호대살의 운세가 없다는 결과도 있다. 풍수지리도 근거가 없다. 풍수가들의 풀이를 보면 거의 모두가 견강부회(牽强附會)로 짜 맞춘 이야기들이다.

점술의 경우도, 만일 망자(亡者)의 혼을 불러 세상일을 점칠 수 있다고 하면, 그 많은 점쟁이 중에서 지난번 '개구리 소년들'의 죽음을 알아낸 사람이 왜 한 사람도 없었을까.

나는 나의 부모님 산소에 비석을 세우지 않는다. 그것은 자연의 훼손이고 사람이 죽으면 자연 그대로의 흙으로 돌아가는 것이 순리라고 생각하기 때문이다. 내가 죽으면 화장하고 백지로 싸 아버지 산소 앞에 묻으라고 유언을 남겼다.

나는 평생 책 읽고 글 쓰는 것을 나의 생활이요 보람으로 믿고 살았다. 나는 갈등, 대립을 싫어하고 평화와 안정을 바라는 극히 현실주의적 신념을 갖고 살고 있다. 내 나이 환갑이 지난 후 나의 천직이 교원임을 깨달았다. 교원은 아첨이나 뇌물을 주고받을 필요도 없고 승진, 전직 등과 무관한 전문직으로 나름대로 자신의 소신을 갖고 생활할 수 있는 특권이 있어 좋다. 하지만 내 생활을 뒤돌아보면 나는 항상 남의 뒤를 따라다니는 소극자였음을 자인한다.

나는 인간성을 중요시하고 인간 상호의 신뢰를 잃지 않도록 노력하였다. 특히 시간, 약속, 금전관계를 정확하게 지켰다.

나는 어려서부터 병약하여 의지가 강하지 못하였다. 또한 아직 철도 들기 전에 불어닥친 거센 파도에 떠밀려 소외와 좌절, 슬픔과 고통을 견디기 힘들었다. 하지만 나는 희망을 잃지 않고 참고 견디며 미친 듯이 노력하였다. 나는 나에게 다가오는 모든 부정적인 간난(艱難)을 긍정적인 에너지로 극복하겠다는 생각을 굽히지 않았다. 나는 객관적인 사회상황과 시대 흐름에 순응하고, 순리와 화합, 상생의 삶을 지향하는 자세로 이 글을 썼다. 이를 통하여 독자들의 공감을 얻고 싶다.

김재영

전주고등학교 졸업
서울대학교 정치학과 졸업
한국외국어대학교 대학원 수료(정치학 박사)
전북대학교 정치외교학과 교수
전북대학교 사회과학대학 학장, 행정대학원 원장
전북대학교 사회과학연구소장, 현대사상연구소장 역임
현) 전북대학교 정치외교학과 명예교수
　　 한국정치, 정보학회회장

『한국 정치사회화론』, 『정치학 개론』, 『현대 정치학』, 『조선의 인물 뒤집어 읽기』,
『한국사상 오디세이』, 『중종을 움직인 사람들』, 『호남의 한』, 『한국사상의 맥』,
『내가 겪은 현대사』, 『정치변동론(역)』, 『정치학의 이해(공)』, 『현대사조론(공)』,
『국민윤리(공)』, 『현대사조의 이해(공)』, 『정치문화와 정치사회화(공)』,
『환경정치와 환경정책(공)』, 『한국의 역사 인물 뒤집어 읽기(공)』,
『국회의원 선거사례(공)』, 『전북학(공)』, 『전북애향운동사(공)』,
『시사용어사전(공)』, 『정치학 사전(공)』 외 다수

내가 겪은
현대사
이야기

초판인쇄 | 2010년 10월 29일
초판발행 | 2010년 10월 29일

지 은 이 | 김재영
펴 낸 이 | 채종준
펴 낸 곳 | 한국학술정보㈜
주   소 | 경기도 파주시 교하읍 문발리 파주출판문화정보산업단지 513-5
전   화 | 031) 908-3181(대표)
팩   스 | 031) 908-3189
홈페이지 | http://ebook.kstudy.com
E-mail | 출판사업부 publish@kstudy.com
등   록 | 제일산-115호(2000. 6. 19)

ISBN   978-89-268-1576-2 03040 (Paper Book)
          978-89-268-1577-9 08040 (e-Book)

이담
Books 는 한국학술정보 (주)의 지식실용서 브랜드입니다.